财务管理学基础

主　编　范火盈　杨　波

副主编　刘日晴　俞梅莉

参　编　李玲玉　袁　媛

郑州大学出版社

郑　州

图书在版编目（CIP）数据

财务管理学基础 / 范火盈，杨波主编. —郑州：郑州大学出版社，2019.9

ISBN 978-7-5645-6597-8

Ⅰ. ①财… Ⅱ. ①范… ②杨… Ⅲ. ①财务管理-高等学校-教材 Ⅳ. ①F275

中国版本图书馆 CIP 数据核字（2019）第 157836 号

郑州大学出版社出版发行
郑州市大学路 40 号　　邮政编码：450052
出版人：张功员　　发行部电话：0371-66966070
全国新华书店经销
郑州睿之达文化传播有限公司印制
开本：787mm×1092mm　1/16
印张：17.5
字数：411 千字
版次：2020 年 6 月第 1 版　　印次：2022 年 8 月第 2 次印刷

书号：ISBN 978-7-5645-6597-8　　定价：38.00 元

前 言

我国自20世纪90年代初引入西方财务管理理论以来，财务管理领域发生了重大变革，从事财务管理教学和研究的学者不断增加，财务管理理论与实务有了长足的发展。伴随我国金融、证券市场的发展和国际贸易的深入，企业财务管理工作面临的外界环境越来越复杂，企业越来越需要具有扎实财务管理理论知识和实践能力的人才，这是商品经济发展的必然要求，这为财务管理的理论研究和教学提供了需求的动力。

财务管理作为企业管理的重要工作，要实现对企业经营过程中的财务活动进行有效的预测、决策、计划、分析和控制。财务管理就是要将科学的决策方法运用于理财活动的方方面面，如以最低的成本筹集企业所需资金、选择最佳的投资方案使企业价值达到最大化、合理分担企业的投融资风险、有效地管理企业的现金流等。在实施现代企业制度的企业中，产品生产方向、规模和质量水平既定的条件下，财务管理就是企业管理的核心。经营管理人员需要树立货币时间价值观念、竞争观念、风险观念，进行各项财务决策，在动态中实现最优组合。

财务管理作为经济和管理类专业的核心课程，在课程体系中占有非常重要的地位。本书充分考虑当前企业对财务管理的要求和教学的需要，由浅入深、循序渐进地系统介绍了财务预测与计划、筹资、投资、资金营运、资金分配等财务决策、财务控制和财务分析等一系列财务管理基本理论和方法，并增加适当的案例分析，提高学生学以致用的能力。

由于时间紧迫，水平有限，书中难免存在一些不足和缺点，恳请广大读者不吝批评指正，以便再版时修订，使之日臻完善。

编 者

目　　录

第一章　绪　论

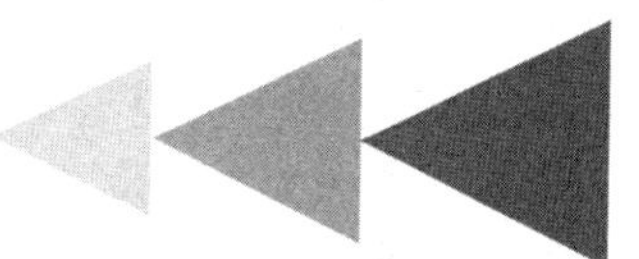

导入案例

江有为同学因家族企业(公司)长远发展的需要,进入某高校工商管理学院,主修财务会计专业。其父预备在他毕业后,让他先到其他企业历练 2 年;再召回到所掌控的公司,并培养为公司的财务总裁。

假如你是江有为同学,且希望能够在未来有效行使自己的职责,请思考并讨论以下问题。

作为公司的财务总裁,应该明确哪些基本的财务管理概念?掌握哪些最相关的基本理论与技术?掌握哪些企业相关基本情况与数据?

第一节　财务管理的定义

财务管理就是从事与资金有关的活动,包括对资金的取得、使用和管理等一系列活动进行管理,是组织企业财务活动,处理财务关系的一项经济管理工作。

一、财务管理活动

企业财务管理是对价值量的管理,资金运动就是以价值形式综合地反映企业的再生产过程。即企业将拥有的资金用于购买生产经营所需的建筑物、设备、原材料等劳动资料和劳动对象;然后劳动者运用一定的劳动资料将劳动对象加工成新的产品,并将生产中消耗掉的劳动资料、劳动对象和活劳动的价值转移到产品中去,创造出新的价值;最后通过实物商品的出售转移价值,使新创造的价值得以实现。

在以上过程中,资金的形态不断发生变化,从最初的储备资金形态变化为实物资料形态,继而进入生产资金形态,完工后成为实物商品形态,出售后又恢复到货币资金形态,周而复始,不断循环,形成财务活动。它大致可以分为以下 4 个方面。

1. 与筹资有关的财务活动

在商品经济条件下,企业想要从事经营,首先必须筹集到一定数量的资金,这也是企业资金运动的起点。企业可以通过吸收直接投资、发行股票和企业内部留存收益等自有资金的方式取得,也可以通过向银行借款、发行债券和商业信用等方式取得。

企业筹集到的资金,表现为资金的流入。与此相对应的,企业偿还借款、支付利息和股息等,则表现为资金的流出。这些资金收付活动就是由于筹集资金而产生的财务活动。

2. 与投资有关的财务活动

企业筹集资金的目的就是为了将资金用于生产经营活动中,以便取得利润,不断增加企业价值。企业把筹集到的资金投资于企业内部,用于购置固定资产和无形资产等,便形成企业的对内投资;企业把筹集到的资金投资于购买其他企业的股票、债券或对其他企业进行直接投资,便形成企业的对外投资。

无论企业对内还是对外投资,都需要支出资金,而当企业变卖对内投资形成的各种资产或收回对外投资时,则会产生资金的收入。这些资金收付活动就是由于资金投放而产生的财务活动。

3. 与经营有关的财务活动

企业在正常的经营过程中,也会发生一系列的资金收付。例如,采购材料、低值易耗品以及支付工资和各种费用产生资金流出;销售取得收入、收回资金以及通过合理占用应付款项等方式形成资金流入。这些资金收付活动就是由于经营活动而产生的财务活动。

4. 与分配有关的财务活动

企业将资金投放和使用后,会取得收入并实现资金的增值,即产生利润。收入补偿生产经营中的各种成本、费用、销售税金后若有剩余,为企业的息税前利润,即支付利息及缴纳所得税之前的收益。

息税前利润在支付债权人的利息以后,即税前利润;依法缴纳所得税后,即税后利润。税后利润是企业的净利润,是弥补亏损以及提取公积金、公益金之后,向投资者分配的利润。这个过程中的资金收付就是由于利润分配而产生的财务活动。

上述 4 个方面的财务活动,就是财务管理的基本内容,即企业筹资管理、企业投资管理、营运资金管理和利润及其分配管理。

二、财务关系

财务关系是指企业在组织财务活动过程中与各有关方面发生的经济关系。企业的筹资活动、投资活动、经营活动、利润分配活动与企业的方方面面有着广泛的联系。企业的财务关系可归纳为以下几个方面。

1. 企业与投资者之间的财务关系

企业与投资者之间的财务关系主要是指投资者按照投资合同、协议和章程的约定向企业投入资金，企业按出资比例或合同、章程的规定向投资者支付投资报酬所形成的经济利益关系。企业与投资者之间的财务关系体现着所有权的性质，反映着经营权和所有权的关系。企业的投资者主要有国家、法人单位、个人。

2. 企业与受资者之间的财务关系

企业与受资者之间的财务关系主要是指企业以购买股票或直接投资的形式向其他企业投资，受资单位按规定分配给企业投资报酬所形成的经济利益关系。企业与受资者之间的财务关系体现着所有权的性质，反映着投资和受资的关系。

3. 企业与债权人之间的财务关系

企业与债权人之间的财务关系主要是指企业向债权人借入资金，并按借款合同的规定按时支付利息和归还本金所形成的经济关系。企业与债权人之间的财务关系反映着债务与债权的关系。企业的债权人主要有债券持有人、贷款机构、商业信用提供者以及其他出借资金给企业的单位或个人。

4. 企业与债务人之间的财务关系

企业与债务人之间的财务关系主要是指企业将其资金以购买债券、提供借款或商业信用等形式出借给其他单位，并按约定的条件要求债务人支付利息和归还本金所形成的经济关系。企业与债权人之间的财务关系反映着债权与债务的关系。

5. 企业与税务机关之间的财务关系

企业与税务机关之间的财务关系主要是指企业按照国家税法规定依法缴纳流转税、所得税和其他各种税的过程中所形成的经济关系。企业与税务机关之间的财务关系反映的是依法纳税和依法征税的权利义务关系。

任何企业都要按照国家税法的规定及时、足额地缴纳各种税款，以保证国家财政收入的实现，满足社会各方面的需要，这既是企业对国家的贡献，又是对社会应尽的义务。

6. 企业内部各单位之间的财务关系

企业内部各单位之间的财务关系主要是指在实行企业内部经济核算制和内部经营责任制的条件下，企业内部各单位之间在生产经营各环节中形成的资金结算关系。企业内部各单位之间的财务关系反映了企业内部各单位之间的利益关系。

在实行内部经济核算的企业，企业内部各单位具有相对独立的资金定额和独立支配的费用限额，对各单位之间相互提供的产品或劳务要进行计价结算。

7. 企业与职工之间的财务关系

企业与职工之间的财务关系主要是指企业按照提供的劳动数量和质量向职工支付工资、津贴和奖金等劳动报酬，并按规定提取职工福利费和公益金以及为职工代垫款项等而形成的经济利益关系。企业与职工之间的财务关系反映了职工个人和企业在劳动成果上的分配关系。

第二节 财务管理的目标

一、企业的目标及其对财务管理的要求

企业是营利性组织，其出发点和归宿是获利。企业一旦成立，就会面临竞争，并始终处于生存和倒闭、发展和萎缩的矛盾之中。企业必须生存下去才可能获利，只有不断发展才能求得生存。因此，企业管理的目标可以概括为生存、发展和获利。

1.生存

企业只有生存，才可能获利。企业生存的“土壤”是市场。它包括商品市场、金融市场、人力资源市场、技术市场等。企业在市场中生存下去的基本条件是以收抵支。企业一方面付出货币，从市场上取得所需的资源；另一方面提供市场需要的商品或服务，从市场上换回货币。企业从市场获得的货币至少要等于付出的货币，以便维持继续经营，这是企业长期存续的基本条件。因此，企业的生命力在于它能不断创新，以独特的产品和服务取得收入并且不断降低成本，减少货币的流出。如果出现相反的情况，企业没有足够的货币从市场换取必要的资源，企业就会萎缩，甚至无法维持最低的运营条件。如果企业长期亏损，扭亏无望，就失去了存在的意义。为避免进一步扩大损失，企业应主动终止营业。

企业生存的另一个基本条件是到期偿债。企业为扩大业务规模或满足经营周转的临时需要，可以向其他个人或法人借债。国家为维持市场经济秩序，通过立法规定债务人必须“偿还到期债务”，必要时“破产偿债”。企业如果不能偿还到期债务，就可能被债权人接管或被法院判定破产。

因此，企业生存的主要威胁来自两方面。一个是长期亏损。它是企业终止的内在原因。另一个是不能偿还到期债务，它是企业终止的直接原因。亏损企业为维持运营被迫进行偿债性融资，借新债还旧债，如不能扭亏为盈，迟早会借不到钱而无法周转，从而不能偿还到期债务。赢利企业也可能出现“无力支付”的情况。主要是借款扩大业务规模：冒险失败，为偿债必须出售不可缺少的厂房和设备，使生产经营无法继续下去。

力求保持以收抵支和偿还到期债务的能力减少破产的风险，使企业能够长期、稳定地生存下去，是对财务管理的第一个要求。

2.发展

企业是在发展中求得生存的。企业的生产经营如“逆水行舟”，不进则退。在科技不断进步的现代经济中，产品不断更新换代企业必须不断推出更好、更新、更受顾客欢迎的产品，才能在市场中立足。在竞争激烈的市场上。各个企业此消彼长、优胜劣汰。一个企业如不能发展，不能提高产品和服务的质量，不能扩大自己的市场份额，就会被其他企业挤出市场。

企业的发展集中表现为扩大收入。扩大收入的根本途径是提高产品的质量，扩大销售

的数量，这就要求不断更新设备、技术和工艺，并不断提高各种人员的素质，也就是要投入更多、更好的物质资源，并改进技术和管理。在市场经济中，各种资源的取得都需要付出货币。企业的发展离不开资金。

因此，筹集企业发展所需要的资金，是对财务管理的第二个要求。

3. 获利

企业必须能够获利，才有存在的价值。创立企业的目的是赢利。已经创立起来的企业，虽然有增加职工收入、改善劳动条件、扩大市场份额、提高产品质量、减少环境污染等多种目标，但是，赢利是最具综合能力的指标。赢利不但体现了企业的出发点和归宿，而且可以概括其他目标的实现程度，并有助于其他目标的实现。

从财务上看，赢利就是使资产获得超过其投资的回报。在市场经济中，没有“免费使用”的资金，资金的每项来源都有其成本。每项资产都是投资，都应当是生产性的，要从中获得回报。例如，各项固定资产要充分地用于生产，要避免存货积压，尽快收回应收账款，利用暂时闲置的现金等。财务主管务必使企业正常经营产生的和从外部获得的资金能以产出最大的形式加以利用。

因此，通过合理、有效地使用资金使企业获利，是对财务管理的第三个要求。

综上所述，企业的目标是生存、发展和获利。企业的这些目标要求财务管理完成筹措资金并有效地投放和使用资金的任务。企业的生存乃至于成功，在很大程度上取决于过去和现在的财务政策。财务管理不仅与资产的获得及合理使用的决策有关，而且与企业的生产、销售管理发生直接联系。

二、财务管理目标概述

1. 财务管理目标的概念

财务管理目标又称理财目标，是指企业进行财务活动要达到的根本目的，是评价企业财务活动是否合理的基本标准。它是企业一切财务活动的出发点和归宿，决定着企业财务管理的基本方向。不同的财务管理目标会产生不同的财务管理运行机制，科学地设置财务管理目标，对优化理财行为、实现财务管理的良性循环具有重要意义。

2. 财务管理目标的层次

财务管理目标之所以具有层次性，主要是因为财务管理的具体内容可以划分为若干层次。例如，企业财务管理的基本内容可以划分为筹资管理、投资管理、营运资金管理和利润分配管理等几个方面，而每一个方面又可以再进行细分。例如，筹资管理可以再分为预测资金需要量、选择资金渠道、确定筹资方式和决定资本结构等具体内容；投资管理可以再分为研究投资环境、确定投资方式和做出投资决策等具体内容。

财务管理内容的这种层次化和细分化，使财务管理目标成为一个由总体目标、分部目标和具体目标 3 个层次构成的层次体系。

(1)总体目标

总体目标是指整个企业财务管理所要达到的目标。财务管理的总体目标决定着分部目标和具体目标，决定着整个财务管理过程的发展方向，是企业财务活动的出发点和归宿。

(2)分部目标

分部目标是指在总体目标的制约下，进行某一部分财务活动所要达到的目标。财务管理的分部目标会随着总体目标的变化而变化，但它对总体目标的实现有重要作用。分部目标一般包括筹资管理目标、投资管理目标、营运资金管理目标、利润分配管理目标等几个方面。

(3)具体目标

具体目标是在总体目标和分部目标的制约下，从事某项具体财务活动所要达到的目标。例如，企业发行股票要达到的目标、更新固定资产要达到的目标，等等。具体目标是财务管理目标层次体系中的基层环节，是总体目标和分部目标的落脚点，对保证总体目标和分部目标的实现有重要意义。

三、财务管理的目标

明确财务管理目标是搞好财务工作的前提，也是搞好企业管理的一个重要组成部分。目前我国企业经营的总目标是经济效益最大化。企业财务管理的总体目标应该与企业的总体目标具有一致性。

(一)利润最大化目标

所谓利润最大化目标，是指企业理财应以实现最大的利润为目标。其表现形式有两种：一种为利润的绝对额最大，另一种是利润的相对额及每股收益最大。

1. 利润总额最大化

利润总额是企业在一定期间全部收入与全部费用的差额，它代表了企业新创造的财富，利润越多，则企业的财富增加就越多。同时，利润的多少在一定程度上反映了企业经济效益的高低和企业竞争能力的大小。把利润最大化作为财务管理目标，与旧体制下企业不讲经济核算和利润相比，有其合理的一面。

企业追求利润最大化，就必须讲求经济核算，加强管理，改进技术，提高劳动生产率，降低产品成本。这些措施都有利于资源的合理配置和经济效益的提高。但是，以利润最大化作为财务管理的目标存在以下缺点。

①利润最大化目标中的利润额容易被人为操纵。利润最大化中的利润额可以采用多计收入、少计费用等不利于企业会计核算谨慎性和真实性的方法获得。

②利润最大化目标没有考虑资金的时间价值。利润最大化中的利润额是企业一定时期的利润总额，没有考虑利润实现的具体时间，即没有考虑资金的时间价值。

③利润最大化目标没有考虑风险问题。利润最大化没有考虑所获利润应承担的风险因素，这可能会导致企业不顾风险的大小去追求最多的利润。

④利润最大化目标是一种短期行为。利润最大化目标片面追求利润最大化，往往会使企业财务决策带有短期行为的倾向，只顾实现目前的最大利润，而不顾企业的长远发展。

综上所述，将利润最大化作为企业财务管理目标，既是对财务管理目标的浅层次认识，也是对企业生存价值和企业经济效益浅层次和片面的认识。所以,现代财务管理理论认为,利润最大化并不是财务管理的最优目标。

2.资本利润率或每股盈余最大化

资本利润率是非股份制企业的净利润与资本额的比值。

每股盈余是股份制企业的净利润与普通股股数的比值。

这是同一个问题处于不同环境的不同表现形式,即净利润在股份制与非股份制企业中的相对表现问题。

资本利润率或每股盈余最大化目标考虑了所获利润与投入资本额或股本数之间的关系,使不同资本规模的企业或同一企业不同期间的利润具有可比性。但这个目标仍然没有考虑到资金的时间价值和风险因素,也不能避免企业的短期行为。

(二)股东财富最大化目标

股东财富最大化是指通过财务上的合理运营,为股东带来最大财富。在股份制公司中,股东财富由其所拥有的股票数量和股票市场的价格两方面来决定。在股票数量一定时,当股票价格达到最高时,股东财富也达到最大。

所以,股东财富最大化又可演变为股票价格最大化。股票的市场价格体现着投资者对企业价值所做的客观评价,因而股票的市场价格可以全面地反映企业目前和将来的赢利能力、预期收益、资金的时间价值和风险等方面的因素及其变化。

1.优点

与利润最大化目标相比,股东财富最大化目标有以下优点。

①股东财富最大化目标考虑了风险因素,因为风险的高低会对股票价格产生重要影响。

②股东财富最大化目标考虑了资金的时间价值,在一定程度上能够克服企业在追求利润上的短期行为。目前的利润不仅会影响股票价格,预期未来的利润对企业股票的价格也会产生重要影响。

③股东财富最大化目标具有亲和力,容易被股东所接受。因为财务管理的各种决策均需通过股东的同意才可生效,否则无法开展财务管理工作。

2.缺点

股东财富最大化目标也存在以下一些缺点。

①股东财富最大化目标只适用于股份制企业,而对于非股份制企业,必须通过资产评估才能确定其价值的大小。在评估时,又受到评估标准和评估方式的影响,从而影响到对股东财富确定的客观性和准确性。

②股票价格受多种因素的影响,这些因素并不一定都是企业自身造成的,也并非都是企业所能控制的。股东财富最大化目标把不可控制的因素引入财务管理目标是不合理的。

③股东财富最大化目标只强调股东的利益,而忽视了企业其他关系人的利益。

(三)企业价值最大化目标

企业价值最大化是指企业的市场价值最大化,它反映了企业潜在或预期的获利能力。企业价值不是账面资产的总价值,而是企业资产作为一个整体的市场价值,即企业有形资产和无形资产总体的市场评价，这种评价体现在潜在或预期的获利能力或净现金流量上。

在确定企业价值时，应以企业未来各期预期产生的净现金流量的折现值之和为依据。其中，未来各期的净现金流量是按可能实现的概率来计算，折现率反映投资者对投资的风险报酬要求。

企业价值最大化目标。最关键的问题是其计量问题。从实践看，可以通过资产评估来确定企业价值的大小。从理论上讲，企业价值可以通过下列公式进行计量。

$$V=\sum_{t=1}^{n}FCF_t\frac{1}{(1+i)^t}$$

式中，V——企业价值；

t——取得报酬的具体时间；

FCF_t——第 t 年的企业报酬，通常用现金流量表示；

i——与企业风险相适应的贴现率；

n——取得报酬的持续时间，在持续经营假设条件下，n 为无穷大。

如果假设各年的现金流量相等，则上式可简化为

$$V=\frac{FCF}{i}$$

从上式中可以看出，企业价值与现金流量成正比，一段时间内企业取得的现金流量越大，折现后作为企业价值的组成部分就越大；企业价值与折现率成反比，折现率越高，折现后的现金流量就越小。而折现率的高低主要由企业风险的大小来决定。

以企业价值最大化作为财务管理的目标，具有以下优点。

①企业价值最大化目标考虑了取得报酬的时间。并用资金时间价值的原理进行了计算。计算企业价值的公式，实际上是用每期的现金流量乘以复利现值系数再求和；而简化公式则是一个永续年金现值的计算。

②企业价值最大化目标科学地考虑了风险与报酬的关系。报酬的大小与企业价值的大小成正比，风险的高低与企业价值的大小成反比。进行企业财务管理，就是要正确权衡报酬增加与风险增加的得与失，努力实现二者之间的最佳平衡，使企业价值达到最大。

③企业价值最大化目标能克服企业在追求利润上的短期行为。因为不仅目前的利润会影响企业的价值，而预期未来的利润对企业价值的影响更大。

④企业价值最大化目标扩大了财务管理考虑问题的范围。企业是多边关系的总合，股东、债权人、各级管理者和一般职工等，对企业的发展而言，缺一不可。

各方都有其自身利益，共同参与构成企业的利益机制，如果试图通过损害一方利益而使另一方获利，就会导致矛盾冲突，不利于企业的发展。所以，股东财富最大化仅仅考虑股东利益而忽略了其他关系人的利益，是有缺陷的，而企业价值最大化可以弥补以上不足。企业价值最大化的观点体现了对经济效益的深层次认识，它是现代企业财务管理的最优目标。

以上三种财务管理目标是目前最具有代表性的企业财务管理目标，随着社会经济的发展，企业的财务管理目标也有了新的发展。例如，当今有许多企业以社会价值最大化为财务管理的目标，在强调企业效益的同时，还要注重社会效益，尽可能地安排残疾人士、下岗人士

进企业工作，积极参与公益事业，关注人均纳税额。

选择一个符合企业自身特点的财务管理目标是一项非常重要的工作，它直接影响着财务管理工作的具体执行标准、工作方法和评价制度等。

第三节 财务管理原则

财务管理的原则，也称理财原则，是指人们对财务活动的共同的、理性的认识。它是联系理论与实务的纽带。财务管理理论是从科学角度对财务管理进行研究的成果，通常包括假设、概念、原理和原则等。财务管理实务是指人们在财务管理工作中使用的原则、程序和方法。理财原则是财务管理理论和实务的结合部分（见图 1-1）。

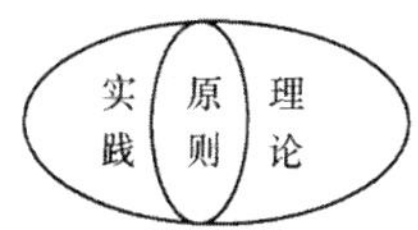

图 1-1 实践—原则—理论关系图

理财原则具有以下特征。

①理财原则是财务假设、概念和原理的推论。它们是经过论证的、合乎逻辑的结论，具有理性认识的特征。

②理财原则必须符合大量观察和事实情况，被多数人所接受。财务理论有不同的流派和争论，甚至存在完全相反的理论，而原则不同，它们被现实反复证明并被多数人接受，具有共同认识的特征。

③理财原则是财务交易和财务决策的基础。财务管理实务是应用性的，应用是指理财原则的应用。各种财务管理程序和方法，是根据理财原则建立的。

④理财原则为解决新的问题提供指引。已经开发出来的、被广泛应用的程序和方法，只能解决常规问题。当问题不符合任何既定程序和方法时，原则为解决新问题提供预先的感性认识，指导人们寻找解决问题的方法。

⑤原则不一定在任何情况下都绝对正确。原则的正确性与应用环境有关，在一般情况下它是正确的，而在特殊情况下不一定正确。

对于如何概括理财原则，人们的认识不完全相同。道格拉斯·R·爱默瑞和约翰·D·芬尼特的观点具有代表性，他们将理财原则概括为 3 类，共 12 条。

一、有关竞争环境的原则

有关竞争环境的原则，是对资本市场中人的行为规律的基本认识。

（一）自利行为原则

自利行为原则是指人们在进行决策时按照自己的财务利益行事，在其他条件相同的情

决策改变的成本。沉没成本与将要采纳的决策无关，因此在分析决策方案时应将其排除。

三、有关财务交易的原则

有关财务交易的原则，是人们对于财务交易基本规律的认识。

（一）风险—报酬权衡原则

风险—报酬权衡原则是指风险和报酬之间存在一个对等关系，投资人必须对报酬和风险做出权衡，为追求较高报酬而承担较大风险，或者为减少风险而接受较低的报酬。所谓对等关系，是指高收益的投资机会必然伴随巨大风险，风险小的投资机会必然只有较低的收益。

在财务交易中，当其他一切条件相同时人们倾向于高报酬和低风险。如果两个投资机会除了报酬不同以外，其他条件（包括风险）都相同，人们会选择报酬较高的投资机会，这是自利行为原则所决定的。如果两个投资机会除了风险不同以外，其他条件（包括报酬）都相同。人们会选择风险小的投资机会，这是风险反感决定的。所谓“风险反感”是指人们普遍对风险有反感，认为风险是不利的事情。肯定的 1 元钱，其经济价值要大于不肯定的 1 元钱。

如果人们都倾向于高报酬和低风险，而且都在按照他们自己的经济利益行事，那么竞争结果就产生了风险和报酬之间的权衡。人们不可能在低风险的同时获取高报酬。因为这是每个人都想得到的。即使一方最先发现了这样的机会并率先行动，别人也会迅速跟进，竞争会使报酬率降至与风险相当的水平。因此，现实的市场中只有高风险高报酬和低风险低报酬的投资机会。

（二）投资分散化原则

投资分散化原则，是指不要把全部财富投资于一个地方，而要分散投资。

投资分散化原则的理论依据是投资组合理论。马克维茨的投资组合理论认为，若干种股票组成的投资组合，其收益是这些股票收益的加权平均数，但其风险要小于这些股票的加权平均风险，所以投资组合能降低风险。如果一个人把他的全部财富投资于一个公司。这个公司破产了，他就失去了全部财富。如果他投资于 10 个公司，只有 10 个公司全部破产，他才会失去全部财富。10 个公司全部破产的概率，比一个公司破产的概率要小得多。所以投资分散化可以减低风险。

分散化原则具有普遍意义不仅仅适用于证券投资，公司各项决策都应注意分散化原则。不应当把公司的全部投资集中于个别项目、个别产品和个别行业；不应当把销售集中于少数客户；不应当使资源供应集中于个别供应商；重要的事情不要依赖一个人完成；重要的决策不要由一个人做出。凡是有风险的事项，都要贯彻分散化原则，以降低风险。

（三）资本市场有效原则

资本市场是指证券买卖的市场。资本市场有效原则是指在资本市场上频繁交易的金融资产的市场价格反映了所有可获得的信息，而且面对新信息完全能迅速地做出调整。

资本市场有效原则要求理财时重视市场对企业的估价。资本市场是企业的一面镜子，又是企业行为的校正器。股价可以综合反映公司的业绩，弄虚作假、人为地改变会计方法对于企业价值的提高毫无用处。一些公司把巨大的精力和智慧放在报告信息的操纵上，通过“创造性会计处理”来提高报告利润，企图用财务报表给使用人制造幻觉，这在有效市场中是无济于事的。用资产置换、关联交易操纵利润，只能得逞于一时，最终会付出代价，甚至导致公司破产。市场对公司的评价降低时，应分析公司的行为是否出了问题并设法改进，而不应设法欺骗市场。

资本市场有效性原则要求理财时慎重使用金融工具。如果资本市场是有效的，购买或出售金融工具的交易的净现值就为零。公司作为从资本市场上取得资金的一方，很难通过筹资获取正的净现值(增加股东财富)。公司的生产经营性投资带来的竞争，是在少数公司之间展开的，竞争不充分。一个公司因为它有专利权、专有技术、良好的商誉、较大的市场份额等相对优势，可以在某些直接投资中取得正的净现值。资本市场与商品市场不同，其竞争程度高、交易规模大、交易费用低、资产具有同质性，使得其有效性比商品市场要高得多。所有需要资本的公司都在寻找资本成本低的资金来源，大家机会均等。机会均等的竞争，使财务交易基本上是公平交易。在资本市场上，只获得与投资风险相称的报酬，也就是与资本成本相同的报酬，很难增加股东财富。

(四)货币时间价值原则

货币时间价值原则，是指在进行财务活动时要考虑货币时间价值因素。货币的时间价值是指货币在经过一定的时间投资和再投资所增加的价值。

货币具有时间价值的依据是货币投入市场后其数额会随着时间的延续而不断增加。这是一种普遍的客观经济现象。

货币时间价值原则的首要应用是现值概念。由于现在的 1 元货币比将来的 1 元货币经、济价值大。不同时间的货币价值不能直接加减运算，需要进行折算。通常，要把不同时间的货币价值折算到“现在”时点，然后进行运算或比较。把不同时点的货币折算为“现在”时点的过程，称为“折现”，折现使用的百分率称为“折现率”，折现后的价值称为“现值”。财务估价中，广泛使用现值计量资产的价值。

货币时间价值的另一个重要应用是“早收晚付”观念。对于不附带利息的货币收支，与其晚收不如早收，与其早付不如晚付。货币在自己手上，可以立即用于消费而不必等待将来消费，可以投资获利而无损于原来的价值，可以用于预料不到的支付，因此早收、晚付在经济上是有利的。

第四节 财务管理方法

财务管理的方法是为了实现财务管理目标，完成财务管理任务，在进行理财活动时所采用的各种技术和手段。财务管理的方法有很多，可按多种标准进行分类。

第一是根据财务管理的具体内容，可以分为资金筹集管理方法、投资管理方法、营运资金管理方法、股利管理方法。

第二是根据财务管理的环节，可以分为财务预测方法、财务决策方法、财务计划方法、财务控制方法、财务分析方法。

第三是根据财务管理方法的特点，可分为定性财务管理方法和定量财务管理方法。

现以财务管理环节为标准，对财务管理方法进行说明。

一、财务预测

财务预测是根据财务活动的历史资料，考虑现实的要求和条件，对企业未来的财务活动和财务成果做出科学的预计和测算。现代财务管理必须具备预测这个“望远镜”，以便把握未来，明确方向。财务预测环节的作用是测算各项生产经营方案的经济效益，为决策提供可靠的依据；预计财务收支的发展变化情况，以确定经营目标；测定各项定额和标准，为编制计划、分解计划指标服务。财务预测环节是在前一个财务管理循环基础上进行的，运用已取得的规律性的认识指导未来。它既是两个管理循环的连接点，又是财务决策环节的必要前提。财务预测环节包括以下工作步骤。

1. 明确预测对象和目的

预测的对象和目的不同，则预测资料的收集、预测模型的建立、预测方法的选择、预测结果的表现方式等也有不同的要求。为了达到预期的效果，必须根据管理决策的需要，明确预测的具体对象和目的。如降低成本、增加利润、加速资金周转、安排设备投资等，从而规定预测的范围。

2. 收集和整理资料

根据预测的对象和目的。要广泛收集有关的资料，包括企业内部和外部资料、财务和生产技术资料、计划和统计资料、本年和以前年度资料等。对资料要检查其可靠性、完整性和典型性，排除偶然性因素的干扰，还应对各项指标进行归类、汇总、调整等加工处理，使资料符合预测的需要。

3. 选择预测模型

根据影响预测对象的各个因素之间的相互联系，选择相应的财务预测模型。常见的财务预测模型有时间序列预测模型、因果关系预测模型、回归分析预测模型等。

4. 实施财务预测

将经过加工整理的资料进行系统的研究，代入财务预测模型，采用适当预测方法，进行定性、定量分析，确定预测结果。

财务预测的方法有许多种，常用的有定性预测法和定量预测法，前者可分为经验判断法和调查研究法，后者可分为趋势预测法和因果预测法。

二、财务决策

财务决策是根据企业经营战略的要求和国家宏观经济政策的要求，从提高企业经济效益的理财目标出发，在若干个可以选择的财务活动方案中，选择一个最优方案的过程。在财务活动预期方案只有一个时,决定是否采用这个方案也属于决策问题。在市场经济条件下,财务管理的核心是财务决策,财务预测是为财务决策服务的,财务计划是财务决策的具体化。现代管理理论认为,企业管理的重心在经营,经营的重心在决策,因为决策关系到企业的兴衰成败。

财务决策环节包括以下一些工作步骤。

1. 确定决策目标

根据企业经营目标,在调查研究财务状况的基础上,确定财务决策所要解决的问题,如发行股票和债券的决策、设备更新和购置的决策、对外投资的决策等,然后收集企业内部的各种信息和外部的情报资料,为解决决策面临的问题做好准备。

2. 拟定备选方案

在预测未来有关因素的基础上,提出各种为达到财务决策目标而考虑的各种备选的行动方案。拟定备选方案时,对方案中决定现金流出、流入的各种因素,要做周密的查定和计算;拟定备选方案后,还要研究各方案的可行性,各方案实施的有利条件和制约条件。

3. 评价各种方案,选择最优方案

备选方案提出后,根据一定的评价标准,采用有关的评价方法,评定出各方案的优劣或经济价值,从中选择一个预期效果最佳的财务决策方案。经择优选出的方案,如涉及重要的财务活动(如筹资方案、投资方案等),还要进行一次鉴定,经过专家鉴定认为决策方案切实可行,方能付诸实施。

财务决策的方法,主要有优选对比法和数学模型法,前者有总量对比法、差量对比法、指标对比法等,后者有数学微分法、线性规划法、概率决策法、损益决策法等。

三、财务计划

财务计划工作是运用科学的技术手段和数学方法,对目标进行综合平衡,制订主要计划指标,拟定增产节约措施,协调各项计划指标。它是落实企业奋斗目标和保证措施的必要环节。财务计划是以财务决策确定的方案和为财务预测提供的信息为基础来编制的,它是财务预测和财务决策的具体化、系统化,又是控制财务收支活动、分析生产经营成果的依据。

企业财务计划主要包括:资金筹集计划、固定资产投资和折旧计划、流动资产占用和周转计划、对外投资计划、利润和利润分配计划。除了各项计划表格以外,还要附列财务计划说明书。编制财务计划要做好以下工作。

1. 分析主客观条件,确定主要指标

按照国家产业政策和企业财务决策的要求,根据供产销条件和企业生产能力,运用各种科学方法,分析与确定的经营目标有关的各种因素,按照总体经济效益的原则,确定出主要的计划指标。

2. 安排生产要素,组织综合平衡

要合理安排人力、物力、财力,使之与经营目标的要求相适应,在财力平衡方面,要组织流动资金和固定资金的平衡、资金运用和资金来源的平衡、财务支出和财务收入的平衡等。

还要努力挖掘企业潜力，从提高经济效益出发，对企业各方面生产经营活动提出要求，制定好各单位的增产节约措施，制定和修订各项定额，以保证计划指标的落实。

3. 编制计划表格，协调各项指标

以经营目标为核心，以平均先进定额为基础，计算企业计划期内资金占用、成本、利润等各项计划指标，编制出财务计划表，并检查、核对各项有关计划指标是否密切衔接、协调平衡。

财务计划的编制方法，常见的有固定计划法、弹性计划法和滚动计划法。

四、财务控制

财务控制是在生产经营活动的过程中，以计划任务和各项定额为依据，对资金的收入、支出、占用、耗费进行日常的核算，利用特定手段对各单位财务活动进行调节，以便实现计划规定的财务目标。财务控制是落实计划任务、保证计划实现的有效措施。

财务控制要适应管理定量化的需要，重点抓好以下几项工作。

1. 制定控制标准，分解落实责任

按照责权利相结合的原则，将计划任务以标准或指标的形式分解落实到车间、科室、班组甚至个人，即通常所说的指标分解。这样，企业内部每个单位、每个职工都有明确的工作要求，便于落实责任、检查考核。通过计划指标的分解，可以把计划任务变成各单位和个人可以控制和实现的数量要求，在企业形成一个“个人保班组、班组保车间、车间保全厂”的经济指标体系，使计划指标的实现有坚实的群众基础。对资金的收付、费用的支出、物资的占用等，要运用各种手段（如限额领料单、费用控制手册、流通券、内部货币等）进行事先控制。凡是符合标准的，就予以支持，并给以机动权限；凡是不符合标准的，则加以限制，并研究处理。

2. 确定执行差异，及时消除差异

按照“干什么，管什么，算什么”的原则，详细记录指标执行情况，将实际同标准进行对比，确定差异的程度和性质。要经常预计财务指标的完成情况，考察可能出现的变动趋势，及时发出信号，揭露生产经营过程中发生的矛盾。此外，还要及时分析差异形成的原因，确定造成差异的责任归属，采取切实有效的措施，调整实际过程（或调整标准），消除差异，以便顺利实现计划指标。

3. 评价单位业绩，搞好考核奖惩

在一定时期终了，企业应对各责任单位的计划执行情况进行评价，考核各项财务指标的执行结果，把财务指标的考核纳入各级岗位责任制，运用激励机制，实行奖优罚劣。财务控制环节的特征在于差异管理，在标准确定的前提下，应遵循例外原则，及时发现差异，分析差异，采取措施，调节差异。

常见的财务控制方法有防护性控制、前馈性控制和反馈性控制。

五、财务分析

财务分析是以核算资料为主要依据，对企业财务活动的过程和结果进行评价与剖析的一项工作。借助于财务分析，可以掌握各项财务计划指标的完成情况，有利于改善财务预测、决策、计划工作；还可以总结经验，研究和掌握企业财务活动的规律性，不断改进财务管理。企业财务人员要通过财务分析提高业务工作水平，搞好业务工作。

进行财务分析的一般程序如下。

1. 收集资料，掌握情况

开展财务分析首先应充分占有有关资料和信息。财务分析所用的资料通常包括财务报告等实际资料、财务计划资料、历史资料及市场调查资料。

2. 指标对比，揭露矛盾

对比分析是揭露矛盾、发现问题的基本方法。先进与落后、节约与浪费、成绩与缺点，只有通过对比分析才能辨别出来。财务分析要在充分占有资料的基础上，通过数量指标的对比来评价业绩，发现问题，找出差异，揭露矛盾。

3. 因素分析，明确责任

进行对比分析可以找出差距，揭露矛盾，但为了说明产生问题的原因，还需要进行因素分析。影响企业财务活动的因素，有生产技术方面的，也有生产组织方面的；有经济管理方面的。也有思想政治方面的；有企业内部的，也有企业外部的。进行因素分析，就是要查明影响财务指标完成的各项因素，并从各种因素的相互作用中找出影响财务指标完成的主要因素，以便分清责任，抓住关键。

4. 提出措施，改进工作

要在掌握大量资料的基础上，去伪存真，去粗取精，由此及彼，由表及里，找出各种财务活动之间，以及财务活动同其他经济活动之间的本质联系，然后提出改进措施。提出的措施应当明确具体、切实可行。实现措施应当确定负责人员，规定实现的期限。措施一经确定，就要组织各方面的力量认真贯彻执行。要通过改进措施的落实，完善经营管理工作，推动财务管理发展到更高水平的循环。

财务分析的方法很多，主要的有对比分析法、比率分析法和因素分析法。

第五节 财务管理环境

财务管理环境也称理财环境，是指对企业财务活动产生影响作用的各种内部和外部因素。企业财务活动的运作是受理财环境制约的，财务管理人员只有研究企业财务管理所处环境的现状和发展趋势，把握开展财务活动的有利条件和不利条件，才能为企业财务决策提供可靠的依据，更好地实现企业的财务管理目标。

财务环境按其所涉及的范围分为宏观财务环境和微观财务环境。

一、宏观财务环境

宏观财务环境又称外部财务环境，是指存在于企业外部，作用于各个部门和地区，影响和制约企业财务活动的各种因素。

(一)经济环境

经济环境包括国家的经济发展规划、国家的产业政策、经济体制改革方案、国家的财政税收政策和税收制度、金融制度和金融市场等。经济环境会直接影响企业的财务活动,同时它还将通过影响国家法律、政治、文化从而间接影响企业的财务活动。

不同地域的经济发展水平、市场发育程度、经济资源、经济制度和经济政策是不完全相同的,这是影响企业财务活动的基本因素。

1. 经济体制

经济体制又称经济管理体制,是指在一定的社会制度下,生产关系的具体形式以及组织、管理和调节国民经济的体系、制度、方式和方法的总称。

在市场条件下,国家赋予了企业自主权、经营权和决策权,企业的一切财务活动要面向市场,根据自身情况开展财务活动。经济体制决定了企业的经营方式,从而影响了企业的财务行为和财务决策。

2. 经济增长状况

在市场经济条件下,经济发展总是带有一定的波动性。

当经济持续增长,处于经济繁荣时期,公众收入增加,市场需求旺盛,企业的经营环境良好,赢利增加,资金比较充足,投资风险减小。此时应抓住机遇,扩大生产,开拓市场,增加投资。

当经济增长速度放慢,处于经济衰退时期,企业的产、销量下降,企业的经营环境恶化,当产品积压不能变现时,则需要筹资以维持经营。

3. 经济政策

(1)货币金融政策

货币金融政策是政府对国民经济进行宏观调控的重要手段之一。在市场经济条件下,货币金融政策直接影响到经济结构、经济发展速度、企业效益、公众收入、市场利率和市场运行等各个方面。

一般来说,紧缩的货币政策会减少市场的货币供给量,从而造成企业资金紧张,使企业的经济效益下降,这样就会增加企业的风险。同时公众的收入也会下降,购买力也随之下降。反之,宽松的货币政策能增加市场的货币供给量,增加企业的经济效益,减小企业的风险。

(2)财政政策

财政政策同货币政策一样是政府进行宏观经济调控的重要手段。财政政策可以通过增减政府收支规模和税率等手段来调节经济发展的速度。

当政府通过减低税率、增加财政支出刺激经济发展时,企业的利润就会上升。社会就业率增加,公众收入也增加;反之亦然。

(3)产业政策

产业政策是政府调节经济结构的重要手段之一。政府的产业政策对各个行业有不同的影响，国家对重点发展、优先扶持的行业，往往给予特殊优惠的政策，企业的发展前景较好。利润有望增加；而对限制发展的行业，往往会增加种种限制措施。因而产业政策会具体地影响企业的风险与收益。

4. 通货膨胀

通货膨胀对经济发展的影响是复杂的。一般而言，适度的通货膨胀对投资市场的发展是有利的，但过度的通货膨胀对经济发展则会产生破坏作用。

通货膨胀是指货币购买力下降。这不仅对消费者不利，也给企业财务管理带来了不利的影响。它主要表现在：资金需要量迅速增加、筹资成本升高、筹资难度增大、利润虚增等。

5. 金融市场

金融市场是指资金供应者和资金需求者通过某种形式进行交易而融通资金的市场。金融市场为资金供应者和资金需求者提供了各种金融工具和选择机会，使融资双方能自由灵活地调度资金。

当企业需要资金时，可以在金融市场上选择合适的筹资方式筹集资金；当企业有暂时闲置资金时，又可以在金融市场上选择合适的投资方式进行投资，从而提高资金的使用效率。同时，在金融市场交易中形成的各种参数，如市场利率、汇率、证券价格和证券指数等，为企业进行财务决策提供了有用的信息。

6. 市场竞争

在市场经济条件下，企业与企业之间、各产品之间、现有产品与新产品之间，甚至在设备、技术、人才和管理等方面都存在着竞争，这是任何企业都无法回避的。

为了提高竞争力，求得生存和发展，企业必须使自己的产品、服务和质量等方面都优于其他企业，这就要求企业筹集足够的资金，投资于研究与开发新产品、广告宣传、售后服务等。投资成功会给企业带来机遇；若投资失败，则会使企业陷入困境，甚至破产。

（二）法律环境

在市场经济条件下，企业的一些经济活动总是在一定的法律法规范围内进行的。一方面，法律提供了企业从事一些经济活动所必须遵守的规范，从而对企业的经济行为进行约束；另一方面，法律也为企业合法从事各项经济活动提供了保障。

涉及企业财务活动的法律很多，主要有《公司法》《税法》和《会计法》等，如果进行境外投资还将面临不同国家和地区的法律。由于不同时期、不同国家的法律存在差别，因此企业设立、经营和清算过程中财务管理业务的要求和繁简程度是不一样的。

不仅如此，企业所有者、经营者、职工和债权人的利益也会受到较大影响。另外，相同数额的经营收入，因企业性质不同，所缴纳的税款和税后收益也不同。因此，企业经营者及财务管理者必须研究法律环境，避免因法律纠纷给企业造成财务损失。

（三）政治环境

企业财务管理活动还受政治因素的影响，如国内外政治形势的变化、国家重要领导人的更迭、国家法律与政策的变化以及国际关系的改变等都会产生直接或间接的影响。尤其是进行境外投资的企业将面临不同的政治环境。这一方面是由于各届或各国政府对各类性质不同的企业所持有的态度不同;另一方面是由于各届或各国政府的政治稳定程度不一样。

(四)文化与社会环境

文化与社会环境对企业财务管理活动的影响也是不可忽视的,因为公众的文化水平、文明程度、社会的文化传统和风俗习惯既影响到人们的思维方式、工作态度和个人追求,又制约着企业的经营行为,从而影响企业的财务管理活动及其成果。

二、微观财务环境

(一)企业的组织形式

企业有各种不同的形式,虽然它们具有共性,但由于类型不同,对财务管理产生的影响就不同。也就是说,在管理体制既定的条件下,不同的组织形式,决定了企业内部财务管理权限分配和职责划分的不同。

目前我国企业的组织形式按经济成分和投资主体的不同划分,有股份制企业、国有企业、集体企业、私营企业、中外合资经营企业、中外合作经营企业、外商独资经营企业及其他经济组织等形式。不同组织形式的企业,其资金来源和利润分配有着较大的差别,其遵守的财务制度和法律法规等也不尽相同。企业在进行财务活动时,必须根据企业的组织形式来筹集资金、投放资金和分配收益,处理好企业与各方面的财务关系。

(二)企业资产规模

企业资产规模是指企业所拥有的流动资产、固定资产、长期资产和无形资产的总和,它在一定程度上反映了企业的资金实力。大型企业资金实力雄厚,一般考虑大型的投资项目,以取得规模经济效应;而小型企业资金实力相对较弱,投资项目只在小范围内进行。

在注重企业资产规模大小的同时,还应关注其结构比例。企业的流动资产体现了其营运能力,固定资产则体现了企业的生产能力,企业的生产能力与营运能力必须相互配合,两者之间保持一定的比例,才能保证企业正常的生产经营活动。否则,固定资产过多,流动资产过少,会造成固定资产闲置;反之,流动资产过多,固定资产过少,又满足不了生产的需要。

企业除了安排好资金占用方面的结构比例外,还要安排好资金来源方面的结构比例,即安排好自有资金与借入资金的结构比例、负债与所有者权益的结构比例。企业必须根据自身的资产规模和结构比例,来规划自己的财务行为和进行财务决策,以便发挥资金的最大经济效益。

(三)企业生产经营状况

1. 企业生产状况

企业生产状况主要包括企业所处的生产条件和企业产品的生命周期。

(1)企业所处的生产条件

企业按生产条件可以分为技术密集型企业、劳动密集型企业和资源开发型企业,不同的生产条件要求有不同的财务行为与之相适应。

第一是技术密集型企业拥有较多的先进设备,固定资产比重大,企业需要筹集大量的长期资金。

第二是劳动密集型企业所需的人力较多,固定资产比重较小,企业需要筹集大量的短期资金。

第三是资源开发型企业需要投入大量资金用于勘探和开采,资金回收的时间长,企业需要筹集较多的长期资金。

(2)企业产品的生命周期

产品的生命周期通常分为初创期、成长期、成熟期和衰退期 4 个阶段。

初创期:指产品的研究、开发、试制与投产试销阶段。其特点是产品尚未被消费者认可,试制、推销费用较大,产品成本高,销量、盈利情况也不尽如人意。

成长期:这一时期产品试销成功,初步占领市场。销售量快速增长,利润也迅速增加。

成熟期:这一时期企业之间竞争激烈,该产品市场逐步趋于饱和,企业盈利水平开始滑坡。

衰退期:这一时期产品开始老化,逐渐丧失竞争能力,转入更新换代阶段。

不管是对个别产品还是对整个企业而言,产品收入的多少、成本的高低、利润的大小以及企业资金周转的快慢都会因不同产品生命周期而存在较大的差别。因此,企业不仅要针对产品所处的阶段采取适当的措施,并且要有预见性地开发新产品,以保持企业在同行业中的领先地位和竞争优势。

2.企业销售状况

企业销售状况反映了企业产品在销售市场上的竞争程度。企业所处的销售状况按其竞争程度可分为以下 4 种。

(1)完全竞争市场

完全竞争市场的特点是企业数量很多,商品差异不大,企业产品的销售价格主要取决于市场供求关系。

(2)不完全竞争市场

不完全竞争市场的特点是企业数量较多,但在商品的质量、服务和特性等方面存在一定的品牌差异,因此产品价格也会有一定程度的差异。那些生产规模大、质量优、服务好和品牌知名度高的企业在同行业中具有较强的竞争能力。

(3)寡头垄断市场

寡头垄断市场的特点是企业数量很少,企业之间的商品质量、服务和特性等方面略有差异,个别企业对其产品价格有较强的控制能力。

(4)完全垄断市场

完全垄断市场的特点是该行业为独家生产经营,其产品价格与市场也为独家企业所控制。

企业销售状况对企业财务管理具有重要的影响。对处于完全竞争市场的企业,由于产品价格和销售量容易出现波动,风险较大,因此要慎重利用债务资金;对处于不完全竞争市场和寡头垄断市场的企业,应注重产品特色,创出名牌产品,应在产品开发、宣传和售后服务等方面投入较多资金;而对处于完全垄断市场的企业,由于其产品销路畅通,价格波动不大,利润较稳定,风险较小,可较多地利用债务资金。

(四)企业内部管理水平

企业内部管理水平是指企业内部各项管理制度的制订及执行情况。从企业财务管理来看,如果内部有着完备、健全的管理制度并能得到严格执行,就意味着企业财务管理有着较好的基础,有章可循,企业财务管理工作的起点较高,容易走上规范化的轨道并带来理想的理财效果;反之,若企业内部管理制度不健全,或者即使有制度但没有严格执行,这必然给企业财务管理工作带来困难。在这种情况下,对企业财务管理的要求不能脱离实际,不能过高过急。要有一个循序渐进、逐步完善、规范和提高的过程。

第二章 财务管理环境与理财原则

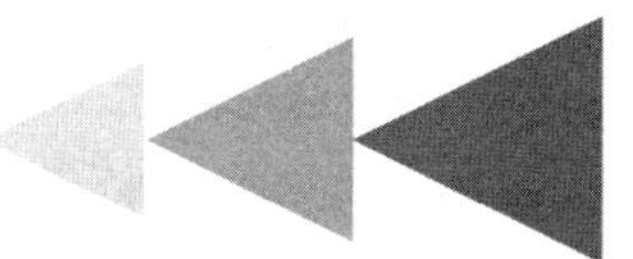

统计资料表明，相对于债务融资，我国本土企业当前更为偏重于股权融资方式。2013年1～8月，湖北省上市公司实现股权融资近33亿元；而公司债券融资，2016年尚没有实现零的突破。历年来，湖北上市公司采用债权方式融资总额仅是股权融资总额的36%。而据介绍，2012年仅有九州通、华新水泥、骆驼股份、国创高新等少数公司成功发行公司债券。

请从财务环境的角度，分析本土上市公司偏爱股权融资的原因。

第一节 财务管理环境概述

实施任何一项具体财务管理工作，无论是预测、决策，还是计划、控制，都会受到企业外部环境、企业内部各种与财务相关条件，以及企业内部理财条件三个方面因素的影响。上述3个方面的因素的总和，可统称为财务管理环境条件。环境是财务管理所不能不考虑的因素。好的财务环境，是财务管理的东风；而不好的环境，则是财务管理的摧花暴雨。在财务管理实践中，不仅应乘东风，还要尽可能借东风。作为理性的管理活动，首先应该了解环境。

一、财务管理环境及其意义

财务管理环境（environment of financial management）是指独立存在于财务管理活动之

外,并对财务管理发生影响的各种企业内、外部因素的总和。对于一个生命体而言,土地、空气、阳光、雨露及其他各种条件因素的总和构成其生存环境。如果将企业财务管理视为一个生命体,那么围绕企业、财务管理,并影响企业财务管理过程及其结果的各种要素的总和,就构成财务管理环境。

财务管理环境独立存在于财务管理之外,既不等同于企业环境,也不等同于管理环境。企业与管理环境因素是财务管理环境的重要组成部分,但不是它的全部;除企业及管理方面的环境因素外,企业及管理因素本身,也同样是财务管理环境因素的组成部分。财务管理环境的构成复杂,内容极为广泛。

财务管理环境影响财务管理的进程与结果。财务管理环境因素对财务管理的影响,可以是独立的,但更可能是综合的。同时,财务管理的各个环境因素之间也相互作用,这些相互作用也会影响到财务管理。

二、环境与企业财务管理的关系

企业存在于一定的环境之中,管理在一定的环境中实施并发挥作用。一般说来,环境是企业内部管理所不能或难以改变的约束条件。但是辩证法告诉我们,对于环境,人类也并非是完全无能为力的,作为管理活动更是如此。因此,对于环境与财务管理的关系,可以概括为:环境决定企业财务管理,财务管理反作用于环境;财务管理应正确处理与环境的关系。

1.环境决定财务管理

由于环境是事物得以产生并发展的条件,没有适宜的环境,任何事物都不可能生存。因此,环境决定企业、决定包括财务管理在内的企业管理,这是二者相互关系的基本方面。环境对企业财务管理的决定作用,主要表现在以下一些方面。

(1)环境既决定企业也决定企业财务管理的产生与发展,对此几乎不需论证。例如,没有现代商品货币经济的相当发展,就不会产生现代企业;某一地区存在某种农产品生产的比较优势,该地区将会有对该农产品进行生产加工的企业产生;企业会向政策优势明显的经济开发区逐步集聚;资本会向其最适宜生存的地方流动等。一个企业如果没有适宜的发展环境,它最终也会消亡。

(2)环境决定企业财务关系的基本面。财务的实质是一种经济关系;财务管理的实质也就是处理经济关系,包括企业与政府及管理机构、与投资及被投资人、与债权及债务人、与上游和下游企业、与附近居民的经济关系,还有企业内部各个方面之间的经济关系。上述各种经济关系的基本状况如何,主要是由环境所决定的。而企业同各方面之间的相互关系就是环境的组成部分。财务管理只能在现实财务关系的基础之上实施开展。

(3)环境决定企业财务活动的基本面。筹资与融资、投资、营运、分配与纳税,构成企业财务活动的基本内容。但是,企业筹资与融资是难是易、融资成本是高是低、投资限制与收效如何、营运有无外部阻力、分配如何进行、纳税负担高低等都与环境相关。

(4)环境决定财务管理活动的过程,并最终决定财务管理的效果。任何的管理措施,只有符合于环境,才有可能达到预期目标。在管理之初,选择管理措施及预期目标是从所处的现实环境出发的；在管理实施中，无论是发现环境发生变化，还是预期环境不同于现实环境，都要对管理做出调整；最后，与环境不相适应的管理措施，必然不能达到预期目标。试想，一个看不清楚周围地貌的人在原野上奔跑，其后果会如何？

因此，财务管理必须首先认识环境、顺应环境，并尽力争取好的环境。

2. 企业财务管理对环境的反作用

环境决定企业财务管理，是二者关系的基本方面，但财务管理也反作用于环境。这种反作用主要表现在以下方面。

(1)财务管理的过程与结果能够影响环境。首先，财务管理会影响到企业，而企业的状况会反作用于环境。在大环境相同的条件下，企业的规模、位置、经营领域、管理、文化、形象、财务状况等方面的不同，使其所面临的现实环境会存在极大的差异性。无论是在融资、投资，还是纳税方面，小企业与大企业、性质不同的企业、效益不同的企业、一般企业与龙头企业，都不可能获得完全相同的待遇。其次，在条件完全相同的情况下，财务管理好、效益高、财务运行顺畅的企业，其财务活动无论是在融资、投资，还是纳税方面，都能够获得更多的支持。

财务管理过程与结果对环境的影响，可能会使环境变好，也可能会使环境恶化。

(2)企业可以改造、建设环境。以处理财务关系为例，首先，企业与政府、职员、邻里居民、上下游企业等各方面的现实财务关系，是企业过去财务活动的结果，是由企业财务管理自身所构建的。其次，作为一种管理活动，任何管理措施的实施都会对环境产生影响。比如，企业在某一次财务活动中，与政府或某一金融机构、其他企业、其他某一方面的关系处理不当都会影响到企业的后续财务活动，反之亦然。应该认识到，我们所开展的每一次具体的财务管理工作，都是在进行管理环境的建设与改造。财务管理工作应该主动地去建设好的财务环境，改造不良的环境。当然，作为财务管理的外部影响与制约因素，改造它是极为困难的，有些甚至是完全不能改变的。企业对于财务管理环境的建设与改造，应将重点放在易于产生效果的微观环境方面。

改造、建设财务环境，使之越来越好，是财务管理的重要目标之一。

(3)企业财务管理可以理性的适应、利用环境。我们研究财务环境的目的，正是在于了解企业在财务管理过程中可能出现的各种参量及其限制条件，以便我们能够正确地处理财务管理与环境之间的关系，使企业合理规划自己的财务活动，趋利避害、把握机会，以保证各项理财措施得到正确、及时、有效的贯彻。企业外部的经济、金融、法律等因素，以及企业内部的组织形式、生产规模、技术条件等环境都对企业财务管理工作产生重大影响；企业财务管理更多的是适应它们的要求和变化。只有适应环境，企业财务管理活动才能使企业这个经济系统在与外部的环境交换上达到良性循环，从而搞好企业财务管理工作，顺利实现财务管理目标。

理性的适应、利用环境，开展财务管理，有利于环境的改善。

3. 正确处理财务管理与环境的关系

如何正确处理财务管理与环境的关系？根据财务管理与环境的关系，归纳起来，可特别从以下方面努力。

(1)正确认识现实环境。认识环境是开展财务管理具体工作的起点和前提条件。为了在财务管理实际工作中不犯“盲人摸象”的错误,在进行财务决策之前,就必须清醒地认识财务管理现实环境。

(2)顺应环境。财务管理必须从环境出发,选择与实施管理措施。在进行财务决策时,切记不能逆环境而行,否则后果是非常严重的。

(3)利用环境。财务管理要借环境的东风,主动利用环境。在环境有利时,要争取最大的管理效益。

(4)重视微观环境建设。管理对于微观环境的反作用力较大,财务管理应重视微观环境建设。建设微观环境,要讲道德,不唯利是图;讲信用,不通过假账与违约负债谋求财务利益;讲形象,注重企业文化建设;要有人情味,培养企业团体的内部凝聚力。

(5)积极呼吁改造宏观环境。财务管理对于宏观环境的反作用力有限,但也不是完全无能为力。因此,财务管理应该重视宏观环境的改造。围绕企业环境及负担进行呼吁、提出政策建议,是改造宏观环境的重要途径。

三、财务管理环境因素的分类

企业财务管理环境十分复杂,它是一个由多层次、多方位的,各种纵横交错、相互制约的不同因素所组成的系统。为了更好地认识财务管理环境、分析财务管理环境因素对于财务管理的作用,可以按照一定的标志对财务管理环境因素进行分类。

1. 财务管理环境因素的一般分类

(1)内部环境和外部环境。按照环境因素与企业财务管理的关系,可将财务管理环境因素分为内部理财环境和外部理财环境。财务管理是企业管理系统中的一个相对独立的子系统,故所谓的内部与外部只能是一个相对的概括。这种内外之分可以是站在企业层面,也可以是站在企业财务管理的层面而言,如企业组织形式、管理体制、生产经营规模与技术条件等方面的因素,站在企业层面而言,属于内部环境因素;而站在财务管理的层面而言,则属于外部环境因素。在这里,我们选择站在企业的层面来划分内外环境。

内部理财环境是指存在于企业内部的,影响财务管理的各种条件因素。它可以进一步分为两个层次:一个是属于企业之内,但独立于财务管理之外的环境因素,如企业组织形式、生产经营规模、生产技术条件、管理水平及经营者素质等;另一个是属于财务管理系统之内,但在开展财务管理具体工作时并不能任意改变的财务管理内部环境因素,如企业财务管理体制、机构人员设置、制度建设、硬件设施等。内部理财环境通常都有现成资料,相对容易把握和对应;但上述两个层次的内部环境因素与财务管理之间关系的差异性,也是非常明显的。

外部理财环境是指存在于企业外部的,影响企业财务管理的各种因素,如国家经济发展水平、宏观经济政策、法律制度、金融环境等。外部理财环境情况比较复杂,需要认真调查、搜集资料,以便分析研究,全面认识。

(2)宏观环境和微观环境。按照财务管理环境因素影响范围的大小不同,可将其划分为宏观财务管理环境和微观财务管理环境。

宏观财务管理环境是在宏观范围内普遍作用于全国或多个地区、部门的各类企业的财务管理环境,包括经济环境、法律环境、金融环境和社会文化环境等。

微观财务管理环境则是在某一特定范围内对特定企业的财务管理产生影响的财务管理环境,主要包括企业组织形式、企业的产品生产和销售状况、企业的资源供应情况等。

内部理财环境通常属于微观理财环境,但企业外部财务管理环境不一定都是宏观财务管理环境,如材料等资源的供应情况,属于外部环境,也属于微观财务环境因素。

(3)静态环境和动态环境。按财务管理环境因素的稳定性程度不同,可将其划分为静态财务管理环境和动态财务管理环境。

静态财务管理环境是指那些处于相对稳定状态的财务管理环境,如经济体制、产业结构、法律制度等。这类环境因素通常在短期内变化不大,对财务管理的影响程度相对稳定。对于静态财务管理环境,一旦通过调查了解之后无须经常予以调整,在企业财务管理中一般可以作为已知条件或不变因素来对待。

动态财务管理环境是指那些处于不断变动状态的财务管理环境,如在市场经济条件下的商品销售数量及销售价格、原材料价格、资金供求状况、利率的高低等。这些因素不仅经常变动,而且不一定都具有规律性,对企业的经营和财务活动产生极为重要的影响。企业财务人员应重点调查、预测这些可变因素,分析其变动趋势并判断其对财务管理活动可能造成的影响,以便采取相应的财务对策,从而提高企业对财务管理环境的适应能力和应变能力。

(4)可控环境和不可控环境。按财务管理环境因素是否可为管理者所控制,可将其划分为可控财务管理环境和不可控财务管理环境。

可控财务管理环境是指企业通过自身努力可以改变或部分改变的环境因素,如企业的内部环境一般是可控的环境。

不可控财务管理环境是指企业自身无法控制,只能被动适应的环境因素,如经济环境、法律环境、金融环境、自然地理环境、社会文化环境等。

(5)软环境和硬环境。按财务管理环境作用力的弹性程度不同,可将其分为软环境和硬环境。

软环境是指那些柔性的,对财务管理发挥制约作用的时效与作用力大小会因为其他因素的相互影响而不同或发生变动的环境因素;硬环境则是与软环境相对应的环境因素。

软环境和硬环境的划分,与可控环境和不可控环境的划分虽然存在联系,但却是不能完全相等同。软环境不一定是可控环境;硬环境也不一定就是不可控环境。

软环境和硬环境是相对的,在一定的范围内是可以相互转化的。

2.财务管理环境因素的层次

综合上述各种企业财务管理环境因素的分类结果,我们按照环境因素的作用范围,及其与企业财务管理关系的距离,还有企业财务管理对于环境因素的反作用力的大小不同,可将财务环境因素分为以下三个层次。

(1)我国企业财务管理的共同性或宏观环境因素。这类因素是指我国全部或某一地区或类别的企业财务管理所共同面对的,不存在差异性的环境因素。对于个别的企业而言,基本上无力改变或很难改变这些环境因素,也是企业及财务管理不能或很难发挥反作用的环境因素。

(2)企业财务管理外部的微观环境因素。这类因素又可以进一步分为以下两个层次。

①企业外部的财务管理微观环境因素。企业总是处于一个特定的区域,有着自身的形式与制度,并要通过某些具体的人或机构与外界发生财务关系。这决定了各个企业在面临相同财务大环境的前提下,所面临的外部小环境会出现差异。

对于一个企业的财务管理工作而言,相对于共同性环境因素,企业更应该重视的是外部特殊环境因素。企业财务管理的外部特殊环境因素,就是一个具体企业的财务管理工作所具体面对的、可能不同于其他企业的环境因素。

对于企业外部的微观财务管理环境因素,财务管理可以直接发挥其反作用力,主动进行环境建设。但是,改善这些环境条件是整个企业共同的任务,绝非财务管理能够单独完成的;若没有企业管理各方面的共同努力,则这些外部微观环境是很难得到改变的。

②财务管理外部、企业内部的环境因素。这里的外部,不是站在企业层面,而是站在企业财务管理层面而言的。例如企业组织形式、管理体制、生产经营规模与技术条件等方面的因素,站在企业层面而言,属于内部;而站在财务管理的层面而言,则属于外部。

上述两个层次的企业财务管理的外部微观环境因素,对于每一个企业而言都是具体的,也是可能存在差异性的。虽然这些环境因素既可能存在于企业外部,也可能存在于企业内部,但一般都主要属于微观方面的环境因素。同时,这些环境因素具有较强的可塑性,财务管理可以对之发挥极强的反作用,是建设与改造财务环境应该重点考虑的内容。

对于企业内部但属于财务管理外部的环境因素,财务管理同样可以直接发挥反作用力,主动进行环境建设。但是,改善这些财务管理环境条件可能会受到企业管理其他方面的阻力。

对于企业财务管理与企业外部的财务管理微观环境因素,和企业内部但属于财务管理外部的环境因素,在关系距离及反作用力大小方面的差异,请同学们自己进一步思考体会。

(3)企业财务管理内部的环境或条件因素。这类因素主要包括:财务管理体制及机构、财务管理机构与人员环境(如机构设置、人员素质、能力)、财务制度建设环境(如用人制度)、硬件设施环境、财务管理内部的人际关系环境,以及企业财务现状等因素。

该层次环境因素是以前财务管理所导致的结果,但又是实施新的财务管理措施的现实条件。这些环境因素,虽然存在于财务管理内部,但对整个企业管理的每一方面都会产生影响;虽然可能会在每一次具体管理措施实施后发生变化,但在管理措施实施之前却是客观、稳定的。改变这些条件,财务管理方面应该有大局观念;而事实上,财务管理方面也不能随意地改变这些条件。

上述各财务管理环境因素及相互关系,大致如图 2-1 所示。

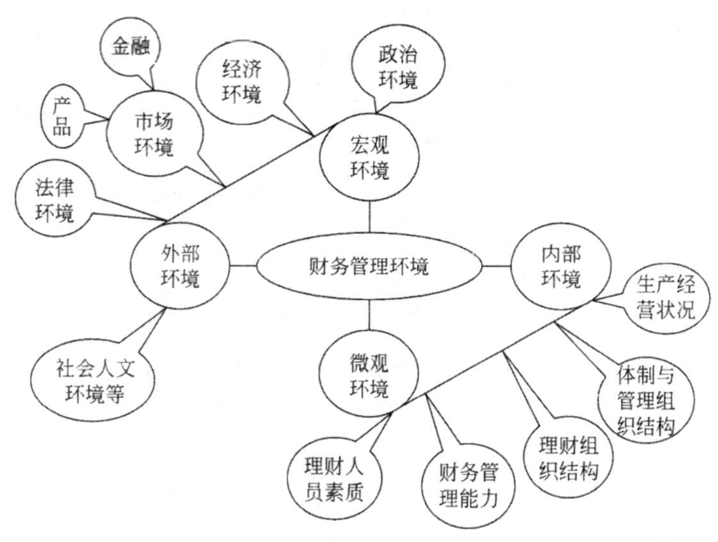

图 2-1　财务管理环境因素

第二节　企业财务管理的环境因素分析

下面将具体介绍上述三个不同层次的财务管理环境因素，并简要分析其与财务管理的相互关系。

一、我国企业财务管理的共同性环境因素

我国企业所面临的共同性财务管理环境因素，一般属于宏观环境因素，有国家政治、经济、金融法律制度方面的环境；有国际与国内经济发展水平、经济周期与阶段方面的环境；也有党和政府的阶段性宏观经济政策方面的环境，以及社会人文道德及信用环境等方面的环境。由于对于这些方面的环境因素状况，在经济学、管理学、经济法规（包括税法），以及社会学等相关课程中皆有更为详细的介绍，且因其内容广泛，很难完全描述；因此，在此不再进行详细的阐述，仅对其基本要点作一些简要概括。

1.政治、经济、金融法律制度环境

政治、经济、金融法律制度环境是通过法律法规形式来规范的，是在企业和外部发生财务关系时所应遵守的各种法律、法规和规章制度的总和。一般说来，它们属于硬环境因素。

（1）政治法律制度环境。

①制度概况。当前，我国所实践的是有中国特色的社会主义市场经济制度，“四项基本原则”、人民代表大会制度、政治协商制度及公务员选拔制度等是我国最为典型的政治法律制度。

②对财务管理的影响。一般说来，纯粹的经济活动不会与政治法律制度直接发生关系，但政治是经济的继续，经济与政治之间的关系很难截然分开。经济利益的驱使，会让商人过问政治、让政治家插手经济，而参与政治更是企业改善环境的一个重要且有效的途径。因此，上述政治制度也会影响到企业财务管理。

(2)经济法律制度环境。“有中国特色的社会主义市场经济制度”，概括了我国现行社会经济制度的基本特征，主要包括经济体制、经济法规两个层次的环境因素。

①经济体制主要是指对有限的资源进行配置，以及收入分配的各种机制。

体制概况。在资源配置方面，计划经济体制和市场经济体制是两种典型的经济体制类型与资源配置方式。计划经济，即由政府通过计划渠道配置资源；其机制是政府计划部门在收集和掌握所需要的供求信息的基础上，做出有关资源配置的决定，并将有关计划指标下达给企业，以决定企业生产什么、生产多少、如何生产和为谁生产。市场经济，即由市场调节的价格支配资源的配置和使用；其机制是生产者和消费者在充分竞争中形成价格，然后由价格引导并调节生产者的竞争性行为和生产什么、生产多少、如何生产和为谁生产等方面的独立决策，从而在市场信号的调节下实现资源在各个生产领域的配置。

在收入分配方面，按资分配与按劳分配是两种典型的收入分配机制。其中，按资分配是指按照对于资源或资本的所有、使用、支配及处置权关系进行分配；按劳分配中的“劳”是指劳动，也是资源的一种存在形式。

经济体制对企业财务管理的影响与制约，主要表现为企业必须在客观上服从和服务于经济体制，并在财务管理目标、财务主体、财务管理的手段与方法等方面与经济体制相一致。例如在计划经济条件下，企业财务的基本手段是根据国家计划的要求编制各种财务计划，经财政部门、企业主管部门批准后组织计划的实施，并以计划为依据考核企业财务工作的优劣。在市场经济条件下，企业财务的基本手段是以市场为基础、围绕企业所确定的财务为目标来开展财务预测和决策，实施财务管理。

当前，我国的社会主义市场经济是一种复合的且不够完善的混合经济体制。在这种混合经济体制条件下，无论是在资源配置，还是在收入分配方面，其方式、途径、手段及影响因素等都具有混合性，并且都不够完善、规范与公平合理；权力对于资源配置与收入分配有着很大作用。因此，其资源配置与利益分配会对企业、对财务管理产生一些特殊影响，在实践中应该认真对待。

②经济法规。

法规概况。经济法规所包括的法律种类非常多，主要包括我国的《公司法》《证券法》《票据法》《合同法》《反不正当竞争法》，以及各种税收方面的法规等。其中，企业组织规范与税收方面的法律规范尤其重要。随着市场经济的不断发展，相关的法律、法规和规章也在不断修订和完善。自 2006 年起，先后施行的《公司法》和《证券法》，以及《企业会计准则》和《企业财务通则》，为企业的财务管理活动提供了更加健全的法律环境。

企业组织法律规范规定，企业组织必须依法成立。企业要依据各种企业组织法律规范组建，并开展经济活动及处理财务关系。

企业应该依法纳税。当前我国的税法，是一个由数十部实体法与程序法所构成的法律体系，对于企业应该缴纳的税收及税额计算、纳税方法与程序、违反税法的法律后果等，做了详尽的规定。企业所得税、增值税、消费税、营业税是企业所要缴纳的几种主要税收。税收是企业的一种费用，会增加企业的现金流出，对企业财务有重要影响。企业应该在遵守税法的前提下，通过在投资、筹资和利润分配等财务决策时的精心安排和筹划，来减少税务负担，而不能偷税漏税。

经济法律环境对财务管理的影响和制约主要表现在：第一，规定企业纳税的种类、税额计算方式、税款缴纳方式及基本程序和税收制裁手段等，同时为财务税收筹划提供了最基本的法律依据；第二，规定企业的融资渠道、方式、规模、结构、成本和财务活动的基本程序等；第三，规定企业投资的基本前提、程序和应履行的社会责任等；第四，规定企业收入以及盈利分配的用途、比例、项目及程序等；第五，规定企业与投资人、债权及债务人，与其他企业及与企业职工等相互关系处理的基本法律规则等。

(3)金融法律制度。金融法律制度本来应该属于经济法规政策的范围；但对于财务管理而言，它有着特殊的意义。首先，财务是“finance”，金融也是“finance”，二者属于同一性质的问题；其次，在现实生活中，所有的金融法律制度及其因素，都对企业财务管理有着直接的影响。因此在这里对金融法律制度及其与企业财务管理的关系进行单独的分析。下面主要从金融机构及业务规范制度、金融市场及运行规范制度、利率制度与汇率制度 4 个方面对金融法律制度加以说明。

①金融机构及业务。在我国，作为中央银行的中国人民银行，与政策性银行、商业银行与非银行金融机构等，构成了我国的金融机构体系。

商业银行是以经营存款、放款、办理转账结算为主要业务，以营利为主要经营目标的金融企业。商业银行的建立和运行，受《中华人民共和国商业银行法》规范。我国的商业银行分为两类：第一类是国有商业银行，包括中国银行、中国农业银行、中国工商银行和中国建设银行；第二类是于 1987 年以后发展起来的股份制商业银行，包括交通银行、深圳发展银行、中信实业银行、中国光大银行、华夏银行、兴业银行、招商银行、上海浦东发展银行和中国民生银行等。这些银行的股权结构各异，但以企业法人股和财政入股为主，个别银行有个人股权。股份制商业银行完全按商业银行的模式运作，服务比较灵活，业务发展较快。商业银行是企业筹资的重要领域，企业正确处理与商业银行间的关系极为重要，有时甚至会关系到企业的生死存亡。

目前，我国主要的非银行金融机构有：保险公司；信托投资公司；证券机构，包括证券公司、证券交易所、结算公司；财务公司；金融租赁公司；小额贷款公司等。其业务较为灵活。

金融法律制度规定了不同银行与金融机构的业务范围及运行规范，对于这些基本规定，企业在进行财务管理时是不能不考虑的。

②金融市场及运行。金融市场是资金供应者和资金需求者双方通过一定方式融通资金的场所，也是财务管理获取资金资源与投资获利的场所。广义的金融市场，是指一切资本流动的场所，包括实物资本和货币资本的流动；其交易对象包括货币借贷、票据承兑和贴现、有

价证券买卖、黄金和外汇买卖、办理国内外保险、生产资料的产权交换等。狭义的金融市场，是指有价证券市场，即股票和债券的发行和买卖市场。金融市场还有着一些不同的类别，在金融学等课程中对此有着详细的阐述，在此不加赘述。

金融市场还是政府进行宏观金融调控，引导与干预经济的基本领域。金融市场对企业的财务管理活动有重要的意义。

首先，金融市场是企业投资和筹资的场所。企业需要资金时，可以到金融市场选择适合自己需要的方式筹资；企业有了剩余的资金，也可以将闲置资金投资于金融市场。

其次，企业可以通过金融市场实现长、短期资金之间的相互转化，以调整资产结构、调剂资金供求。企业持有的股票和债券是长期投资，在金融市场上随时可以转手变现，成为短期资金；与此相反，短期资金也可以在金融市场上转变为股票、债券等长期资产。

再次，金融市场为企业理财提供具有指导意义的信息。市场的利率变动，反映资金的供求状况；市场的形势，反映投资人对企业经营状况和盈利水平的评价。它们是企业经营和投资的重要依据。

最后，金融市场为企业提供各种金融服务，为企业理财提供了极大方便。

③利率制度。利率制度是一国政府所颁布实施的，有关市场利率形成、调整的法律制度。利率是金融市场上购买或转让资金的价格，或资金使用权的价格。利率有纯利率、基准利率与市场利率等不同类别。

纯利率是指在没有风险和没有通货膨胀情况下的平均利率。由于影响纯利率的基本因素是资金的供求关系；因此，纯利率并非是一成不变的，而是会随资金供求的变化而不断变化的。在实际工作中，在无通货膨胀的情况下，一般是用国库券的利率来代表纯利率。

基准利率，也称为基础利率，是金融市场上具有普遍参照作用的利率，其他利率水平或金融资产价格均可根据这一基准利率水平来确定。在多种利率并存的条件下，基准利率是起决定作用的利率，其变动会引起其他利率的相应变动。基准利率也是利率市场化的重要前提之一。在利率市场化条件下，融资者衡量融资成本、投资者计算投资收益，以及政府对宏观经济的调控，客观上都要求有一个普遍公认的基准利率水平做参考；所以，基准利率可以说是利率市场化机制形成的核心。

市场利率是金融市场上的实际利率，或资金的现实购买价格，它由资金供求双方基于当时的基准利率水平、考虑当时资金的供求情况，协商确定。

市场利率与基准利率之间的关系可以用下面公式表示：

市场利率＝基准利率(1＋浮动幅度％)

市场利率与纯利率之间的关系可以用下面公式表示：

市场利率＝纯利率＋通货膨胀附加率＋风险报酬率

其中，风险报酬率包括违约风险、变现力风险与到期期限风险的报酬率。违约风险是指借款人无法按时支付利息或偿还本金而给投资人带来的风险。为了弥补违约风险，就必须提高利率，违约风险越大，投资人要求的利率报酬越高。企业债务的违约风险取决于由债券发行主体和发行条件决定的债券信用等级，信用等级越高，表明违约风险越低，从而利率也越低。变现力是指某项资产迅速足额转化为现金的可能性。如果一项资产能迅速足额转化为现金，则说明其变现能力强，反之，则说明其变现能力弱。政府债券、大公司的股票与债券，由于信用好，变现能力强；而一些不知名的中小企业发行的证券，变现力风险则较大，投资人应要求变现力风险报酬率作为补偿。借出的资金只有在到期后才能收回本息。一项负债到期日越长，债权人承受的不确定因素就越多，承担的风险也就越大，为弥补这种风险而增加的利率水平，就叫到期风险报酬。例如，同时发行的国库券，5 年期的利率就比 3 年期的利率高；银行存贷款利率也一样。因此，长期借款利率一般要高于短期借款利率，二者之差便是到期风险报酬。当然，在利率剧烈波动的情况下，也会出现短期利率高于长期利率的情况，但这种偶然情况并不影响上述结论。

当前我国利率制度的核心，是由我国的中央银行——中国人民银行公布基准利率，在法律上约束商业银行的存款、贷款、贴现等业务的市场利率制定。当前，我国商业银行的存款利率暂时不能离开基准利率上、下浮动。从 2013 年 8 月 24 日开始，贷款利率可以在基准利率基础上，下浮 10%至上浮 70%，后来又再次放宽了有关“高利贷”的法律标准。国外的基础利率强调市场依据，如以 LIBOR 加 1/4 的百分点作为基础利率，通常包括再贷款率和再贴现率。

④汇率制度。汇率是指不同货币之间的兑换比率，或以一国货币单位所表示的另一国货币的价格。汇率制度又称汇率安排(exchange rate arrangement)，是指国际社会或各国有关确定、维持、调整与管理汇率的原则、方法、方式和机构等所作出规定的系统法律制度。对我国企业财务发生直接影响的主要是人民币汇率及其制度。

按照汇率的变动情况，汇率制度可分为固定汇率制和浮动汇率制，当今世界所普遍实行的是浮动汇率制度。汇率制度的内容主要包括：首先，确定汇率的原则和依据，如是以货币本身的价值为依据，还是以法定代表的价值为依据等；其次，维持与调整汇率的办法，如是采用公开法定升值或贬值的办法，还是采取任其浮动或官方有限度干预的办法；再次，管理汇率的法令、体制和政策等，如在各国外汇管制中多有关于汇率及其适用范围的规定；最后，制定、维持与管理汇率的机构，如建立外汇管理局、外汇平准基金委员会，或直接通过中央银行等。

自 2005 年以来，迫于国内改革要求与国际压力，我国的人民币汇率制度多次进行改革，形成了现行的汇率形成机制。人民币汇率制度主要有以下要点。首先，是改变过去单纯盯住美元的汇率制度，改为实行盯住、参考包括美元在内的“一揽子”货币，以市场供求为基础，计算、确定人民币多边汇率指数变化的，有管理并进行主动调节的浮动汇率制度。其次，人民币汇率将以市场供求为基础，参考“一揽子”货币，在合理、均衡水平上保持基本稳定。再次，自 2006 年 1 月 4 日起，中国人民银行授权中国外汇交易中心，于每个工作日上午 9 时 15 分对外公布当日人民币对美元、欧元、日元和港币汇率中间价，作为当日银行间即期外汇市场(含 OTC 方式和撮合方式)以及银行柜台交易汇率的中间价。又次，人民币兑换美元的交易价，可以在每日 1%的幅度内浮动。2007 年 5 月 18 日，中国人民银行发布公告，称自 5 月 21 日起，银行间即期外汇市场人民币兑美元交易价浮动幅度由 0.3%扩大至 0.5%；2010 年

6 月 19 日，中国人民银行决定“进一步推进人民币汇率形成机制改革，增强人民币汇率弹性”；2012 年 4 月 14 日，中国人民银行对外宣布，自 2012 年 4 月 16 日起，银行间即期外汇市场人民币兑美元交易价浮动幅度由 0.5%扩大至 1%，这是自 2007 年以来人民币兑美元汇率单日波动幅度的再度扩大。最后，国家外汇管理局为我国法定的外汇管理机构。

外汇制度通过影响汇率及其变动，进而影响企业财务管理。特别是对于那些以外贸进出口为主要业务的企业而言，汇率的变动，有时候会是致命的影响。汇率制度是决定汇率的基本因素。

2. 国内、国际经济发展与政府宏观经济政策环境

(1)国内、国际经济发展环境。国内、国际经济发展环境，主要是指国内、国际经济在某一特定发展阶段的现状及特点，可以从经济周期、经济发展水平、经济结构及协调性，以及其他具体经济因素等不同方面进行考虑。

①经济周期。在市场经济条件下，任何国家的经济发展都是在波动中前进的，不可能出现永远的持续增长或衰退，经济周期就是指经济发展过程中增长与衰退的波动与循环。在资本主义社会中，经济的发展呈现出复苏、繁荣、衰退与萧条的经济周期。我国国民经济的发展，总地来说，具有持续、快速增长的特点，但从长期来看依然呈现出周期性波动现象，这种周期性的波动对企业的财务管理活动会产生极大影响。企业要认识到经济周期的存在及其特性，并相应地调整理财策略。当经济处于繁荣时期，市场需求旺盛、销售额大幅度上升，企业应采取扩张性筹资和投资政策，开拓生产门路，增添机器设备、存货和员工等；当经济处于衰退时期，社会需求减少、企业产量和销售量下降、设备闲置、资金短缺、财务运作出现较大困难，大多数企业应该考虑如何维持现有的经营规模和效益，在稳定中求发展。

②经济发展水平。一定时期内，国民经济的发展水平影响着企业的发展水平，对企业财务管理的模式、要求、内容、方法也都有一定的影响。国民经济发展水平高，会给企业扩大生产规模、调整资产结构、调整生产经营方向、打开新的市场以及扩宽财务活动的领域带来机遇。同时，在经济高速发展中会出现新的企业组织形式、资产运营方式、市场交易活动以及更复杂的经济关系，这也会给企业财务管理带来严峻的挑战。因此，财务管理的理念、内容、方法等会随之不断地创新和发展，以适应国民经济的发展水平，保证企业经营目标的实现。

③经济结构及协调性。经济结构是以产业结构为基础的整个社会经济的构成及比例。由于经济结构的协调性有着非常精深的内容，如整个世界经济是否协调，本国的经济是否协调，本国经济与整个世界经济之间又是否协调，一个产业部门(或行业)与经济整体之间是否协调等，因为对其进行考察是极为困难的。当经济结构不协调时，一方面经济运行会自发进行结构调整；另一方面政府也会实施经济结构的调整措施。任何一个企业，都是社会经济结构中的一个组成部分，都可能成为经济结构调整的对象，甚至成为结构调整的牺牲品。因此，经济结构对于企业财务的制约力是极为强悍的，特别是当企业处于经济结构的调整环节时，企业的财务很难不产生波动，会导致企业产生很多难以解决的财务难题。如果企业处于一个协调的经济结构运行链条之中，企业及其财务所受的冲击则相对会较小。

④其他具体经济因素。除经济周期、经济发展水平与经济结构等因素之外，一些具体的

经济因素发生变化也会对企业的财务管理产生重要影响，如通货膨胀和利息率。经济发展中的通货膨胀会给企业财务管理带来很大的困难，主要表现在：资产占用额显著增长；社会资本供求关系紧张，企业筹集资金困难；证券价格下跌，企业直接融资难度大；利率上升，资金成本加大；原材料价格和产成品价格的涨幅不一致，企业成本显著上升；企业利润虚增，资本流失。为避免通货膨胀给企业造成过大损失，财务人员必须对通货膨胀有所预测，并采取相应的措施调整收入与成本，如采取套期保值等方式减少损失。

国内与国际经济发展环境，属于两个不同层次的环境因素，既相联系，又相区别。在世界经济中，我国属于发展中国家，总体上较为落后，经济结构方面的问题更多，国内经济发展环境对企业财务的影响和制约作用也更为直接、现实。

(2)政府宏观经济政策环境。宏观经济政策是政府为应对本国经济发展中所存在的宏观现实问题，所颁布实施的经济干预策略及措施，是政府对经济发展进行的主动调整手段。宏观经济政策很少以法律法规的形式，而常以文件、决定、通知等非法律法规的形式颁布，属于硬环境因素。其与法律制度环境因素的区别主要在于持续时间长度及稳定性程度不同。一般说来，宏观经济政策对应当时经济发展的具体状况而产生，因经济发展变化而改变；其约束力一般具有阶段性。

国家宏观经济政策主要包括宏观经济增长政策、产业结构政策、财政货币政策等，这些宏观经济政策对企业财务管理的影响是直接的。经济增长政策确定国家一定时期经济的增长率、增长方式和增长重点，这对整个社会资本的流动和企业筹资、投资的规模和方向都有重要的影响。国家产业结构政策规定各种产业在国民经济中的规模和比重、明确产业发展的重点，这些政策措施将对相应产业的企业的筹资、投资活动产生较大的影响。另外，政府通过财政收支及货币发行回笼等政策手段，与其他经济政策相配合实施，对社会资本的流动和企业的筹资、投资活动产生广泛的影响。企业在财务决策时要认真研究政府政策，按照政策导向行事，做到趋利避害。

3. 宏观金融环境

(1)资金供求的总体状况。资金供求的总体状况主要是指当时的政府货币供应政策及银根的松紧状况。银根的松紧状况，会影响企业资金取得的难易程度，影响到资金的价格——利率及其变动。

(2)利率与资金成本总体水平。企业财务管理所直面的利率，一般是市场利率；市场利率作为金融市场上的资金购买价格，是企业资金成本的基本组成部分。在我国，市场利率以中国人民银行颁布的基准利率为基础形成，但与市场资金供求的总体状况相关，同时，还受到资金需求方财务状况及信用情况(等级)的影响。

利率的波动会给企业理财活动带来影响。在企业的投资活动中，可以利用利息率的波动获得额外收益。例如，在购入长期债权后，如果市场利率下降，按固定利率计息的债券价格上涨，则企业可以出售债券获得较预期更多的现金。在筹资活动中，企业也可以利用利率的变化受益。比如在预期市场利率上升时，以当前较低利率发行长期债券，可以节省资金成本，反之，企业就会蒙受损失。因此，利率的波动既可以给企业带来机遇，又是企业所面临的一大挑战。

对于企业财务管理而言，融资的利率水平是需要重点考虑的环境因素。

（3）人民币汇率及其变化趋势。汇率的波动会给企业理财活动带来影响，特别是对于那些以外贸进出口为主要业务的企业而言，汇率变动的影响有时候是致命的。这种影响可以表现为：

①企业以外币作为对外交易的结算手段，但以人民币作为损益核算货币，其对外经营业务的损益，在很大程度上是由汇率的变动来决定的；

②企业以外汇的方式引进资金，其外汇的购买力在很大程度上是由汇率的变动来决定的，因此汇率的变动会直接影响到投资的效益与成败；

③企业的财务活动，既可以利用汇率的波动获得额外收益，也可能因为汇率变动而产生额外损失。例如，在企业交易中作为结算货币的外汇价格上升，企业就可以因为汇率的上升而获得额外收益；反之，如果在企业交易中作为结算货币的外汇价格下跌，则企业就会因为汇率下降而发生额外损失。

影响汇率的因素极多，难以尽言，其中，政府国际关系状况的影响尤为直接。汇率的变动，既可以给企业带来机遇，又是企业所面对的一大挑战，当然，汇率变动也有着一定的规律性。当前，我国人民币持续升值，对很多以外贸出口为主的企业产生了重大影响，如何寻求应对之策是当前我国企业财务管理领域的重大课题。

（4）其他金融因素。近些年来，所谓“热钱”的进出，给我国的金融及整个经济都带来了很多问题。对于企业财务管理而言，“热钱”的进出虽然造成了很多麻烦，但也提供了新的机遇。但当前我国企业的财务管理者对该类问题，都缺乏应对经验，很是被动。

4. 宏观社会人文道德及交易信用环境

宏观社会人文道德水平与宏观交易信用，二者是相互联系的。

（1）宏观社会人文道德环境。宏观社会人文道德环境是企业所处地方的文化教育、人口特征、民族习俗、受教育水准、商品经济意识及消费倾向等条件的总称。宏观社会人文道德环境具有复杂性，主要是从区域经济政策、地区经济资源的供应、对企业的态度（拥戴还是敌视？）等多方面对企业理财产生影响，进而直接或间接地影响企业的资金、成本、价格、资金周转、利润和财产安全等。宏观社会人文道德环境还具有相对稳定的特点，它对企业理财具有长期的硬约束作用，在相当长的一段时期内不会发生重大变化。因此，企业在进行财务决策和日常管理时，必须综合考虑各个因素及其变动对理财活动的长期综合影响，进行详细的可行性研究，慎重做出决策。

文化环境包括教育、科学、文学、艺术、新闻出版、广播电视、卫生体育、世界观、理想、信念等。作为一种人类社会实践活动，财务管理必然受文化环境的影响。比如，教育水平越先进，人们的文化水平越高，现代化管理方法和电子计算机应用得越广泛，财务管理水平越高。另外，科学发展也对财务管理产生重要的影响，经济学、数学、统计学、现代管理科学、会计学等诸多学科领域的发展，都在一定程度上促进了财务管理理论的发展；现代电子计算机、通信设备的普及和推广，为财务管理提供了先进的技术条件，也极大促进了财务管理方法的改进和创新。

伴随着交通、通信技术设备的发达和进步，世界变得相对狭小，不同文化环境下人们的交流日趋频繁。不同文化背景的人们，由于种族优越感、不同的管理习惯、不同的感性认识、沟通误会、文化态度等原因所产生的文化冲突，必然会引起各财务关系行为体之间的不协调。因此，不同文化的调和运用是企业财务管理人员，特别是国际企业财务管理人员必须考虑的因素。

(2)宏观交易信用环境。交易信用环境是指财务活动中的交易双方，在道德层面上讲求信用的状况。具体来说，就是指财务活动中的交易双方，在主观上用哪一层次的信用道德标准来约束自己。例如，是否坚守产品(特别是食品、药品)安全的底线；是否不做假账；是否对外披露真实的财务信息；是否愿意倾家荡产以偿还债务；是否愿意"跳楼"，以表达对因自身原因而受损的交易另一方的歉意等。在某种意义上，这是宏观社会人文道德在交易信用方面的具体体现。

宏观交易信用环境对财务的影响极为明显。如果宏观交易信用环境不好，交易各方不以欺骗为耻，那么，财务管理必须时时谨慎，否则，一笔看似非常赚钱的交易，也可能会将企业带入万劫不复之境。

当前，我国的社会宏观交易信用环境不容乐观。例如，在科学技术高度发展的今天，企业不能生产出让人放心的婴儿奶粉；多年来，债权人不得不视债务人为"大爷"；铺天盖地的广告，与商品的质量全不搭界；一些掌权者，热衷以权谋利等。对此，虽然已引起政府层面的高度重视；但作为财务管理的企业层次方面，也应寻求有效的应对之法。

二、企业财务管理外部的特殊环境因素

企业财务管理外部的特殊环境因素，是对于各个具体的企业，存在差异性的微观环境因素，包括企业外部的财务管理微观环境因素与企业内部、财务管理外部的环境因素两个层次。主要有企业所在地地理人文、交通及与居民关系环境，企业对外采购、销售、融资、投资、纳税等活动的财务交易环境，以及企业内部独立于财务管理之外的企业组织形式、生产经营规模、技术条件、管理水平与经营者的素质及财务运行环境等几个方面的环境因素。

1.企业所在地人文、地理、交通及与居民关系环境

(1)企业所在地人文环境，包括教育、科学、文学、艺术、新闻出版、广播电视、卫生体育、世界观、理想、信念、非政府社会组织等，是企业所在地的人口分布、人口特征、受教育程度、民族习俗等条件的总称。

(2)企业所在地的地理、交通环境，如企业所在地的地理位置、山川河流、气候特点、交通网络、通信设施、资源因素等。

(3)企业与所在地居民的关系环境，如企业所在地周边居民对于企业的态度——支持或排斥。

企业包括财务管理在内的各种活动，都是在上述特定的微观环境之下展开的。对于这些环境因素与财务管理的关系，前面已经有所涉及，在此需特别指出的是，财务管理受企业

所在地人文环境的影响极大，而且其影响是直接的。如果企业在其所在地的上述环境恶化，企业被当地居民所排斥，那么，企业包括财务管理在内的各种活动都将难以顺利展开。由于这些具体的环境因素关系到企业的生死存亡，因此，必须要逐一进行研究，慎重做出评价，以供在管理决策时参考应对。

2. 企业对外的财务交易环境

企业对外的财务交易环境主要有以下内容。

(1)材料、物资采购环境。例如，企业生产经营所需的材料、物资能否获得；从何地、通过何种途径获得；获取是否便利；价格是否公平等。

(2)产品销售环境。例如，企业生产经营所需的产品或商品能否实现销售；在何地、通过何种途径销售；销售是否便利；价格是否公平等。

(3)融资环境。例如，企业生产经营所需的资金能否获得；通过何种途径获得；保证程度如何；获取是否便利；利率是否公平等。

(4)投资环境。这主要是指企业投资得到支持或受到限制等方面的状况。

(5)纳税环境。例如，有无税收优惠或歧视；纳税是否便利，有无受到刁难等。

(6)财务交易对方的信用状况。与企业发生财务交易的每一个交易对象都是具体的，其信用状况也是现实、具体，并存在差异的。

上述企业的微观财务交易环境，存在于社会政治、经济、金融、人文等宏观环境之下，但并不是宏观环境的简单复制。同样，这些环境因素对于财务管理的影响也是直接且具体的，而且是企业过去进行环境建设的结果。在开展财务管理时，企业对这些环境因素也必须要逐一进行研究，慎重做出评价，以供在管理决策时参考应对。

在后面筹资管理、投资管理、营运资金管理、分配管理及纳税管理等相应章节中，还将进一步结合相关内容，对相关的上述环境因素进行讨论。

3. 企业内部的财务运行环境

企业内部的财务运行环境独立于财务管理之外，主要包括企业组织形式、生产经营规模、技术条件、企业管理组织结构及财务部门的隶属地位、经营者素质与管理水平，还有财务管理与整个管理层的人际关系等方面的环境因素，以及企业在同行业中的地位等。

(1)企业的组织形式。企业是以营利为目的，运用各种生产要素(土地、劳动力、资本和技术等)，向市场提供商品或服务，实行自主经营、自负盈亏、独立核算的具有法人资格的社会经济组织。从法律层面上讲，只有在工商局登记注册的企业，才能称为企业，行政、事业单位、社会团体，或者非企业性组织，都不能称为企业。以之为据，可将我国企业分为以下一些类型。

①公司制企业。包括有限责任公司与股份有限公司，有限责任公司，可进一步细分为自然人独资、法人独资、自然人投资或控股、国有独资、外商投资和外商独资的有限责任公司，它可以下设分公司，其性质为“有限责任公司分公司”。股份有限公司，可进一步细分为上市和非上市两种股份有限公司，其下设分公司，性质为“股份有限公司分公司”。

②个人独资企业。一般由一个自然人投资设立，其下设分支机构性质为“个人独资企业分支机构”。

③合伙企业。合伙人可以是两个以上的自然人，也可以是有限公司、企业法人、事业法人、社团法人等；可分为普通合伙和有限合伙；其下设分支机构的性质为“合伙企业分支机构”。

④全民所有制企业，“国有”和“全民”统称为全民所有制。它分为企业法人和营业单位两种；营业单位也可以由企业法人下设成立。

⑤集体所有制企业，也分为企业法人和营业单位两种。集体所有制企业法人主办单位一般是事业单位、社团组织、工会、村委会等。营业单位可以由企业法人下设成立；也可由事业单位、社团组织、工会、村委会等法人组织直接下设成立。

⑥农民专业合作社，这是一个新的企业类型。

需要说明的是，平时人们所说的私营企业主要是指“个人独资企业、合伙企业和由自然人投资的有限公司”；此外，还有个类型是“个体工商户”。“个体工商户”规模较小，单从名称上可能会难以与个人独资企业和合伙企业相区分，但核发的营业执照不同。“个体工商户”与典型的企业存在差异性。

概括起来，企业一般有独资、合伙和公司制企业 3 种。不同类型的企业组织，具有不同的特点，国家法律对其有着不同的规范，其财务管理也有着不同要求。企业财务人员应该按照不同企业组织形式的特征去组织财务活动、处理财务关系。

①独资企业，是由国家或一个自然人或法人（包括政府机构）投资经营的企业。独资企业的财产为投资人所有，投资人以企业财产对企业债务承担无限责任。

②合伙企业，是由两个或两个以上自然人或法人合伙，订立协议，共同出资、合伙经营、共享收益、共担风险的营利性组织。当企业采用合伙企业的组织形式时，所有者是一个群体，盈余分配与独资企业相比较为复杂。

③公司制企业，是指按照法律规定，由法定人数以上的投资者（或股东）集资组成，自主经营、自负盈亏、具有法人资格的经济组织。我国目前的公司企业主要是有限责任公司和股份有限公司。公司企业的财务管理活动较为复杂。

（2）企业生产经营规模及在本行业中的地位。企业生产经营规模大小的不同，会对财务管理工作提出不同的要求。生产经营规模大的企业，组织结构复杂，内部分工协作具有明显的专业化特征，企业投资项目具有多元化、复杂化的特点，资金消耗的结构和数量也不同于一般企业；因此，这类企业在财务管理工作上所需筹集的资金多、财务关系复杂、财务管理决策难度较大。反之，生产经营规模较小的企业，经营活动较单一，投资项目不多且规模不大，筹资数量相对会较少，因此，各种财务关系也比较容易处理，管理决策相对容易。但是，小规模企业也应通过强化财务管理来提高经济效益。同时，实证研究的结果表明，如果不考虑其他因素的影响，企业规模越大，筹资越是容易，而企业规模越小，筹资越是困难。

企业在本行业中的地位，主要是指企业在所涉及的主要经营领域（行业）中的影响力与话语权方面的地位。如果企业能够成为行业标准制定企业，或是成为地方性的龙头企业等，则其更能获得政府支持，融资更为方便，微观环境更为优越。

（3）企业技术条件。不同的生产技术条件要求不同的财务管理行为与之相适应。在高科技生产企业中，需要在研究开发、固定资产等方面进行大量投资，而人工耗费却相对低；因此，其所筹集的通常是长期资金。而在劳动密集型企业，企业投资偏向于现金、存货、应收账款等流动资产，因此所筹集资金大多属于短期资金，其财务管理的重点和难点在于保持资产的流动性。

(4)企业管理体制、企业管理组织结构，以及财务管理在企业管理组织结构中的地位和与其他部门的相互关系。

①企业管理体制。企业管理体制(enterprise management system)是企业生产经营活动的管理机制、管理机构和管理制度的总称。它有异于我国传统意义上的企业管理体制的概念。我国传统意义上的企业管理体制主要是对国有企业而言的，主要是指划分国家与企业及企业内部生产经营活动的责、权、利的各种制度。企业管理体制是企业管理运行的基本条件，对于保证企业财产物资的安全、保证会计信息和其他信息的真实可靠、提高组织业务处理的工作效率、实现组织的方针和目标等，都具有重要意义。企业管理体制直接决定财务管理的运行、效率和结果，影响财务管理与其他企业管理的相互关系；其中，企业组织形式与结构对财务管理的影响尤为直接。

②企业管理组织形式与结构。企业组织结构是企业为了有效、合理地把组织成员组织起来，为实现共同目标而协同工作，将企业内部的各个有机构成要素连接成一个整体系统的联系方式或形式。组织结构是企业资源和权力分配的载体，它在人的能动行为下，通过信息传递承载着企业的业务流动，推动或者阻碍企业业务的进程。由于组织结构在企业中的基础地位和关键作用，因此企业所有具有战略意义上的变革，一般都必须首先从组织结构上开始。

企业组织结构有着一些不同的类型或模式，如U形组织结构、H形组织结构、M形组织结构、矩阵制结构、多维制和超级事业部制结构、模拟分权制结构等。

对于企业财务管理而言，企业的组织结构形式不同，其财务管理机构在企业中的地位存在差异；与企业管理其他方面的关系不同；对财务管理的定位与要求不同；财务管理的程序及运行也不同。

财务管理必须适应企业组织管理机构的模式，才能有效地组织管理活动。

(5)企业经营者的素质、喜好倾向与管理水平。企业经营者的素质，如经历、经验、文化水平、知识结构、胆略及风险倾向等，通常是决定一个企业兴衰成败的重要因素。经营者素质越高、能力越强，管理水平就越高，企业竞争能力就越强；反之，经营者的素质低下，财务工作难以顺利开展，企业管理水平和竞争能力就很难得到提高。

(6)财务管理的人际关系环境，主要包括财务管理机构及人员、与企业经营者及其他管理职能机构的人际关系等方面的内容。这一环境因素，直接关系到财务管理措施能否顺利地实施，以及措施实施的后果。

财务管理是整个企业经营管理的一部分，并且处于核心地位；财务管理职能的充分发挥与企业管理的基础工作和其他专业管理水平是密切相关的。如果企业的基础管理工作水平低、其他专业管理差，各职能部门之间缺乏沟通和交流，那么，财务管理工作就难以顺利进行，财务决策的制定和实施便会受到影响。如果企业自身的经营管理水平较高，那么就会更有效地促进和提高财务管理工作，从而达到企业的财务目标和整体目标。

第三章 财务报表分析

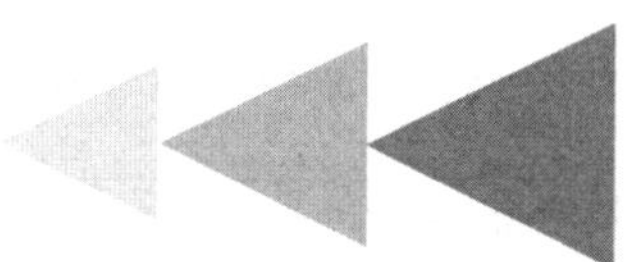

导入案例

资料:武汉武商集团股份有限公司是湖北省最大的综合性商业零售企业之一。其前身是创建于1959年的中苏友好商场(后更名武汉商场),是全国闻名的十大商场之一。1986年,武商在全国同行业中率先进行股份制改造。1992年"鄂武商"(000501)在深圳上市,成为中国商业第一股,是全国最早上市的商业企业。

改革开放以来,武商集团坚持改革、发展、创新,企业规模和实力迅速发展壮大,核心竞争力不断提高。2006年4月,武商完成股权分置改革。公司总股本5.07亿元,总资产42.8亿元,净资产12.9亿元。拥有员工近3万名,属下拥有子公司、分公司14个。其中,先后与马来西亚等国家和中国香港等地区合资兴办了5家合资合作企业。经营领域涉及商业零售批发、房地产开发、物业管理、旅游餐饮及进出口贸易等。

2012年年底,武商销售规模达到268亿元,较20世纪末增长7.5倍;员工人数从7 000人增长到4.5万人;营业网点发展到100个;集团净资产增幅108.78%,总资产增幅247.48%。武商集团用12年的时间,将自己置身于时代浪潮的最前端,并着力打造华中地区乃至全国功能最全的高端消费品消费中心。这12年,发展是武商集团成长壮大的主线,变革是武商集团成长壮大的动力,超越是武商集团成长壮大的目标。

根据武商集团的报表资料,请思考:

1.我们应该怎样解读、认识该公司的财务状况?

2.分析认识该公司的财务状况,可以利用哪些分析方法?

3.该公司的财务能力状况如何?

4.该公司的现金流量状况如何?

5.该公司的总体财务状况如何?

财务报表分析是运用一定的分析方法使财务报表提供的信息达到决策有用性的一种重要手段。财务报表使用者要想有效地利用财务会计信息,就必须将财务报表提供的数据进行加工、整理和分析;唯有如此,才能为其相关决策提供必要的帮助。

第一节　财务报表分析概述

一、财务报表分析的意义

财务报表分析是指以会计核算的报表资料和其他相关资料为依据,采用专门的方法,系统分析和评价企业的过去和现在的经营成果、财务状况、现金流量及其变动的一项管理活动。其目的是通过分析,评价企业的财务状况、经营成果和现金流量,揭示和剖析企业财务活动中存在的矛盾和问题,并提出改进措施;从而为企业管理当局的经营决策提供依据、为与企业有利害关系的各方信息使用者了解企业过去、评价企业现状、预测企业未来,做出正确决策提供准确的信息和依据。

财务报表分析是财务分析的最基本形式。财务报表分析的最基本功能,是将大量的报表数据转换为特定决策有用的信息,以减少决策的不确定性。由于不同的信息使用者获取财务报表分析结论的目的不同、关心的问题不同,因此对财务报表分析要求和分析的侧重点也不相同。财务报表分析对不同的服务对象有着不同的意义。

1.从企业经营管理者角度看财务报表分析的意义

企业的经营管理者主要指受所有者委托对企业法人财产进行经营管理的企业管理当局(包括董事会和总经理阶层),以及其下属各分厂、部门、车间等的中层管理人员。受托责任要求经营管理者围绕企业理财目标,追求经济效益最大化。经营管理者之所以要进行财务报表分析,最终目标就是为了完成其受托责任,因此,其进行财务报表分析的目的是综合的、多方面的。从对企业所有者负责的角度,他们也关心盈利能力,但这只是他们的总体目标;在分析过程中,他们关心的不仅是盈利结果的多少,而更在于盈利的原因及过程,即要进行资产结构分析、营运状况与效率分析、经营风险与财务风险分析、支付能力与偿债能力分析以及企业发展前景预测等。通过这种分析,有助于检查企业内部各职能部门和单位完成财务计划指标的情况,考核各部门和单位的工作业绩,以便揭示财务管理中存在的问题,总结经验教训,提高管理水平。

2.从企业投资者角度看财务报表分析的意义

这里所指的投资者既包括企业现有的出资者,也包括资本市场上潜在的投资者。他们要通过财务报表分析,全面考察企业的经营状况、盈利能力及发展趋势,以及预测投资风险和投资报酬率有多少,从而做出投资、继续投资或转移投资的决策。股东们还要了解企业每年股利发放情况以及股票市价的变化，以便决定他们是买进、持有或卖出股票、转移股权等。另外，作为企业的所有者，通过财务报表分析能够了解经营者受托责任的完成情况、评价企业经营者的经营业绩、发现经营过程中存在的问题，进而通过行使股东权力及时纠正偏差，为企业未来发展指明方向和线索。

3. 从企业债权人角度看财务报表分析的意义

企业债权人包括向企业提供贷款的金融机构、向企业提供商品和劳务的供应商，以及购买企业债券的单位与个人等。他们的利益是一致的，即维护债权的安全性，保障资金的流动性。他们愿意给企业提供资金或赊销商品，是为了未来的现金回报或扩大销售、增加盈利，因此他们要承担相应的风险。债权人进行财务报表分析的目的与投资者、经营者则有所不同，其分析的重点是企业长、短期偿债能力，并会从风险和收益两方面对企业进行考察。他们进行财务报表分析的意义在于衡量企业是否能及时、足额清偿债务。在短期信用之下，债权人要分析企业的短期偿债能力，分析资产的流动性；在长期信用之下，债权人要通过财务报表分析衡量企业的长期偿债能力以及保证偿债能力的关键因素，即企业盈利能力及未来盈利趋势，要预测企业未来的发展势头，以判断信用的风险程度等。

4. 从政府角度看财务报表分析的意义

国家行政管理与监督部门主要指工商、物价、财政、税务以及审计等部门。这些部门都属于政府的职能部门，有责任维护国家机器正常运转和社会生活的正常进行。他们对企业财务报表进行分析，有助于了解企业纳税的会计信息，揭露偷税、漏税的现象，监督企业依法、及时、足额地缴纳税金；有助于监督、检查国家的各项经济政策、法规、制度在企业的执行情况，及时揭露和阻止违法行为，维护全社会的共同利益；有助于为宏观调控提供可靠信息，为微观经济创造公平竞争的市场环境。

5. 从其他使用者角度看财务报表分析的意义

财务报表的使用者还有企业内部职工、社会中介机构等。企业职工，包括职工个人及其工会组织，对于他们来讲，财务报表分析的意义在于了解企业的稳定性和盈利能力，并以此评价企业提供劳动报酬、各项福利和就业机会的能力。与企业有关的社会中介机构有会计师事务所、律师事务所、资产评估事务所以及经济咨询机构等。对于他们来讲，财务报表分析的意义在于，有助于注册会计师或其他审计人员确定审计重点，完成审计任务；有助于资产评估师对评估对象进行正确估价；有助于律师调查涉及企业的经济案件的事实真相；有助于经济咨询机构（如财务分析师、证券分析师等）为各类报表使用人提供财务报表分析的专业服务。

二、财务报表分析的对象与内容

1. 财务报表分析的对象

财务报表分析是指以会计核算的报表资料和其他相关资料为依据，运用特定的分析工具和技术，从中搜集和整理出与决策有关的各项财务信息以供决策者使用的一项管理活动。由此可见，财务报表分析的对象主要就是企业的财务报告。企业的财务报告主要包括资产负债表、利润表、所有者权益变动表、现金流量表、其他附表以及附注。这些报表及附注集中、概括地反映了企业的财务状况、经营成果和现金流量情况等财务信息，对其进行财务分析，可以更加系统地揭示企业的偿债能力、资金营运能力、盈利能力等财务状况。下面主要介绍进行财务报表分析常用的三张基本会计报表：资产负债表、利润表和现金流量表。

(1)资产负债表。资产负债表是反映企业一定日期财务状况的会计报表。它以“资产=负债+所有者权益”这一会计等式为依据，按照一定的分类标准和次序反映企业在某一个时间点上资产、负债及所有者权益的基本状况。资产负债表的结构如表 3-1 所示。

表 3-1 武商集团资产负债表(2012 年 12 月 31 日) 单位：万元

流动资产：	期末余额	年初余额	流动负债：	期末余额	年初余额
货币资金	217 390.91	227 754.82	短期借款	61 400.00	75 000.00
交易性金融资产			应付票据	2 614.00	2 657.71
应收票据	464.02	362.86	应付账款	203 992.81	188 272.11
应收账款	800.54	1 197.75	预收账款	334 895.04	259 210.55
预付账款	121 752.81	49 027.40	应付职工薪酬	28 049.77	24 667.18
应收股利	5.91		应付股利	284.69	284.69
其他应收款	21 355.04	16 364.65	应交税费	32 484.26	19 479.20
存货	85 846.38	91 360.74	应付利息	831.14	
一年内到期的非流动资产			其他应付款	115 833.86	131 585.89
其他流动资产			一年内到期的非流动负债	10 050.00	14 938.64
流动资产合计	447 615.61	386 068.22	其他流动负债	29 951.34	
非流动资产：			流动负债合计	820 386.91	716 095.97
可供出售金融资产	96.24	75.34	非流动负债：		
持有至到期投资			长期借款	18 037.73	28 147.73
长期应收款			预计负债	1 504.23	1 839.41
长期股权投资	41 492.51	3 553.17	递延所得税负债	18.06	12.83
投资性房地产	11 635.84	12 765.06	非流动负债合计	19 560.02	29 999.97
固定资产	373 266.05	381 330.64	负债合计	839 946.93	746 095.94
在建工程	7 318.81		股东权益：		
无形资产	16 0224.03	129 158.76	股本	50 724.86	50 724.86
开发支出			资本公积	53 440.06	54 633.42
商誉			盈余公积	29 823.11	24 230.24
长期待摊费用	54 937.82	50 400.12	未分配利润	109 069.26	74 420.78
递延所得税资产	7 268.59	6 148.99	所有者权益合计	243 057.29	204.009.30
非流动资产合计	656 239.89	583 432.08	少数所有者权益	20 851.28	19 395.06
资产总计	1 103 855.50	969 500.30	负债与所有者权益合计	1 103 855.50	969 500.30

从资产负债表的结构来看,它主要包括资产、负债与所有者权益三大类项目。资产负债表的左方反映企业的资产状况,资产按其流动性从大到小来分项列示。资产负债表的右方反映企业的负债与股东权益状况,它说明了企业资金的来源情况,即有多少来源于债权人,有多少来源于企业所有者的投资。

资产负债表是进行财务分析的一张重要财务报表,它提供了企业的资产结构、资产流动性、资金来源状况、负债水平以及负债结构等财务信息。分析者通过对资产负债表的分析,可以了解企业的偿债能力、资金营运能力等财务状况,为债权人、投资者以及企业管理者提供决策依据。

(2)利润表。利润表也称损益表,是反映企业在一定期间生产经营成果的财务报表。利润表是以"利润=收入-费用"这一会计等式为依据编制而成的。通过利润表可以考核企业利润计划的完成情况,分析企业的获利能力以及利润增减变化的原因,预测企业利润的发展趋势,为投资者及企业管理者等各方面提供财务信息。在利润表中,通常按照利润的构成项目来分别列示,其结构如表 3-2 所示。

表 3-2　武商集团利润表(2012 年度)　　单位:万元

	本期金额	上期金额
一、营业收入	1 490 150.63	1 273 384.99
减:营业成本	1 186 463.88	1 016 005.06
营业税金及附加	13 540.43	11 586.17
销售费用	183 760.71	156 941.76
管理费用	25 540.61	22 707.94
财务费用	7 187.06	4 982.29
资产减值损失	1 142.84	425.56
加:公允价值变动收益		
投资收益	92.73	-165.47
二、营业利润	72 607.83	60 570.74
加:营业外收入	1 716.69	2 054.59
减:营业外支出	1 245.17	2 266.15
三、利润总额	73 079.35	60 359.18
减:所得税费用	21 021.20	15 821.41
四、净利润	52 058.15	44 537.77
归属于母公司所有者的净利润	40 241.36	33 129.04

企业的利润因收入与费用的不同配比,可以分为四个层次:毛利润、营业利润、利润总额(税前利润)和净利润。毛利润是营业收入减去营业成本后的利润,它反映了企业的产品售价与生产成本的差额;营业利润是毛利润扣除销售费用、营业税金及附加、管理费用、财务费用后再加上公允价值变动收益和投资收益等项目后的利润,主要反映企业的经营所得;营业利润加上营业外收支净额后就是利润总额,是计算所得税的基础;利润总额扣除所得税费用

后就是企业的净利润,这是企业所有者可以得到的实际收益。

(3)现金流量表。现金流量表是以现金及现金等价物为基础编制的财务状况变动表,是企业对外报送的一张重要会计报表。它为会计报表使用者提供企业一定会计期间内现金和现金等价物流入和流出的信息,以便于报表使用者了解和评价企业获取现金和现金等价物的能力,并据以预测企业未来现金流量。现金流量表的结构如表 3-3 所示。

表 3-3　武商集团现金流量表(2012 年度)　　单位:万元

	本期金额	上期金额
一、经营活动产生的现金流量:		
销售商品、提供劳务收到的现金	1 728 419.53	1 575 413.04
收到的税费返还		
收到的其他与经营活动有关的现金	11 324.19	7 156.05
现金流入小计	1 739 743.72	1 582 569.09
购买商品、接受劳务支付的现金	1 294 823.69	1 187 731.49
支付给职工以及为职工支付的现金	85 738.58	65 065.83
支付的各项税费	69 525.98	65 364.95
支付的其他与经营活动有关的现金	73 148.29	80 110.24
现金流出小计	1 523 236.54	1 398 272.51
经营活动产生的现金流量净额	216 507.18	184 296.58
二、投资活动产生的现金流量:		
收回投资所收到的现金	92 496.80	355.47
取得投资收益所收到的现金	147.50	16.71
处置固定资产、无形资产和其他长期资产所收回的现金净额	7.18	63.73
收到的其他与投资活动有关的现金		
现金流入小计	92 651.48	435.91
购建固定资产、无形资产和其他长期资产所支付的现金	167 282.73	139 177.48
投资所支付的现金	130 496.80	
支付的其他与投资活动有关的现金	3 000.00	
现金流出小计	300 779.53	139 177.48
投资活动产生的现金流量净额	−208 128.05	−138 741.57
三、筹资活动产生的现金流量:		
吸收投资所收到的现金		
取得借款所收到的现金	78 000.00	84 900.00
发行债券收到的现金	29 880.00	
收到的其他与筹资活动有关的现金		
现金流入小计	107 880.00	84 900.00
偿还债务所支付的现金	106 598.64	88 038.63

续表

	本期金额	上期金额
分配股利、利润或偿付利息支付的现金	17 402.66	13 062.99
支付的其他与筹资活动有关的现金	2 621.71	
现金流出小计	126 623.01	101 101.62
筹资活动产生的现金流量净额	−18 743.01	−16 201.62
四、汇率变动对现金的影响	−0.03	−0.69
五、现金及现金等价物净增加额	−10 363.91	29 352.70
加:期初现金及现金等价物余额	227 754.82	198 402.12
六、期末现金及现金等价物余额	217 390.91	227 754.82

根据《企业会计准则》的要求，企业应在年末编制年报时编报现金流量表。为了正确地分析现金流量表，必须要明确现金流量表中这样几个重要的概念：现金、现金等价物、现金流量。现金流量表中的现金是指企业的库存现金以及可以随时用于支付的存款，包括库存现金、银行存款和其他货币资金，但是应注意的是，银行存款和其他货币资金中不能随时用于支付的存款不应作为现金，而应作为投资，如不能随时支取的定期存款等。现金等价物是指企业持有的期限短、流动性强、易于转换为已知金额现金、价值变动风险很小的短期投资。现金等价物虽然不是现金，但其支付能力与现金的差别不大，可以视为现金。一项投资被确认为现金等价物必须同时具备四个条件：期限短、流动性强、易于转换为已知金额现金、价值变动风险很小。其中，期限短一般是指从购买日起 3 个月内到期。现金流量是某一段时期内企业现金流入和流出的数量，主要包括经营活动产生的现金流量、投资活动产生的现金流量和筹资活动产生的现金流量三类。

2. 财务报表分析的内容

(1)财务报表分析按其主体不同，可分为内部分析和外部分析。内部分析是指企业内部经营管理者对本企业的财务状况、经营成果和现金流量状况进行的分析。

外部分析是指企业外部的投资者、债权人及政府部门等企业利益相关人，根据各自需要或分析目的，对企业的财务报表进行的分析。

(2)财务报表分析按其对象不同，可分为资产负债表分析、利润表分析和现金流量表分析。资产负债表分析是以资产负债表为对象进行的财务分析。通过资产负债表可以分析企业资产的流动状况、权益构成、负债水平、偿债能力和企业经营的风险等。

利润表分析是以利润表为对象进行的财务分析。在分析企业的盈利能力和经营成果时，必须要从利润表中获取资料。而且，即使是分析企业的偿债能力，也应结合利润表；因为，一个企业的偿债能力同其盈利能力密切相关，即盈利能力越强，偿债能力亦越强。

现金流量表分析是以现金流量表为对象进行的财务分析。现金流量表是资产负债表与利润表的中介，也是这两张表的纽带与桥梁。通过现金流量表的分析，可以了解企业的资金周转状况：在一定时期内，有多少资金来源，从何而来；又有多少资金被运用，运用到哪些方面。通过这种分析可以了解到企业财务状况变动的全貌。

(3)财务报表分析按其方法不同,可分为比率分析、比较分析和因素分析。比率分析是将财务报表中的相关项目进行对比,得出一系列财务比率,以此来揭示企业的财务状况、经营成果和现金流量。

比较分析是将报告期的某一项指标同某些选定的基数进行比较,确定其增减差异,用以评价企业财务状况、经营成果和现金流量的优劣。

因素分析是根据分析指标与其影响因素之间的关系,按照一定的程序和方法,从数量上确定各因素对分析指标差异的影响程度的一种技术方法。

(4)财务报表分析按其目的不同,可分为偿债能力分析、营运能力分析、盈利能力分析、发展能力分析、现金流量分析和综合分析等。其具体内容将在本章第三至第五节中阐述。

三、财务报表分析的步骤

由于在财务报表中,各项目之间可能存在着多种比率关系和变化趋势;因此,在报表分析中为了获得有用的信息,报表的使用者不仅要知道如何计算这些比率和趋势,而且还要理解和运用这些信息为己服务。所以,为了保证财务报表分析的有效进行,相关人员必须遵循科学的报表分析程序。财务报表分析的程序就是进行财务报表分析的步骤。尽管不同的报表使用者分析企业财务报表的目的、重点、方法等不尽相同,但其分析步骤则是基本相同的:

①明确分析目的,制订分析计划;

②收集和加工整理资料,全面掌握情况;

③选择适当的分析方法,实施定量分析和定性分析;

④归纳总结分析资料,揭示存在的矛盾和问题;

⑤撰写财务分析报告,提出分析结论和改进建议。

四、财务报表分析的局限性

财务报表分析主要是对财务报表的数据进行加工、整理、比较和分析,从而对企业财务状况、经营业绩与现金流量等进行考核和评价。因此,从总体上来看,财务报表分析的局限性主要表现在两方面:一方面是财务报表本身所提供数据的局限性;另一方面是对其加工整理后所产生的信息在利用和评价方面存在的缺陷。

1.财务报表数据的不可比性

由于企业使用的会计政策和核算方法不同,将使有关指标在一定程度上失去可比性。例如《企业会计准则》规定,企业可以使用含加速折旧法在内的不同的折旧方法。这样就使得采用不同折旧方法的企业,其某一时期的费用水平不具有可比性。同时,企业可以根据自己的实际情况,对费用的摊销采用不同的方法,这也会使各期收益的可比性受到影响。再如,存货的价值是一个基本的财务指标,它是计算其他分析指标,如流动比率、存货周转率以及资产价值、投资成本等的基础。而根据《企业会计准则》规定,企业存货可采用不同的计价方法,如先进先出法、加权平均法等;不同的方法将会得出不同的结果,从而使由此产生的有关分析指标失去可比性。

财务分析评价指标，没有一个绝对的评价标准，只有对其进行纵向或横向比较才有意义。以流动比率指标分析为例，在同样的比例下，其偿债能力有很大差别，这主要反映在行业性质的差异上；另外，对于该指标的分析，短期债权人可能认为流动比率越高越好，而经营者则认为，太高的比率表明资产没有被更有效地运用。

2. 财务报表信息的不完整性

财务报表提供财务信息的有限性，会导致财务报表中一些应该反映的信息而没有得到有效的反映，从而影响了对企业的分析评价。例如，企业自创的商誉未在报表的资产项目内反映。再如，我们在分析一个企业的变现能力或偿债能力时，可以通过计算速动比率、现金比率等指标进行分析，但除此之外，以下因素亦可能对变现能力存在重大影响，如准备很快出售的长期资产、未做记录的或有负债、为他人担保的项目等，这些信息在财务报表中可能均未得到恰当反映。

3. 物价变动对财务报表分析的影响

在我国，财务报表所反映的数据都未考虑物价变动的影响。因此，如果存在物价急剧变动的情况，那么财务报表分析所提供的财务信息也就不能反映当时真实的成本费用和收益状况，从而导致财务信息的模糊性。同时，由于物价的变动，而使企业在不同年份的有关指标进行分析对比时，削弱了其应有的可比性。例如，当前后不同时期物价变动较大时，对同样的销售量而言，销售收入可能会有很大的差别，如果销售成本中来自于期初存货的部分不随之调整，则会造成毛利剧增的虚假现象。

4. 财务报表数据的滞后性

财务报表分析一般都是在财务报表编制后才进行的，其数据资料在使用时就已经出现滞后性。此外，比率分析所使用的数据均属于历史性的，对未来的预测、决策虽有一定的影响，但也只能起参考作用。

5. 财务报表分析方法的局限性

对财务报表使用比较分析法进行分析时，其方法常受到很大限制。例如在进行同行业比较时，要使其具有可比性，至少应具备三个条件：

①同行业的业务性质应相同或相似；

②企业的经营规模较为接近；

③经营方式相近或相同等。

这些条件自然限制了比较分析法的应用范围。又如在进行趋势分析时，由于两个方面的因素，也会使该方法的局限性表现出来：一方面是未按物价水平的变动来调整财务报表；另一方面是过去某些年份由于非常或偶然因素的影响，可能在一定程度上歪曲了企业的财务状况。

6. 财务报表分析指标的局限性

企业为了保护自身的商业机密和市场份额，在对外提供财务指标时，公布的通常只是一般性的指标，很难提供深层次的、具体的信息；同时，为了获得良好的市场形象和政府及金融机构的优良评价，还可能存在对这些公开信息加以粉饰的情况。这都可能导致财务报表的分析与实际相差甚远，从而达不到预期的分析效果。此外，在指标名称、计算公式、计算口径等方面也存在较大的不规范性，因而会降低财务指标的有效性。

因此，在进行财务报表分析时，应尽可能去异求同，增强指标的可比性；必须考虑物价变动的影响；注意各种指标的综合运用，将各种指标综合权衡，并结合一些非财务指标的信息来分析；要理解所谓的标准也只是相对的，对各种异常情况要进行不懈的追踪调查和深入剖析。

第二节　财务报表分析的基本方法

选择适当的方法进行财务报表分析，是实现分析目的的关键环节。在财务报表分析中，可以选择的定量分析方法很多，主要有比较分析法、比率分析法、因素分析法和综合分析法等。

一、比较分析法

比较分析法是把两个或几个有关的可比数据进行对比，以揭示矛盾，从数量上确定差异的一种方法。没有比较就没有鉴别，只有通过比较才能够进行分析，因此可以说比较分析法是财务报表分析的最基本方法。

具体运用比较分析法时，首先，需要确定分析的对象，也就是比较的内容。财务报表分析的对象是财务分析指标，即将财务指标的分析值与标准数进行比较，以揭示差异。财务指标又有绝对数指标与相对数指标两种，两种不同的指标形式所揭示的差异具有不同的比较分析作用。其次，是要确定比较分析的标准，也就是具体比较的对象。分析的目的不同，评价的标准是不同的，一般有以下几种形式。

1. 本期实际指标与前期实际指标比较分析

这是一种同类指标的动态对比，通过这种对比可以了解企业财务状况和经营成果的发展过程和发展趋势。这种比较按其分析目的的不同，又可以采用不同的评价标准。例如，为了分析两个时期的某项指标的发展变化情况，可将本期实际指标与上期实际指标比较分析、与上年同期实际指标比较分析、与历史最好水平比较分析，以及与某一特定历史时期的实际指标等比较分析。对比的方式有两种：一种是确定增减变动数量；另一种是确定增减变动率。计算公式如下：

$$增减变动数量=本期实际指标-前期实际指标$$

$$增减变动率=\frac{增减变动数量}{前期实际指标}\times 100\%$$

这种分析的方法被大量应用于财务报表的综合分析中，即将财务报表资料中两个时期的各种同项数据进行对比，以研究企业各项经营业绩或财务状况的发展变动情况。财务报表的这种比较分析又称为水平分析法。

此外，为了分析某项指标在几个连续时期内的发展趋势，还可以把不同时期的某项指标的数值按时间先后顺序排列，然后进行动态分析，从中揭示经营过程存在的问题。这种方法又称为趋势分析法，其实质上是水平分析法的扩展。为了发现真正的趋势规律，趋势分析法常会涉及较多的期数，通常至少应有连续3个以上比较时期的数据资料。

趋势分析既可用于对财务报表的横向比较和纵向比较的整体分析，也可对某些主要指标的发展趋势进行分析。横向比较是将连续财务报表各个项目的绝对数在不同时间上进行比较，以观察各个项目的变化趋势；纵向比较是将连续财务报表的各个项目换算成百分比的形式，分析各个项目在不同时期所占比重的变化情况。

趋势分析涉及指数，用于以某一时期为基期的财务数据比较，这种方法能够化繁为简，提供一个明确的趋势概念；而且能够通过对过去的研究与观察，显示企业未来的发展趋势。其中涉及的指数可以采用定基指数，即以某时期的数额为固定的基期数额进行计算；也可以采用环比指数，即以每一分析期的前期数额为基期数额进行计算，以评价与判断企业各项指标的变动趋势及其合理性，预测未来的发展趋势。其计算公式如下

$$定基指数=分析期数额\div固定基期数额$$

$$环比指数=分析期数额\div前一期数额$$

2.本期实际指标与预期目标比较分析

将本期的实际指标与本期预期目标、预算指标、计划指标、定额指标、标准值等相比较，考核企业经营管理者受托责任的完成情况，即称为差异分析。在进行这种对比分析时，必须检查计划目标本身的合理性；否则，对比就失去了客观的依据。

3.本期实际指标与国内外先进水平比较分析

将本期实际指标同以往各期或预期目标相比较，都只是企业内部进行的自我比较，而同国内外先进水平相比较，可以找出本企业与先进企业之间的差距，才能不断推动本企业改善经营管理，增强企业的竞争能力。

必须指出，在进行财务指标的对比时，要注意指标的可比性，这是运用比较分析法的必要条件；否则，就不能正确地说明问题，甚至得出错误的结论。所谓可比性，是指相互对比的指标所代表的企业财务活动的规模应大致相同；指标所反映的时间长度相同；指标计算口径一致，即同质指标不同数量的对比；而且对比指标的计算方法、采用的计算标准也应相同。唯有如此，才有对比的基础。若对比的指标不可比，则应先做出必要的调整换算，以消除不可比因素。在绝对数指标不可比的情况下，可用相对数指标进行比较分析。例如，对于不同规模、不同技术条件的企业之间的比较，应采用财务比率指标进行分析。

二、比率分析法

比率分析法是计算各项指标之间的相对数，将相对数进行比较的一种分析方法。这种方法是先将两个财务指标相除计算财务比率，然后将财务比率指标进行比较分析。财务比率指标的比较依据有：本期财务比率和前期财务比率比较、和预期目标比较、和同类公司同

类指标比较，和行业平均值以及经验数据比较等。严格地说，比率分析法是比较法的一种，是比较法中的相对数的比较。因为比率的计算有各种不同的形式，并构成了财务比率的指标体系，是财务报表分析内容的具体化，所以，这种财务比率比较分析法才能单独作为一种方法介绍。比率分析法的比率指标主要有三种类型：结构比率、效率比率和相关比率。

1. 结构比率

结构比率又称构成比率，是指某财务指标的部分占总体的比例。通过结构比率的比较可以观察构成的内容及其变化，从而掌握该项财务活动的特点和变化趋势。结构比率的比较分析应用于财务报表中的指标分析，又称构成分析法、共同比分析法、垂直分析法等。例如，计算资产负债表中各项资产占资产总额的比重、各项负债占负债总额的比重；然后，将分析期各项目的比重与前期同项目的比重对比，研究各项目比重的变动情况；再结合企业生产经营的具体情况，进一步分析结构变动的合理性及原因。

2. 效率比率

效率比率是某项经济活动中所费与所得的比例，反映了投入与产出的关系。利用效率比率指标，可以进行得失比较，考察企业经营成果的变化，评价经济效益的水平，了解有关支出是否符合提高经济效益的原则。例如，将利润项目与成本费用、营业收入、所有者权益等项目加以对比，可计算出成本费用利润率、销售利润率以及净资产利润率等利润率指标；从而可以从不同角度观察、比较企业盈利能力的高低及其增减变化情况。

3. 相关比率

相关比率是指反映除部分与总体关系、投入与产出关系之外的其他具有相关关系的财务指标的比率，其目的是揭示有关经济活动的相互关系。利用相关比率指标，可以考察企业有联系的相关业务安排及变化是否合理，了解前两类指标难以反映出的事项和问题。例如，将流动资产与流动负债加以对比，计算出流动比率，就可据以判断企业的短期偿债能力等。

在使用比率指标时应注意以下问题。

①在比率指标中，对比指标应具有相关性；

②对比指标的计算时间、计算方法、计算标准口径要一致；

③采用的比率指标，应有对比的标准，如预定目标、历史标准、行业标准、公认标准等。

应当指出的是，比较分析法和比率分析法仅能发现指标的实际数与标准数之间的差异，而无法分析差异产生的原因、影响因素及各因素对指标的影响程度，因此，上述两种方法的应用仅是分析的最初阶段，对影响因素的分析要运用因素分析法。

三、因素分析法

因素分析法是指通过分析影响财务指标的各项因素并计算其对指标的影响程度，从而揭示财务指标变动的主要原因的一种分析方法。该方法适用于多种因素构成的综合性指标的分析，如成本、利润、资金周转等方面的指标。

因素分析法的具体方法主要有连环替代法和差额分析法。

1. 连环替代法

连环替代法是因素分析法的基本形式。该方法是将分析指标分解为各个可以计量的因素，并根据各个因素之间的依存关系，依次用各因素的比较值（通常是实际值）替代基准值（通常是标准值或计划值），以测定各因素对分析指标的影响。

在进行分析时，首先要假定众多因素中的一个因素发生了变化，而其他因素则保持不变；然后，逐个替换并分别比较其计算结果，以确定各个因素的变化对分析指标的影响程度。

因素分析法的计算步骤如下。

①确定分析对象（即所分析的财务指标），并计算出实际与目标（或预算）数的差异。

②确定该指标的构成因素，并按其相互关系进行排序。

③以目标（或预算）数为基础，将各因素的目标（或预算）数相乘，作为分析替代的基数。

④将各个因素的实际数按照上面的排列顺序进行替换计算，并将替换后的实际数保留下来。

⑤将每次替换计算所得的结果，与前一次的计算结果相比较，两者的差异即为该因素对分析指标的影响程度。

【例 3-1】 某企业甲产品的材料成本资料如表 3-4 所示，其中：材料总成本＝产量×单位产品材料消耗量×材料单价。要求根据以上资料，运用因素分析法，计算、分析各因素变动对材料成本的影响程度。

表 3-4　甲产品材料成本资料表

项目	计量单位	计划数	实际数	差额
产品产量	件	100	105	5
单位产品材料消耗量	公斤/件	8	7.5	−0.5
材料单价	元/公斤	5	6	1
材料总成本	元	4 000	4 725	725

解：

（1）根据资料，材料总成本实际数较计划数增加 725 元，这是分析对象。该指标由产量、单耗、单价三个因素组成，其排序如表 3-4 所示。

（2）以目标数 4 000 元为分析替代的基础。

第一次替代产量因素：以 105 替代 100，105×8×5＝4 200（元）。

第二次替代单耗因素：以 7.5 替代 8，并保留上次替代后的值，105×7.5×5＝3 937.5（元）。

第三次替单价因素：以 6 替代 5，并保留上两次替代后的值，105×7.5×6＝4 725（元）。

（3）计算差额。

第一次替代与目标数的差额为：4 200－4 000＝200（元）。

第二次替代与第一次替代的差额为：3 937.5－4 200＝－262.5（元）。

第三次替代与第二次替代的差额为：4 725－3 937.5＝787.5（元）。

（4）产量增加使成本增加了 200 元，单耗下降使成本减少了 262.5 元，单价提高使成本增加了 787.5 元。

(5)各因素的影响程度之和:200－262.5＋787.5＝725(元),与实际成本和计划成本的总差额相等。

为了使用方便,企业也可运用因素分析表来求出各因素变动对实际成本的影响程度,其具体形式如表3-5所示。

表3-5　材料成本变动因素分析表

顺序	连环替代计算	差异(元)	因素分析
目标数	100×8×5＝4 000		
第一次替代	105×8×5＝4 200	200	产量增加5件,使成本增加200元
第二次替代	105×7.5×5＝3 937.5	－262.5	单耗下降0.5元,使成本减少262.5元
第三次替代	105×7.5×6＝4 725	787.5	单价上升1元,使成本增加787.5元
合计	200－262.5＋787.5＝725	725	

2.差额分析法

差额分析法是连环替代法的一种简化形式。两者的因素分析原理相同;区别在分析程序上,差额计算法比连环替代法简化,即它可直接利用各影响因素的比较值与基准值之间的差额,在其他因素不变的假定条件下,计算各因素对分析指标的影响程度。

【例3-2】 以例3-1所列数据资料为基础,要求采用差额分析法计算确定各因素变动对材料成本的影响。

解:

(1)由于产量增加对材料成本的影响为:(105－100)×8×5＝200(元)。

(2)由于材料消耗节约对材料成本的影响为:(7.5－8)×105×5＝－262.5(元)。

(3)由于单价提高对材料成本的影响为:(6－5)×105×7.5＝787.5(元)。

(4)各因素的影响程度之和为:200－262.5＋787.5＝725(元),与实际成本和计划成本的总差额相等。

3.运用因素分析法必须注意的几个问题

(1)因素分解的相关性。分析指标与其影响因素之间必须真正相关,即有实际的经济意义,各影响因素的变动确实能说明分析指标差异产生的原因。由于综合财务指标通常会有多种分解方法,因此,这就需要分析者在因素分解时,要根据分析的目的和要求,确定合适的因素分解式,以找出分析指标变动的真正原因。

(2)因素替代的顺序性。因为是连环替代,所以必须按照各因素的内在依存关系,排列成一定的前后次序,按顺序替代;如若不然,各因素变动对指标的影响值就会得出不同的结果。一般来说,替代顺序在前的因素对财务指标的影响不受其他因素影响或影响较小;因素排列在后的因素中含有其他因素共同作用的成分。因此,应将对分析指标影响大的主要因素排列在前,次要因素排列在后;基本因素排列在前,从属因素排列在后。由于数量因素通常是变动大的因素,因此在替代顺序中数量因素排列在前、质量因素排列在后;若数量因素中有实物量因素,则实物量因素排列在前、货币量因素排列在后。但是,若各因素与财务指标是相加关系，则各因素的替代就无顺序可言。

(3)顺序替代的连环性。在确定各因素变动对分析指标的影响时通常都是通过连环比较的方法，也就是将某因素替代后的结果与该因素替代前的结果对比，来确定因素变化的影响结果。只有保持这种连环性，才能使各因素影响之和等于分析指标变动的总差异。

(4)计算结果的假定性。由于因素分析法计算的各因素变动的影响数，可能会因替代顺序的不同而有差别，因此计算结果难免带有假定性。它只是在某种假定前提下的影响结果，而不可能使每个因素计算的结果都达到绝对的准确。

另外，在财务分析方法中还有图解分析法，它是以各种图形或表格来表示企业在同一年度内或不同年度间有关经营状况、财务状况和现金流量及其变动情况的分析方法。从严格意义上讲，图解分析法并不是一种独立的财务报表分析方法，而是其他一些基本分析方法的分析过程或结果的直观表达方式。例如比率分析法、趋势分析法等，都可结合图解分析来表达，从而使得信息使用者对分析的过程和结果一目了然，能够更好地掌握有关财务状况、经营成果和现金流量的相互关系和变动趋势。

四、综合分析法

财务报表分析的最终目的在于全方位的了解企业的财务状况和经营成果，并对企业经济效益的优劣做出系统的、合理的评价。由于单独分析任何一类财务指标，都难以达到这个目的；因此，必须将各项指标有机地联系起来，对企业进行综合的财务分析，做出系统的综合评价。

第三节　基本财务能力的指标分析

财务比率指标是根据财务报表相关数据计算的反映财务报表各项目之间相互关系的比值。不同的使用者可根据不同需要，将财务报表中的数据资料设计和计算出具有不同意义的财务比率，这些比率涉及企业经营管理的各个方面，可以反映企业的偿债能力、营运能力、盈利能力及发展能力等。为保证相关数据资料的前后连贯性，应删繁就简、突出主干。下面将以上市公司武汉武商集团股份有限公司(以下简称武商集团)的有关财务报表数据资料(简表如表 3-1、表 3-2、表 3-3 所示)为依据，进行具体的举例计算分析。

一、偿债能力分析

偿债能力是指企业偿还各种到期债务本息的能力。偿债能力的好坏，不仅会影响企业的资信等级和再筹资能力，而且也关系着企业的生存与发展。偿债能力分析是企业财务报表分析的一个重要方面，是反映企业财务状况和经营能力的重要标志。企业经营管理者、债权人及投资者都十分重视企业的偿债能力分析。偿债能力分析包括短期偿债能力分析和长期偿债能力分析两种。

1. 短期偿债能力分析

短期偿债能力是指企业偿付流动负债的能力。流动负债是指将在 1 年内或超过 1 年的一个营业周期内需要偿付的债务，这部分负债对企业的财务风险影响较大，如果不能及时偿还，则可能使企业面临倒闭的危险。在资产负债表中，流动负债与流动资产形成一种对应关系，即流动负债需以流动资产来偿付，而且通常它需要以现金来直接偿还，因此短期偿债能力也称为变现能力。企业短期偿债能力的衡量指标主要有流动比率、速动比率、现金比率等。

（1）流动比率。流动比率是流动资产除以流动负债的比值，其计算公式为：

流动比率＝流动资产÷流动负债

例如，武商集团 2012 年年末的流动资产是 447 615.61 万元，流动负债是 820 386.91 万元。

则其：

流动比率＝447 615.61＋820 386.91＝0.55

这表明武商集团每 1 元的流动负债，只有 0.55 元的流动资产作保障。流动比率是衡量企业短期偿债能力的一个重要财务指标，这个比率越高，说明企业偿还流动负债的能力越强，债权人的权益越有保证。国际上通常认为，流动比率的下限为 1，当流动比率等于 2 时较为适当。

在运用流动比率时，必须注意以下几点。

①应尽可能将流动比率维持在不使货币资金闲置的水平，不宜过高或过低。流动比率过高也并非好现象，因为流动比率过高，可能是企业流动资产占用资金较多，会影响资金的使用效率和企业的筹资成本，进而影响企业的盈利能力。

②对流动比率的分析应该结合行业特点、企业流动资产结构及各项流动资产的实际变现能力等因素展开。有的行业流动比率较高，有的行业则较低，不可一概而论。但是，单凭这种经验判断也并非可靠，如有时流动比率较高，但其短期偿债能力也未必很强，因为这可能是存货积压或滞销的结果，而且，企业也很容易伪造这个比率，以掩饰其偿债能力。因此，仅利用流动比率来评价企业短期偿债能力可能存在一定的片面性。

③计算出来的流动比率，只有和同行业的平均流动比率、本企业历史的流动比率等进行比较，才能知道这个比率是高还是低。但要找出过高或过低的原因，还必须分析流动资产构成项目以及经营上的因素。

（2）速动比率。流动比率在评价企业短期偿债能力时，存在一定局限性。如果流动比率较高，但流动资产的变现能力较差，则企业的短期偿债能力仍然不强。在流动资产中，短期有价证券、应收票据、应收账款的变现力均比存货强。因为存货需经过销售才能转变为现金，如果存货滞销，则其变现就成问题；所以，存货的流动性在流动资产中是相对较差的。一般来说，流动资产扣除存货后的资产称为速动资产。速动资产与流动负债的比率称为速动比率，也称酸性测试比率。其计算公式为：

速动比率=(流动资产-存货)÷流动负债

例如,武商集团 2012 年年末的存货为 85 846.38 万元。

则其速动比率为:

速动比率=(447 615.61-85 846.38)÷820 386.91=0.44

通过速动比率来判断企业短期偿债能力比用流动比率进了一步,因为它扣除了变现力较差的存货。速动比率越高,说明企业的短期偿债能力越强。在国际上,通常认为速动比率等于 1 时较为适当,低于 1 的速动比率被认为短期偿债能力偏低。这仅是一般的看法,因为行业不同,速动比率会有很大差别,并没有统一标准的速动比率,行业、销售方式等因素都将给速动比率造成较大差异。例如,大量采用现金销售的企业,其速动比率低于 1 也是正常的,如武商集团就属于这种情况。

在运用速动比率时,必须注意以下几点。

①影响速动比率可信度的重要因素是应收账款的变现能力。如果企业的应收账款中有较大部分不易收回,并可能会成为坏账,那么,速动比率就不能真实地反映企业的偿债能力。

②尽管速动比率较之流动比率更能反映出流动负债偿还的安全性和稳定性,但并不能认为速动比率较低的企业的流动负债到期不能偿还。而实际上,如果企业存货流转较顺畅,变现能力较强;那么即使速动比率较低,但只要流动比率高,企业仍然有望偿还到期的债务本息。

③速动资产应该包括哪几项流动资产,目前尚有不同观点。在计算速动比率时,除扣除存货以外,还可以从流动资产中去掉其他一些可能与当期现金流量无关的项目(如实为待摊费用的一些预付账款等),以计算更进一步的变现能力。如采用保守速动比率(或称超速动比率),其计算公式为:

保守速动比率=(货币资金+交易性金融资产+应收票据+应收账款净额)÷流动负债

(3)现金比率。现金比率是企业的现金类资产与流动负债的比率。现金类资产包括企业的库存现金、随时可以用于支付的存款和现金等价物,即现金流量表中所反映的现金。其计算公式为:

现金比率=(货币资金+交易性金融资产)÷流动负债

例如,武商集团 2012 年年末货币资金为 217 390.91 万元,无交易性金融资产。则:

现金比率=217 390.91÷820 386.91=0.26

现金比率是比速动比率更进一步的比率,最能反映企业直接偿付流动负债的能力。现金比率一般认为在 0.2 以上为好。如果企业现金缺乏,则可能会发生支付困难、面临财务危机,因而,现金比率高,说明企业有较好的支付能力,对偿付债务是有保障的。但是,如果这个比率过高,则可能意味着企业拥有过多的盈利能力较低的现金类资产,企业的资产未能得到有效的运用。

以上流动比率、速动比率和现金比率都是由财务报表资料计算而来的,而企业实际的短期偿债能力或变现能力还受其他一些表外因素的影响。例如,可动用的银行贷款指标、准备很快变现的长期资产，以及偿债能力的声誉会增加企业的变现能力，未作记录的或有负债和担保责任引起的负债则会减少企业的变现能力。财务报表使用者有必要具体了解这些情况，以便做出正确的判断。

2.长期偿债能力分析

对于企业的长期债权人和所有者来说，在对企业进行短期偿债能力分析的同时，还需分析企业的长期偿债能力，以便于债权人和投资者全面了解企业的偿债能力及财务风险。长期偿债能力是指企业偿还长期负债的能力，企业的长期负债主要有长期借款、应付长期债券、长期应付款等。长期偿债能力不仅取决于企业在长期内的盈利能力，也受企业资本结构的重要影响。由于长期的现金流量受众多不确定因素的影响而难以估计，因此，长期偿债能力分析侧重于对资本结构的分析，即企业资产对其债务的保障程度的分析。具体的分析方法是：通过财务报表中有关数据来分析权益(包括负债和所有者权益)与资产之间的关系、权益与权益之间的关系，计算出一系列的比率，从而反映企业的资本结构是否健全合理，并以此评价企业的长期偿债能力。企业长期偿债能力的衡量指标主要有资产负债率、产权比率、有形净值债务率、已获利息倍数等。

(1)资产负债率。资产负债率是企业负债总额与资产总额的比率，也称为负债比率或举债经营比率。它反映企业的资产总额中债权人提供资金所占的比重，以及企业资产对债权人权益的保障程度。其计算公式为：

$$资产负债率=\frac{负债总额}{资产总额}\times 100\%$$

公式中的负债总额同时包括长、短期负债，由于短期负债作为一个整体，企业是长期占用的，因此可以视同长期性资本来源的一部分。

例如，武商集团2012年度负债总额为839 946.93万元，资产总额为1 103 855.50万元。依上式计算：

$$资产负债率=(839\ 946.93\div 1\ 103\ 855.50)\times 100\%=76.09\%$$

表明该公司的资产有76.09%是来源于举债，或者说公司每76.09元的债务，就有100元的资产作为偿还的后盾。资产负债率反映企业偿还债务的综合能力，这个比率越高，企业偿还债务的能力越差；反之，偿还债务的能力越强。保守的观点认为资产负债率不应高于50%，而国际上通常认为资产负债率等于60%时较为合适。

对于资产负债率，企业的债权人、股东和企业经营者等各自的考虑是有所不同的。

①从债权人的立场看，其最关心的是贷给企业的款项的安全程度，也就是能否按期收回本金和利息。资产负债率越低作为企业偿债保证的资产就越多，因此他们希望企业的资产负债率越低越好，以降低贷款风险。

②从股东的角度看，其关心的主要是投资收益的高低。企业借入的资金与股东投入的资金在经营中发挥着同样的作用，如果企业负债所支付的利率低于资产报酬率，则股东就可以利用举债经营取得更多的投资收益；相反，如果企业负债所支付的利率高于资产报酬率，则借入资本的多余的利息要用股东所得的利润份额来弥补。因此，从股东的立场看，在全部资产利润率高于借款利率时，负债比例越大越好；否则，反之。

③从经营者的立场看，他们既要考虑企业的盈利，也要顾及企业所承担的财务风险。举债越大风险越大，企业再筹资会更困难，但不举债或少举债会使企业显得畏缩不前，利用债务资金能力差，因而丧失财务杠杆利益。因此，企业的经营决策者在利用资产负债率制定借款决策时，应将风险与收益结合起来分析，平衡考虑。

(2)产权比率。产权比率是负债总额与所有者权益总额之比率，也称为负债权益比率或债务股权比率，是企业财务结构稳健与否的重要标志。其计算公式为：

产权比率＝负债总额÷所有者权益

该公式中的所有者权益也称股东权益。

例如，武商集团2012年年末股东权益合计为243 057.29万元。

依上式计算：

产权比率＝839 946.93÷243 057.29＝3.46

这个比率实际上是负债比率的另一种表现形式，它反映了债权人所提供资金与股东所提供资金的对比关系，而且又反映了企业自有资金偿还全部债务的能力，因此，它又是衡量企业负债经营是否安全有利的重要指标。

一般来说，这一比率越低，表明企业长期偿债能力越强，债权人权益保障程度越高，承担的风险越小。至于多大的产权比率才算合适，还应该结合企业的具体情况加以分析。从股东角度来看，在通货膨胀加剧时期，企业多借债可以把损失和风险转嫁给债权人；在经济繁荣时期，多借债可以获得额外的利润；在经济萎缩时期，少借债可以减少利息负担和财务风险。产权比率高，是高风险、高报酬的财务结构；产权比率低，是低风险、低报酬的财务结构。从上例中的计算结果看，该企业债权人提供的资本是股东提供资本的约3.16倍，如果经营不是很景气，则表明该企业举债经营的程度偏高，财务结构不稳定。

资产负债率与产权比率二者评价偿债能力的作用基本相同，只是资产负债率侧重于分析债务偿付安全性的物质保障程度；产权比率则侧重于揭示财务结构的稳健程度以及自有资金对偿债风险的承受能力。

(3)有形净值债务率。有形净值债务率是企业负债总额与有形净值之比率。有形净值是所有者权益减去无形资产净值后的净值，即股东具有所有权的有形资产的净值。其计算公式为：

有形净值债务率＝负债总额÷(所有者权益－无形资产净值)

例如，武商集团2012年年末无形资产净值为160 224.03万元。依公式计算：

有形净值债务率＝839 946.93÷(243 057.29－160 224.03)＝10.14

有形净值债务率指标实质上是产权比率指标的延伸。它不考虑无形资产、商誉的价值，是因为其价值的不确定性很大，不一定能用来还债。所以说，本指标能更为谨慎地反映企业清算时，债权人权益受所有者权益的保障程度。从长期偿债能力来讲，该比率越低越好。

(4)已获利息倍数。已获利息倍数指标是指企业息税前利润与利息费用的比率，用以衡量企业偿付借款利息的能力，也叫利息保障倍数或利息所得倍数。其计算公式如下：

已获利息倍数＝息税前利润÷利息费用

公式中的息税前利润是指利润表中未扣除利息费用和所得税之前的利润，它可以用利润总额加利息费用来测算；利息费用是指本期发生的全部应付利息，不仅包括财务费用中的利息费用，而且还包括计入固定资产成本的资本化利息。资本化利息虽然不在利润表中扣除，但仍然是要偿还的。利息保障倍数的重点是衡量企业支付利息的能力，没有足够大的息税前利润，利息的支付就会发生困难。

由于我国现行利润表利息费用没有单列，而是混在财务费用之中，因此，外部报表使用者只能用利润总额加财务费用来估计，如果是上市公司，则可以从附注中对财务费用和在建工程等账目的说明中得到费用化的利息和资本化的利息费用。

已获利息倍数不仅反映了企业盈利能力的大小，而且反映了盈利能力对偿还到期债务的保证程度；它既是企业举债经营的前提依据，也是衡量企业长期偿债能力大小的重要标志。从长期来看，若要维持正常偿债能力，已获利息倍数至少应当大于 1；且比值越高，企业长期偿债能力也就越强。如果已获利息倍数过小，企业将面临亏损以及偿债的安全性与稳定性下降的风险。至于企业已获利息倍数应该为多少才合适，这要根据往年经验结合行业特点来判断。国际上通常认为，该指标为 3 时较为适当。

例如，武商集团 2012 年度利润总额为 73 079.35 万元，利息费用为 7 187.06 万元（无资本化利息）。

则：

$$2012\text{年已获利息倍数}=\frac{(73\ 079.35+7\ 187.06)}{7\ 187.06}=11.17$$

武商集团的已获利息倍数远大于 1，说明其有一定的偿债能力。但在分析时还需要与其他企业，特别是本行业平均水平进行比较，以决定本企业的指标水平。同时从稳健性的角度出发，最好比较本企业连续几年的该项指标，并选择最低指标年度的数据作为标准，以保证最低的偿债能力。

上述四个指标是分析企业长期偿债能力的主要指标，都是由财务报表资料计算而来的。分析者可以比较最近几年的有关财务比率来判断企业偿债能力的变化趋势，也可以比较某一企业与同行业其他企业的财务比率，来判断该企业的偿债能力强弱。但是，在分析企业长期偿债能力时，除了使用上述指标以外，还应考虑一些表外因素的影响，如长期租赁、担保责任和或有项目等，这些事项都会对企业的长期偿债能力产生潜在的影响。

二、营运能力分析

营运能力是指企业基于外部市场环境的约束，通过内部人力资源和生产资料的配置组合而对财务目标所产生作用的大小。一个企业的财务状况和盈利能力在很大程度上取决于企业的营运能力，因为利润和现金流量是通过资产的有效使用来实现的。营运能力低则表明资金积压严重，资产未能发挥应有的效能，从而会降低企业的偿债能力和盈利能力。

企业的经营活动离不开各项资产的运用，对企业的营运能力分析实质上就是对各项资产的周转使用状况进行分析。一般来说，资金周转速度快，说明企业的经营管理水平高，资金利用效率高。企业的资金周转状况与供、产、销各个经营环节密切相关，任何一个环节出现问题，都会影响企业的资金正常周转。资金只有顺利地通过各个经营环节，才能完成一次循环。在供、产、销各环节中，销售有着特殊的意义。因为产品只有销售出去，才能实现其价值，收回最初投入的资金，顺利地完成一次资金周转；所以，可以通过产品销售情况与企业资金占用量来分析企业的资金周转状况，评价企业的营运能力。企业营运能力的衡量指标主要有存货周转率、应收账款周转率、流动资产周转率、固定资产周转率、总资产周转率等。营运能力比率又称资产管理比率。

1. 存货周转率

存货周转率是反映企业流动资产流动性的一个指标，也是衡量企业生产经营各环节中存货运营效率的一个综合性指标。它是主营业务成本被平均存货所除而得到的比率，或称为存货的周转次数；而用时间表示的存货周转率就是存货周转天数。计算公式为：

存货周转率＝营业成本÷平均存货

存货周转天数＝360÷存货周转率

＝360÷(营业成本÷平均存货)

＝(平均存货×360)÷营业成本

公式中的营业成本数据来自利润表，平均存货来自资产负债表中的期初存货与期末存货的平均数。

例如，武商集团 2012 年度营业成本为 1 186 463.88 万元，期初存货为 91 360.74 万元，期末存货为 85 846.38 万元。

则该公司：

存货周转率＝1 186 463.88÷[(91 360.74＋85 846.38)÷2]＝13.39(次)

存货周转天数＝360÷13.39＝26.88(天)

存货周转速度的快慢反映出企业采购、储存、生产、销售各环节管理工作状况的好坏；不仅影响企业的短期偿债能力，而且也是整个企业管理的重要内容。由于存货周转速度越快，存货的占用水平越低、流动性越强，存货转换为现金、应收账款等的速度越快，因此，提高存货周转率可以提高企业的变现能力。通过存货周转分析，有利于找出存货管理存在的问题，从而尽可能降低资金占用水平。存货不能储存过多，否则可能造成存货积压；存货也不能储存过少，否则可能造成生产中断或销售货源不足，这些都会给企业带来损失，影响其盈利。

报表使用者除了分析批量因素、季节性生产的变化等情况之外，还应对存货的结构以及影响存货周转速度的重要项目进行分析，如计算原材料周转率、在产品周转率等，以使存货管理在保持生产经营连续性的同时，尽可能少地占用经营资金，提高资金的使用效率。

在分析企业不同时期或不同企业的存货周转率时，应注意存货计价方法的口径是否一致，因为存货计价方法对存货周转率具有较大的影响。另外，如果是为了评估资产的变现能力等，在计算存货周转率时应使用营业收入代替营业成本作为周转额。

2. 应收账款周转率

应收账款和存货一样，在流动资产中有着举足轻重的地位。及时收回应收账款，不仅可以增强企业的短期偿债能力，而且能反映出企业管理应收账款方面的效率。

反映应收账款周转速度的指标是应收账款周转率，也就是年度内应收账款转为现金的平均次数，它说明应收账款流动的速度。用时间表示的应收账款周转速度是应收账款周转天数，也称平均应收账款回收期或平均收现期；它表示企业从取得应收账款的权利到收回款项、转换为现金所需要的时间。其计算公式为：

应收账款周转率＝营业收入÷平均应收账款

应收账款周转天数＝360÷应收账款周转率

＝(平均应收账款×360)÷营业收入

公式中的营业收入数据来自利润表。平均应收账款则是资产负债表中期初、期末应收账款余额的平均数。为保持比率计算中分子、分母口径的一致性，理论上应使用赊销净额作为分母，但该项数据难以取得，因此把现金销售看作收账时间为零的赊销包含在分母之内也是可以的。只要保持历史的一贯性，使用销售净额来计算该指标一般不影响其分析和利用价值。

例如，武商集团2012年度营业收入为1 490 150.63万元，年初应收账款余额为1 197.75万元；年末应收账款余额为800.54万元。

依上式计算：

应收账款周转率＝1 490 150.63÷[(1 197.75＋800.54)÷2]＝1 491.43(次)

应收账款周转天数＝360÷1 491.43＝0.24(天)

应收账款周转率反映了企业应收账款周转速度的快慢及应收账款管理效率的高低，在一定时期内周转次数多、周转天数少则表明：①企业应收账款的收回快、流动性强，从而增强了企业短期偿债能力；②赊销管理严格，可以减少收账费用和坏账损失，从而相对增加企业流动资产的投资收益。同时，通过应收账款周转天数与企业信用期限的比较，还可以评价客户的信用程度，以及企业原定的信用条件是否适当。

值得注意的是，应收账款周转率过高也不一定就好，因为这可能是企业奉行了比较严格的信用政策以及信用标准和付款条件过于苛刻的结果，这样会限制企业销售量的扩大，从而会影响企业的盈利水平。这种情况还通常表现为存货周转率同时偏低。如果企业的应收账款周转率过低，则说明企业催收账款的效率太低，或者信用政策十分宽松，这样会影响企业资金利用率和资金的正常周转。

财务报表使用者应将计算出的该指标与本企业前期指标、行业平均水平或其他类似企业的指标相比较，以判断该指标的高低；至于其具体原因则要通过其他分析来寻找，如企业的季节性经营导致年末销售大增或锐减、销售使用分期付款或现金结算方式等。

3.流动资产周转率

流动资产周转率是营业收入与全部流动资产的平均余额的比值。其计算公式为：

流动资产周转率＝营业收入÷平均流动资产

平均流动资产＝(年初流动资产＋年末流动资产)÷2

例如，武商集团2012年年初流动资产为386 068.22万元，年末流动资产为447 615.61

万元。

依上式计算：

流动资产周转率＝1 490 150.63÷[(386 068.22＋447 615.61)÷2]＝3.57(次)

在一定时期内，流动资产周转次数越多，表明以相同的流动资产完成周转额越多，流动资产利用效果越好。从流动资产周转天数来看，周转一次所需要的天数越少，表明流动资产在经历生产和销售各阶段时所占用的时间越短，可相对节约流动资金，等于相对扩大资产投入，增强企业盈利能力。相反，如果流动资产周转次数越少或周转天数越多，则表明周转速度越慢，需要补充流动资金参加周转，会形成资金浪费，降低企业的盈利水平。

但是，流动资产周转率究竟为多少才算好，并没有一个确定的标准，通常分析流动资产周转率应比较企业历年的数据并结合行业特点来评价。

4.固定资产周转率

固定资产周转率，也称固定资产利用率，是营业收入与平均固定资产的比率。其计算公式为：

固定资产周转率＝营业收入÷平均固定资产

平均固定资产＝(年初固定资产＋年末固定资产)÷2

例如，武商集团2012年年初固定资产为381 330.64万元，年末固定资产为373 266.05万元。

依上式计算：

2012年固定资产周转率＝1 490 150.63÷[(381 330.64＋373 266.05)÷2]＝3.95(次)

这项比率主要用于分析对厂房、设备等固定资产的利用效率。一般说来，该比率越高，说明固定资产的利用率越高，管理水平越好；同时，也说明企业固定资产投资得当、结构合理。如果固定资产周转率与同行业平均水平相比偏低，则说明企业的固定资产使用效率不高，企业的营运能力不强，可能会影响企业的盈利水平。

另外，在分析固定资产周转率时，需要考虑因计提固定资产折旧而使固定资产净值不断减少的影响，以及因更新、重置固定资产而导致其净值会突然增加的影响；同时，由于折旧方法的不同，也可能影响其可比性。所以分析时，一定要剔除这些不可比的因素。

5.总资产周转率

总资产周转率是营业收入与平均资产总额的比值，也称总资产利用率。其计算公式为：

总资产周转率＝营业收入÷平均资产总额

平均资产总额＝(年初资产总额＋年末资产总额)÷2

例如，武商集团2012年初资产为969 500.30万元，年末资产为1 103 855.50万元。则：

总资产周转率＝1 490 150.63÷[(969 500.30＋1 103 855.50)÷2]＝1.44(次)

该指标用来衡量企业全部资产的使用效率，如果该比率较高，则说明企业全部资产的使用效率高，销售能力强；如果该比率较低，则说明企业全部资产的使用效率低，可采取各项措施来提高企业的资产利用程度、加速资产周转，如提高销售收入或处理多余的资产等。

总之，各项资产的周转指标是用于衡量企业运用资产赚取收入的能力，经常和反映盈利能力的指标结合在一起使用，这样可以全面评价企业的盈利能力。

需要说明的是，计算期不一定是年度，可视分析的需要而定，但应保持分子与分母在时间口径上的一致。如果各期占用额比较稳定、波动不大，那么季度、年度的平均占用额可以直接用"（期初数值＋期末数值）÷2"的公式来计算；如果资金占用的波动性很大，企业则应采用更详细的资料进行计算。

三、盈利能力分析

盈利能力是指企业正常经营赚取利润的能力。盈利是企业的重要经营目标，是企业生存发展的基础；它不仅关系到企业所有者的利益，而且也是企业偿还债务的一个重要来源。因此，企业的投资者、债权人以及经营管理者都十分关心企业的盈利能力。企业的各项经营活动都会影响到企业的盈利，但是，对企业盈利能力的分析，一般只分析企业正常的经营活动的盈利能力，而不涉及非正常的经营活动。因为一些非正常的、特殊的经营活动，虽然也会给企业带来收益，但它不是经常的和持久的，不能说明企业的正常的盈利能力，因此，在分析企业的盈利能力时，应当排除这些非常项目。反映企业盈利能力的指标很多，通常使用的主要有销售净利率、销售毛利率、资产净利率、净资产收益率等。

1. 销售净利率

销售净利率是指企业的净利润与营业收入的百分比。其计算公式为：

$$销售净利率=\frac{净利润}{营业收入}\times 100\%$$

其中，净利润是指税后利润。

例如，2012 年度武商集团的净利润为 40 241.36 万元，营业收入为 1 490 150.63 万元。则：

$$销售净利率=(40\ 241.36\div 1\ 490\ 150.63)\times 100\%=2.70\%$$

该指标表示每 1 元销售收入带来的净利润。该比率越高，表示企业通过扩大销售获取收益的能力越强。企业在努力扩大销售、增加销售收入额的同时，必须改进经营管理以降低成本，才能相应增加净利润，使销售净利率保持不变或有所提高。要作进一步分析时，还可将该指标分解成销售毛利率、销售税金率、销售成本率以及销售期间费用率等。

由于销售净利率受行业特点影响较大，因此应结合不同行业的具体情况进行分析。

2. 销售毛利率

销售毛利率是毛利占营业收入的百分比，其中，销售毛利是营业收入与营业成本的差额。其计算公式如下：

$$销售毛利率=\frac{营业收入-营业成本}{营业收入}\times 100\%$$

例如，2012 年度武商集团的营业成本为 1 186 463.88 万元。

则：

$$销售毛利率=(1\ 490\ 150.63-1\ 186\ 463.88)\div 1\ 490\ 150.63\times 100\%=20.38\%$$

销售毛利率表示每 1 元营业收入扣除营业成本后，有多少可以用于各项期间费用和形成盈利。毛利率越大，说明在营业收入中营业成本所占比重越小，企业通过销售获取利润的能力越强。销售毛利率是企业销售净利率的最初基础，没有足够大的毛利率便不能盈利。

3.资产净利率

资产净利率是企业净利润与平均资产总额的百分比，也称总资产报酬率、总资产收益率或投资报酬率。其计算公式为：

$$资产净利率=\frac{净利润}{平均资产总额}\times100\%$$

平均资产总额=(期初资产总额+期末资产总额)÷2

例如，武商集团2012年净利润为40 241.36万元，年初资产为969 500.30万元，年末资产为1 103 855.50万元。

则：

资产净利率=40 241.36÷[(969 500.30+1 103 855.50)÷2]×100%=3.88%

资产净利率反映企业资产利用的综合效果。该指标越高，表明资产的利用效率越高，说明企业在增收节支和节约资金使用等方面取得了良好的效果，则企业的盈利能力越强。

在市场经济比较发达的社会，各行业之间的竞争十分激烈，资本通过市场竞争会流向利润率较高的行业，这样会使各行业的资产净利率趋于平均化。但是这并不否定个别企业因其先进的技术、良好的商业信誉而获得高于同行业平均水平的资产净利率。为了正确评价企业经济效益的高低，挖掘提高利润水平的潜力，在分析企业的资产净利率时，可以用该项指标与本企业前期、与计划、与同行业平均水平和同行业内先进企业进行对比，只有这样才能判断企业资产净利率的变动趋势以及在同行业中所处的地位，从而揭示企业的资产利用效率，发现经营管理中存在的问题。如果资产净利率偏低，则说明该企业资产利用效率较低，经营管理存在问题，应该调整经营方针、加强经营管理、挖掘潜力、增收节支，以提高资产的利用效率。

影响资产净利率高低的因素主要有：产品的价格、单位成本的高低、产品的产量和销售的数量、资金占用量的大小等。

值得注意的是，资产净利率可以分解为总资产周转率与销售净利率的乘积。由此可见，资产报酬率主要取决于总资产周转率与销售净利率两个因素。企业的销售净利率越大，资产周转速度越快，则资产报酬率越高。因此，提高资产报酬率可以从两方面入手：一方面是加强资产管理，提高资产利用率；另一方面是加强销售管理，增加销售收入，节约成本费用，提高利润水平。

4.净资产收益率

净资产收益率是净利润与平均净资产的百分比，也称净值报酬率、权益净利率、股东权益报酬率或所有者权益报酬率；其中，净资产即所有者权益或股东权益。它是反映企业自有资金投资收益水平的指标，是企业盈利能力指标的核心。其计算公式为：

$$净资产收益率=\frac{净利率}{平均净资产}\times100\%$$

平均净资产=(所有者权益年初数+所有者权益年末数)÷2

例如，武商集团 2012 年净利润为 40 241.36 万元，年初所有者权益为 223 404.36 万元，年末所有者权益为 263 908.57 万元。

则：

净资产收益率＝40 241.36÷[(223 404.36＋263 908.57)÷2]×100％＝16.52％

需要说明的是，上述公式的分母中用的是净资产的平均数，因此计算出来的比率也称为加权平均净资产收益率，有时分母中也用净资产的期末数来计算。

净资产收益率也可以用以下公式表示：

净资产收益率＝资产净利率×权益乘数

＝总资产周转率×销售净利率×权益乘数

权益乘数＝1÷(1－平均资产负债率)

因此，可以说净资产收益率是评价企业自有资本及其积累获取报酬水平的最具综合性与代表性的指标，它反映企业资本运营的综合效益。该指标通用性强、适应范围广、不受行业局限，在国际上的企业综合评价中使用率非常高。通过对该指标的综合对比分析，可以看出企业盈利能力在同行业中所处的地位，以及与同类企业的差异水平。一般认为，净资产收益率越高，企业自有资本赚取收益的能力越强、运营效率越好，对企业投资人和债权人的保证程度也越高。

四、市况测定比率分析

上市公司公开披露的信息很多。按照我国证监会的规定，上市公司信息披露的公告主要有四类：招股说明书、上市公告、定期报告(包括年度报告和中期报告)和临时公告(包括重大事项公告、收购公告)。这些报告中既有财务信息，也有非财务信息，但是大部分信息都是与财务有关的。投资者要想通过众多的信息了解企业的发展状况，就必须借助于有关的财务比率。除了可通过前面所介绍的一些指标来分析外，还可以进行一些特殊指标的分析，特别是一些与企业股票价格或市场价值相关的指标分析，如每股收益、每股股利、市盈率、股利支付率、每股净资产等，这些指标统称为市况测定比率。

1.每股收益

每股收益，也称每股盈余或每股利润，是指净利润扣除优先股股利后的余额与发行在外普通股的加权平均数之比，它反映了每股发行在外的普通股所能分摊到的净收益额。其计算公式为：

每股收益＝(净利润－优先股股利)÷发行在外普通股的加权平均数

其中：

发行在外普通股的加权平均数＝期初发行在外普通股股数＋当期新发行普通股股数×已发行时间÷报告期时间－当期回购普通股股数×已回购时间÷报告期时间

已发行时间、报告期时间和已回购时间一般按照天数计算。在不影响计算结果合理性的前提下，也可以采用简化的计算方法。

由于优先股股东对股利的受领权优于普通股股东，因此，在计算普通股股东所能享有的收益额时，应将优先股股利扣除。为了与公式分子中当年获得的净利润保持一致，公式分母必须采用加权平均数。这是因为本期内发行在外的普通股股数只能在增加后的这一段时期内产生权益，减少的普通股股数在减少以前的期间内仍产生收益，所以必须采用加权平均数，以正确反映本期内发行在外的股份数额。

例如，武商集团2012年度净利润为40 241.36万元，发行在外的普通股为50 724.859万股，未发行优先股，2012年年中未发行新股。

所以：

武商集团公司每股收益＝40 241.36÷50 724.859＝0.79(元)

每股收益是衡量上市公司盈利能力最重要的财务指标。显然每股收益越高，说明企业的盈利能力越强。在分析企业盈利能力时，应将不同企业或者同一企业不同时期的每股收益进行比较，才能得出正确判断。

在使用每股收益分析盈利能力时要注意：①每股收益不反映股票所含有的风险。例如，假设某公司原来经营日用品的生产和销售，最近转向房地产投资，公司的经营风险增大了许多，但每股收益可能不变或提高，并没有反映风险增加的不利变化。②股票是一个“份额”概念，不同股票的每一股在经济上不等量，它们所含有的净资产和市价不同，即换取每股收益的成本不相同，限制了每股收益的公司间比较。③每股收益多，不一定意味着多分红，还要看公司股利分配政策。

为了克服每股收益指标的局限性，可以结合市盈率、每股股利、股利支付率等财务比率来分析。

2. 市盈率

市盈率，也称价格盈余比率或价格与收益比率，是指普通股每股市价与每股收益的比率。其计算公式为：

市盈率＝普通股每股市价÷普通股每股收益

例如，2012年度武商集团普通股每股收益为0.79元，2012年年末每股市价为11.50元。依上式计算：

武商集团市盈率＝11.50÷0.79＝14.56

市盈率是反映股份公司盈利能力的一个重要财务比率，是投资者做出投资决策的重要参考因素之一。在市价确定的情况下，每股收益越高，市盈率越低，投资风险越小；反之亦然。在每股收益确定的情况下，市价越高，市盈率越高，风险越大；反之亦然。一般来说，市盈率高，说明投资者对该公司的发展前景看好，愿意出较高的价格购买该公司股票。例如，一些成长性较好的高科技公司股票的市盈率通常要高一些。但是，也应注意，如果某一种股票的市盈率过高，则也意味着这种股票具有较高的投资风险。

使用市盈率指标时应注意：

①每股收益可能为零或负数，因此市盈率会很高。在这一特殊情况下，仅利用该指标来分析企业的盈利能力，会错误估计企业的发展前景。

②由于受可选择的会计政策的影响，各企业每股收益的确定口径可能不一致，从而使得

市盈率在企业间的比较受到限制。

③市盈率高低受市价的影响，市价变动的影响因素很多，包括投机炒作等非正常因素，因此，观察市盈率的长期趋势尤为重要。

因为一般的期望报酬率为5%～20%，所以正常的市盈率为5～20。通常，投资者要结合其他有关信息，才能运用市盈率指标判断股票的价值。

3.每股股利

每股股利是指股利总额与发行在外普通股的加权平均数之比；其中：股利总额是指用于分配普通股现金股利的总额。其计算公式为：

$$每股股利=股利总额\div发行在外普通股的加权平均数$$

每股股利表示每1元普通股获取股利的大小，指标值越高，对投资者越有吸引力。但是很难说每股股利多大才算合理，它取决于企业的股利政策。如果企业为了扩大再生产，可能会少发股利，那么每股股利必然会减少；反之，则会增加。

4.股利支付率与股利保障倍数

(1)股利支付率，也称股利发放率，是每股现金股利与每股收益之间的比率。其计算公式为：

$$股利支付率=\frac{普通股每股股利}{普通股每股收益}\times100\%$$

股利支付率表明公司的净利润中有多少用于股利的分派，反映了公司的股利分配政策和支付股利的能力。对于股利支付率，也没有一个具体的标准来判断其是大好、还是小好。一般而言，如果一家公司的现金量比较充裕，并且目前没有更好的投资项目，则可能会倾向于发放现金股利；如果公司有较好的投资项目，则可能会少发股利，而将资金用于投资。

(2)股利支付率的倒数，称为股利保障倍数，倍数越大，支付股利的能力越强。其计算公式为：

$$股利保障倍数=普通股每股净收益\div普通股每股股利$$

股利保障倍数是一种安全性指标，可以反映净利润减少到什么程度公司仍能按目前水平支付股利。

5.每股净资产与市净率

(1)每股净资产，也称为每股账面价值或每股权益，是期末净资产(即所有者权益)扣除优先股权益后的差额与发行在外的普通股股数的比值。其计算公式为：

$$每股净资产=(年度末所有者权益-优先股权益)\div发行在外的普通股股数$$

其中，优先股权益主要表现为优先股股本，当存在未支付的优先股股利时，还应包括过去累积的未支付的优先股股利额。

例如，武商集团2012年末每股净资产=243 057.29÷50 724.859=4.79(元/股)。

该指标反映发行在外的每股普通股所代表的净资产成本，即账面权益。在投资分析时，只能有限地使用这个指标；因为该指标是用历史成本计量的，既不反映净资产的变现价值，也不反映净资产的产出能力。每股净资产在理论上提供了股票的最低价值。如果公司的股票价格低于净资产的成本，成本又接近变现价值，那么，说明公司已无存在价值，清算是股东最好的选择。正因为如此，所以新建公司不允许股票折价发行。

(2)把每股净资产和每股市价联系起来，可以说明市场对公司资产质量的评价。反映每股市价和每股净资产关系的比率，称为市净率。其计算公式为：

市净率(倍数)=每股市价÷每股净资产

市净率可用于投资分析。每股净资产是股票的账面价值，是用成本计量的；而每股市价是这些资产的现在价值，是证券市场上交易的结果。投资者认为，市价高于账面价值时企业资产的质量好，有发展潜力；反之，则资产质量差，没有发展前景。市价低于每股净资产的股票，就像售价低于成本的商品一样，属于"处理品"。当然，"处理品"也不是没有购买价值，问题在于该公司以后是否有转机，或者购入后经过资产重组能否提高盈利能力。

第四章 财务价值估算

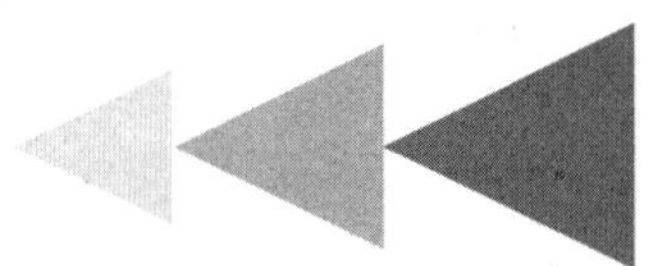

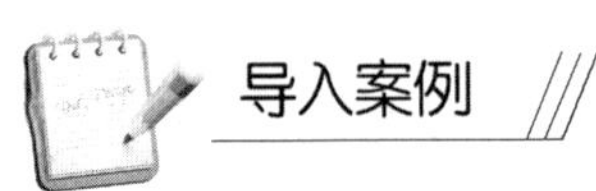

导入案例

你想过有关房产的问题吗？假设某人看中1处房产想用于自住，该房产面积100平方米，售价为10 000元/平方米，准备七成按揭贷款20年。当前，住房公积金贷款利率为：贷款年限为1～5年的，年利率4%；贷款年限为5～30年的，年利率4.5%。按规定有两种还款方式，一种为等额本息还款方式，每月还款额为4 428.55元；另一种为等额本金还款方式，还款额逐月下降，第1个月还款额为5 541.67元，第2个月还款额为5 530.73元，第3个月还款额为5 519.79元……

请思考并讨论以下问题：

1.每期所付贷款的数据是如何计算出来的？

2.如果该房产可以用100万元现金购买，且刚好你手头有这100万元存款；那么，你将考虑哪些因素，做出哪些不同的选择？

3.若将你手头的这100万元存款投资于房产，你可以对其投资的风险价值进行分析吗？

第一节 价值估算概述

财务管理的目标是增加企业的价值。衡量企业的经济活动是否增加了企业价值，必须通过计算与比较才能确定。因此，价值计算是财务管理的基础性问题，几乎涉及全部的财务管理问题。

一、财务管理中的价值

1. 财务管理中价值的含义

什么是价值？马克思曾在《资本论》中对之进行了详尽的分析：价值是一般人类劳动的凝结——但一般是基于交换过程而产生的，因而人们通常将之等同于交换价值。

财务管理中所追求和计算的价值，可称为财务价值，一般是指被交易对象现实或潜在的内在价值(intrinsic value/non use value，NUV)，或经济价值。被交易对象的现实或潜在的内在价值，是指其预期未来所可能导致的现金流量的现时价值。它不是指物品的使用价值；同经济学中的交换价值、会计学中的账面价值及清算价值和市场价值，均存在一定的联系，但也存在一定的区别。财务价值一般具有以下特点。

(1)价值实现的未来性。它是未来预期的现金流量的现实价值。

(2)价值计算结果的折合性。作为现时价值，是对未来的货币额按照一定的利率，进行折合的结果。应该注意的是，其中的"现时"，是指某一相对确定的时点，而不能将其绝对的理解为现在。

(3)价值计算基础——现金流量的估算性。作为未来的现金流量，只能通过估算，来确定其数量；所估算的数量，有可能与未来的实际不相符合。也就是说，财务价值是包含有一定程度的不确定性或风险在内的。

2. 财务价值同账面价值、市场价值和清算价值的区别

(1)资产的账面价值，是指资产负债表上列示的价值。它主要是采用历史成本计量属性，反映资产在取得过程中发生的实际成本，以及期末进行减值测试之后经过调整的净额。由于资产的账面价值不反映预期未来收益，常与其市场价值相去甚远；因此与决策的相关性相对较差。

(2)资产的市场价值，是指一项资产在现时交易市场上的买卖价格。财务价值一般是决策主体对资产价值单方面进行的一种预估，是形成市场定价的基础；而市场价格是买卖双方经过协调产生的，被交易对象在现实市场上的交易价格，二者存在密切联系。一般而言，市场的有效性越强，市场价值与内在价值越趋同。如果一项资产存在市场价格，则可以以其市场价值作为财务价值；但资产价值也可能存在被市场所扭曲，出现低估或高估的情况。

(3)资产的清算价值是指企业清算时一项资产单独拍卖产生的价格。清算价值以非持续经营为假设情景；内在价值以持续经营为假设情景，故两者区别较大。而两者最主要的相似之处是，两者均是以未来现金流入为基础确定。

二、财务价值计算的对象及其影响因素

财务管理中的价值计算，就是采用货币来计量或确定某一现实或潜在的被交易对象，预期在未来可能导致的现金流量的内在价值。对此，有以下几点应该注意。

1. 财务价值计算的对象

财务进行的计算对象，是现实或潜在的被交易对象，主要包括企业的各项资产。它可以以不同的具体形态存在：可能是货币资金；可能是单项的厂房、设备、商誉等实物资产，或无形资产，或两者的组合；也可能是股票、债券、基金等金融资产；还可能是一个项目或工厂，甚至是整个企业。如果将人力资源也纳入资产的范围，则其也可作为价值计算的对象。

资金是资产的价值抽象，也是财务价值计算的最基本对象。

从价值计算的内容来看，财务价值计算包括对资源在企业的全部存续期间内对现金流量的全部影响，具体可以包括：

①因获取及使用该资源所发生的成本，具体表现为现金的流出；

②使用该资源能够获得的经济利益，具体表现为现金的流入；

③现金流入与现金流出的差额，即净现金流量；

④净现金流量的现值——净现值。

2. 影响财务价值大小的因素

由于价值的量一般是用货币数额的多少来表示与衡量，且财务价值具有未来性、折合性与估算性等特点；因此财务价值的大小，除了受未来现金流量数额大小这一基本因素的影响外，还要受到时间与风险两大因素的影响，以及受某些其他因素（如客观环境、工具手段与主观因素等）的影响。其中，时间是影响财务价值最为基本的因素。由于价值具有增值的特性，发生时间不同的等额货币，其价值并不相同；因此在计算与比较价值大小时，必须要通过按照一定利率对发生在不同时间的货币额进行折现，以消除时间因素对价值量的影响。所以，折现率也会影响到财务价值的计算结果。无论是计算哪一类型资产的财务价值，一般都要考虑时间因素对价值的影响；并根据不同情况，适当考虑风险对价值的影响。

三、财务价值计算的意义

价值计算的意义，是确定某一现实或潜在的被交易对象（如某项资产），在某一时点，与之相等同的货币的数额，为财务决策提供依据。

例如，企业需要引进一笔资金，可以计算其价值，并将之与引进与使用的代价进行对比，做出是否引进的财务决策；企业需要出借一笔资金，也可以计算其价值，并将之与借出的收益进行对比，做出是否外借该资金的财务决策。

又如，企业需要购入一项资产（如设备、无形资产、有价证券等），可以计算其价值，并将之与引进资产的代价进行对比，做出是否引进该资产的财务决策；企业需要转让一项资产，也可以计算其价值，并将之与转让资产的收益进行对比，做出是否转让该项资产的财务决策。

再如，企业需要招聘一个人才，或是引进一个人力资源团队，也可以计算其价值，并将之与引进及使用人才的代价进行对比，做出是否引进的财务决策。

同样的，如果所有者要并购或转让一家企业，也可以计算其价值，并据以做出决策。

价值是财务管理中的决策与考评的基本依据，价值计算是财务管理的基本工具，进行财务管理必须首先掌握价值计算的方法与技术。

财务价值的计算方法较多,如折现现金流量法、市场比较法、成本加和法等;其中,折现现金流量法是当前的主流方法。

第二节 时间的财务价值

时间的财务价值常被称为货币,或资金的时间价值,是现代财务管理的基础观念之一,因其非常重要并且涉及所有理财活动,所以有人称之为理财的第一原则。

一、资金时间价值概述

1. 资金时间价值的概念

人们所熟知的一个社会经济现象是:即使在没有风险和通货膨胀的情况下,现在拥有的100元和将来拥有的100元也是不等值的。一般说来,现在的100元比1年后的100元有着更大的价值。资金的时间价值就是指一定量资金在不同时点上价值量的差额,又称为货币的时间价值。理解货币的时间价值时,要注意把握以下四点内容。

(1)资金的时间价值是因为投资产生的。试想,如果将货币闲置不用,是否能带来价值增值?答案显然是不能。只有把货币作为资本投入生产经营运作,其数额才会随着时间的持续而不断增长。因此,将货币进行投资使用,转化为资金,是使得货币产生时间价值的前提条件。资金使用者将资金投入生产过程,经过货币—实物—货币的变换过程,使资金得到增值,形成利润;资金的拥有者通过投出或借出资金,收回资金的本金之余,还额外获取了一定的股利或利息,也使其资金得到增值。由此可见,并不是所有的货币都有时间价值;时间价值是只有被作为资本使用的货币——资金才具有的特征。

(2)资金的时间价值与时间的先后、长短直接相关。资金通过从投放到回收进行循环与周转必然要有时间的耗费。资金需要在完成一次循环后,才能增加一定数额。随着时间的延续,货币总量在循环和周转中,按几何级数增长。因此,时间的先后、长短等因素,是影响资金价值的基本因素,即时间越早、越长,增值越大。当然,资金每周转一次的时间越短,在某一固定的时期内的周转次数相对增多,资金的增值也越快。

(3)货币的时间价值强调的是价值的增量。货币的时间价值反映的是不同时点资金量的差额。这种差额既是资金使用者获得他人资金的使用权而支付的代价,也是资金所有者有偿让渡资金的使用权而获得的补偿。

(4)货币的时间价值的计算,通常是在假定没有风险和通货膨胀的基础上进行的。资金拥有者让渡资金使用权时,都会承担一定的风险。由于该风险是由于资金使用者在运营资金过程中产生的经营风险,因此资金拥有者还产生了额外的风险报酬的要求。此时,货币的时间价值应当是扣除全部风险报酬后的收益。

在目前的信用货币制度下，因为信用货币有增加的趋势，所以货币贬值、通货膨胀成为一种普遍现象。资金所有者也会要求资金使用者支付额外的代价对通货膨胀造成的损失进行补偿。此时，货币的时间价值还应当是扣除通货膨胀贴水后的收益。

2. 资金时间价值的表现形式

货币的时间价值有相对数和绝对数两种表现形式，绝对数是指货币的时间价值额，是资金在生产经营过程中带来的增值额；相对数是指货币的时间价值率，是资金在生产经营过程中伴随着时间的推移而带来的扣除风险报酬率和通货膨胀补偿后的平均报酬率。在实际运用中，这两种表现形式并不进行严格的区分，但由于货币的时间价值的绝对数要受到资金数量多少的影响，因此货币的时间价值通常是用相对数来表示。

由于在现实社会经济生活中，要扣除风险报酬率和通货膨胀补偿来确定货币的时间价值非常困难，因此，在实践中通常采用无通货膨胀补偿时的一年期政府债券利率来近似的表示资金的时间价值。所以，在实际工作中，银行存款利率、贷款利率、各种债券利率、股票的股利率等都可以看作是投资报酬率或市场利率，但它们与货币的时间价值都是有区别的。

对于各种市场利率与时间价值之间的关系，可用公式一般表示为

市场利率＝通货膨胀率＋时间价值(率)＋风险报酬率

由于资金在不同时点上具有不同的价值，因此，不同时点上的资金就不能直接比较，必须换算到相同的时点上才能比较。所以，必须要掌握资金时间价值的计算方法。

二、资金时间价值的一般计算方法

资金的时间价值一般是采用复利计息的方法，将预计发生在不同时间的现金流量(货币额)，折合成同一时点的货币额，即计算复利现值或复利终值的方法进行。

1. 现金流量及现金流量图

(1)现金流量

现金流量是资金在一定时点流入或流出的数量，具有数量性、时间性和方向性三个基本特征。

①现金流量的时间性特征对时间价值计算的要求。由于资金具有随时间的延续而增值的特性，因此需要将不同时点的资金换算到相同的时点，再进行比较。按照换算时点的不同，可分为终值计算和现值计算。

终值(future value)，通常用符号 $F(V)$[①]表示，是指对现在发生的一定现金流量(货币额)，按照一定的利率所折算成的，在未来某一时点的货币数额。在计算利息时，终值与存款本金在未来某一时点的本金与利息之和相类似。

现值(present value)，通常用符号 $P(V)$[②]表示，是指对将在未来某一时点发生的现金流量，按照一定的利率，所折算成现在的货币数额。在计算利息时，现值与本金类似。

① 除 F 外，终值还有 FV、S、$FVin$ 等一些不同表述方法。

② 除 P 外，终值还有 PV、$PVin$ 等一些不同表述方法。

显然，时间价值的计算与利息计算类似。

因此，对于现值、终值与时间价值之间的关系，可用公式一般表示为：

终值(F)＝时间价值(I：利息)＋现值(P)

②现金流量的方向性特征对时间价值计算的要求。资金的流动既可以流入企业，也可以流出企业。流进财务管理主体(企业)的资金，称为现金流入；流出的资金，则称为现金流出。从价值量上看，同一时点的现金流入与现金流出可以相互抵减，其抵减后的差额是现金流量的净额，称为净现金流量。对于现金流入、现金流出与净现金流量之间的关系，可用公式一般表示为：

净现金流量＝现金流入－现金流出

计算时间价值，必须要明确每一笔资金流动的方向。

(2)现金流量图。现金流量图是一种在以时间为横轴、金额为纵轴的坐标系中，所绘制的表示现金流量的时间、方向与金额的图形，一般如图 4-1 所示。它是经济分析的有效工具。

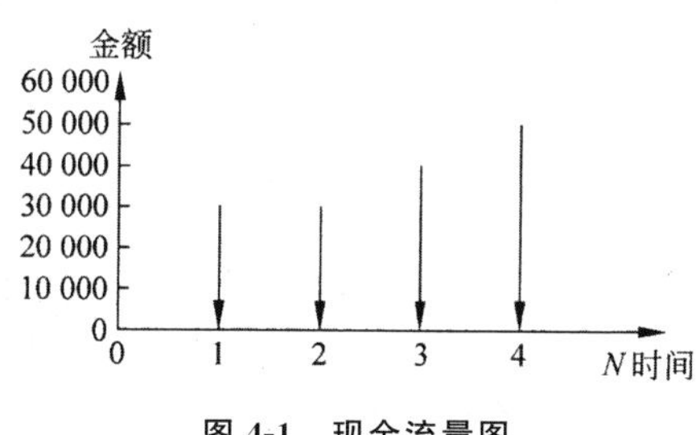

图 4-1　现金流量图

在现金流量图中，横轴为时间轴，表示现金流入或现金流出的时间点。因此，通常要将横轴分为若干等份，每一等份表示一个确定的时间单位，可以是年、半年、季、月或天；时间的连续性决定了坐标轴上的每一个时点既表示上一期的期末，也表示下一期的期初。

纵轴为金额；箭头线条的长短表示资金的大小，通常与金额大小成正比例；箭头方向代表现金的流向，通常指向横轴的箭头代表现金流入，与横轴反向的箭头代表现金流出①。

在图 4-1 中，在时点 0(现在)有 60 000 单位现金流出，在时点 1 和时点 2 各有 30 000 单位现金流入，在时点 3 有 40 000 单位现金流入，在时点 4 有 50 000 单位现金流入。

在现金流量图中，其决策或分析的时间为“现在”以“0”表示；除非特殊说明，$t=0$ 是决策或分析的时点，各期类推，则 $t=1$ 就是第 1 个时间期间的期末，也是第 2 个时间期间的期初(或开始)；现金流量均发生在期末。对投资者而言，现金流入为正值，用“＋”表示；现金流出为负值，用“－”表示。

2. 单利与复利

对于时间价值计算中的利息(I)，有单利与复利两种不同计算方法。

(1)单利是在连续计息时，只计算本金利息，对前期所生利息，不加入本金计算后期利息

① 对于现金流出，也可以同现金流入区别开来单独表示。此时，横轴上方表示流入；下方表示流出。

的一种计息方法。计算公式为：

$$利息(I)=本金(P)\times 利率(i)\times 计息期数(n)$$

$$I=P\times i\times n$$

(2)复利是在连续计息时，不仅本金要计算利息，而且对前期所生利息，也要加入本金计算后期利息的一种计息方法，通常称为“利滚利”。计算公式为：

$$I=P(1+i)^n-P=P[(1+i)^n-1]$$

式中：I——利息；

P——本金或现值；

i——利率；

n——计息期数。

公式中的 $P(1+i)^n$ 为复利计息时的本利和。

资金时间价值的计算，也就是资金价值的复利现值或复利终值的计算。但具体的计算方法与过程，又因资金流动的方式不同而不同；其中，最为基本的是对一次性收付款项的终值和现值的计算。

三、一次性收付资金的终值与现值计算

一次性收付资金是指一定数额的资金在某一特定时点上一次性流入或流出，不存在连续与重复性的现金流量。例如，现在将一笔 10 000 元的现金存入银行，5 年后一次性取出本利和。对于一次性收付资金，可直接通过计算复利终值或现值的公式计算其时间价值。

1. 一次性资金复利终值的计算

【例 4-1】 将 1 000 元现金存入银行，年利率为 5%，复利计息。要求计算第 1、第 2、第 n 年各年的利息，及该项资金在各年年末的复利终值。由于 $P=1\ 000$，$i=5\%$，根据 $F=P\times(1+i)^n$；$I=F-P$ 的基本公式，相关计算如表 4-1 所示。

表 4-1 复利终值计算表 单位：元

期数(年)	年初本金	年末本利和(复利终值 F)	全部利息	当年利息
1	$P(1\ 000)$	$F=1\ 000\times(1+5\%)^1=1\ 050$	$50=1\ 050-1\ 000$	$50=1\ 050-1\ 000$
2	$1\ 000\times(1+i)$	$F=1\ 000\times(1+5\%)^2=1\ 102.5$	$102.5=1\ 102.5-1\ 000$	$52.5=1\ 102.5-1\ 050$
…	…	…	…	…
n	$P\times(1+i)^{n-1}$	$P\times(1+i)^n$	$P\times[(1+i)^n-1]$	$P\times[(1+i)^n-(1+i)^{n-1}]$

在复利的终值计算公式中，“$(1+i)^n$”为在期数为 n，利率为 i 的条件 1 元货币的复利终值，被称复利终值系数，常用符号$(F/P,i,n)$表示。

在计息期数多的情况下，复利终值的手工计算极为麻烦。为了方便计算，可以通过查找预先编制的复利终值系数表，直接从表上查出相应的终值系数，再乘以本金 P 的金额，计算复利终值。在复利终值系数表中，第 1 行为利率 i；第 1 列为时点 n；相关行、列交叉处就是所需的复利终值系数。如上例中第 2 年年末的复利终值可查表获得相关系数后(如表 4-2 所

示)，计算如下：

$$F_2 = 1\ 000 \times (F/P, 5\%, 2) = 1\ 000 \times 1.102\ 5 = 1\ 102.5(\text{元})$$

表 4-2　复利终值系数表

时间 \ 利息率(%)	1	2	3	4	5	…i	
1	1.010 0	1.020 0	1.030 0	1.040 0	1.050 0	…	$(1+i)\times1$
2	1.020 1	1.040 4	1.060 9	1.081 6	1.102 5	…	$(1+i)\times2$
3	1.030 3	1.061 2	1.092 7	1.124 9	1.157 6	…	$(1+i)\times3$
…	…	…	…	…	…	…	…
n	$(1+1\%)n$	$(1+2\%)n$	$(1+3\%)n$	$(1+4\%)n$	$(1+5\%)n$	…	$(1+i)n$

2. 一次性资金复利现值的计算

复利现值是复利终值的逆运算。根据复利终值公式进行变换，即可得到复利现值公式，为：

$$P = \frac{F_n}{(1+i)^n} = F\frac{1}{(1+i)^n}$$

在复利的现值计算公式中，$1/(1+i)^n$ 为 1 元的复利现值，被称为复利现值系数，常用符号$(P/F,i,n)$表示。

同样，在计息期数多的情况下，复利现值的手工计算更为麻烦。为了方便计算，也可以查找现成的复利现值系数表，从表上查出相应的复利现值系数，简化计算。

查表方法与上例类似。

【例 4-2】　若银行存款利率为 5%，某人希望在 8 年后可从银行取得资金 1 000 元。要求计算其现在应该存入银行的货币额。

解：

$$P = \frac{1\ 000}{(1+5\%)^8} = 677(\text{元})$$

四、年金的终值和现值

在实际生活或工作中，经常会碰到一定时期内发生多笔等额现金收支的现象，如分期偿还购房贷款、定期支付房屋的租金、定期支付各种保险费、定期收取股息、红利、退休金等。这就需要运用年金概念进行多笔现金收支的时间价值的计算。

年金(annuity)是指一定时期内，每隔相同的时间，收入或支出相同金额的系列款项，通常用符号 A 表示。年金具有等额性、连续性和同向性的特点。等额性即每期收、付款项的金额相等；连续性是指在一定时间内，间隔相同时间就要发生一次收支业务，形成资金系列，中间不得中断；同向性即序列中每笔资金的收付的方向相同。

年金根据每次收付发生的时点不同，可分为普通年金、预付年金、递延年金和永续年金四种。

1. 普通年金

普通年金是指在每期的期末，间隔相等时间，收入或支出相等金额的系列款项。每一间隔期，有期初和期末两个时点，由于普通年金是在期末这个时点上发生收付，故又称后付年金。

(1)普通年金终值。普通年金的终值是指每期期末收入或支出的相等款项，按复利计算，在最后一期所得的本利和。其计算过程如图 4-2 所示。

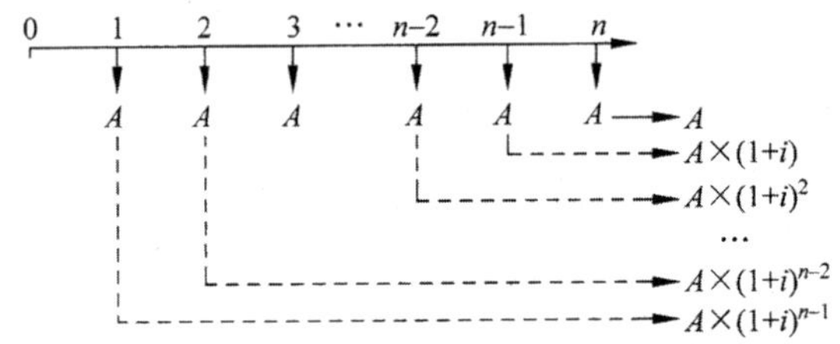

图 4-2 普通年金的终值

由图 4-2 可以得到普通年金终值的计算公式为：

$$F = A + A\times(1+i) + A\times(1+i)^2 + \cdots + A\times(1+i)^{n-2} + A\times(1+i)^{n-1}$$

由等比数列求和公式，整理得：

$$F = A\times\frac{(1+i)^n - 1}{i}$$

在普通年金终值的计算公式中，$\frac{(1+i)^n-1}{i}$被称为年金终值系数，或 1 元的年金终值，可用符号$(F/A,i,n)$表示。普通年金终值的计算公式可写为：

$$F=A\times(F/A,i,n)$$

【例 4-3】 每年年末将 1 000 元存入银行，若利率为 5%，复利计息。要求计算其第 8 年年末可以从银行提取多少元钱？

解：

$$F_8=1\ 000\times\frac{(1+5\%)^8-1}{5\%}=9\ 549(\text{元})$$

为了方便计算，可以编制年金终值系数表，需要时直接从表上查出相应的年金终值系数。如上例中，可以查出$(F/A,5\%,8)=9.5491$。

(2)偿债基金

计算年金终值是在已知各期年金的情况下进行的；反过来，也可以在已知年金终值的情况下计算各期的年金，即年金终值的逆运算。这种为使年金终值达到既定金额而在每期应支付的年金数额称为偿债基金。

根据普通年金终值的计算公式，变换可得偿债基金的计算公式为：

$$A = F\times\frac{i}{(1+i)^n - 1}$$

$\frac{i}{(1+i)^n-1}$被称为偿债基金系数，可用符号$(A/F,i,n)$表示。可以看出它与普通年金终值系数互为倒数。

【例 4-4】 某企业拟在 8 年后需偿还债务共计 1 000 万元。若利率为 5%，采用每年等额还债方式，要求计算每年应归还的债务额。

解：

$$A=1\ 000\times\frac{5\%}{(1+5\%)^8-1}=105(\text{万元})$$

(3)普通年金现值

普通年金的现值是指一定时期内每期期末等额收支款项的复利现值之和，实际上就是指为了在每期期末取得或支出相等金额的款项，现在需要一次投入或借入的金额。其计算过程如图 4-3 所示。

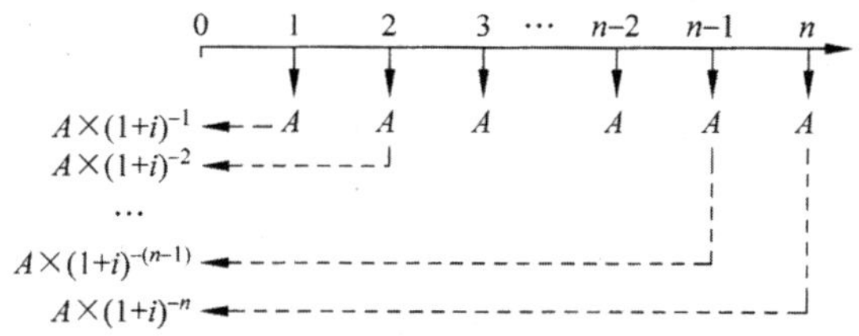

图 4-3　普通年金的现值

由图 4-3 可以得到普通年金现值的计算公式为：

$$P=A\times(1+i)^{-1}+A\times(1+i)^{-2}+\cdots+A\times(1+i)^{-(n-1)}+A\times(1+i)^{-n}$$

由等比数列求和公式，整理得：

$$P=A\times\frac{1-(1+i)^{-n}}{i}$$

在普通年金终值的计算公式中，$\frac{1-(1+i)^{-n}}{i}$被称为年金现值系数，或 1 元的年金现值，可用符号$(P/A,i,n)$表示。普通年金终值的计算公式可写为：

$$P=A\times(P/A,i,n)$$

【例 4-5】 若利率为 5%，要求从现在起 8 年内，每年年末从银行提取现金 1 000 元，计算现在应往银行存入多少钱？

解：

$$P=1\ 000\times\frac{1-(1+5\%)^{-8}}{5\%}=6\ 463(\text{元})$$

为了方便计算，可以编制年金现值系数表，需要时直接从表上查出相应的年金现值系数。如上例中，可以查出$(P/A,5\%,8)=6.463\ 2$。

(4)年投资回收额

计算年金现值是在已知各期的年金的情况下进行的；反过来，也可以在已知年金现值的情况下计算各期的年金，即年金现值的逆运算。这种在给定的年限内等额回收或清偿初始投入的资本或所欠债务称为年投资回收额。

根据普通年金现值的计算公式，变换可得年投资回收额的计算公式为：

$$A = P \times \frac{i}{1-(1+i)^{-n}}$$

$\frac{i}{1-(1+i)^{-n}}$被称为投资回收系数，可用符号$(A/P,i,n)$表示。可以看出它与普通年金现值系数互为倒数。

【例 4-6】 某企业现在以 1 000 万元的价格购入一条生产线，假设该生产线的寿命周期为 8 年。若利率为 5%，要求计算该生产线每年至少应该收回多少收益才是有利的？

解：

$$A = 1\ 000 \times \frac{5\%}{1-(1+5\%)^{-8}} = 155(\text{万元})$$

2. 预付年金

预付年金是指每期收入或支出相等金额的款项是发生在每期的期初，而不是期末，也称先付年金或即付年金。预付年金与普通年金的区别仅在于收付款的时点不同，而收付款的期数是相同的。

由于普通年金是最常用的，并且年金终值和现值的系数表是按普通年金编制的，因此，为了便于计算和查表，必须弄清预付年金终值系数、预付年金现值系数与普通年金终值系数、普通年金现值系数之间的关系。

(1)预付年金的终值

预付年金终值的计算，如图 4-4 所示。从图中可以得到预付年金终值的计算公式为：

$$F = A \times (1+i) + A \times (1+i)^2 + \cdots + A \times (1+i)^{n-2} + A \times (1+i)^{n-1} + A \times (1+i)^n$$

根据等比数列的求和公式，整理可得：

$$F = A \times \left[\frac{(1+i)^{n+1}-1}{i} - 1\right]$$

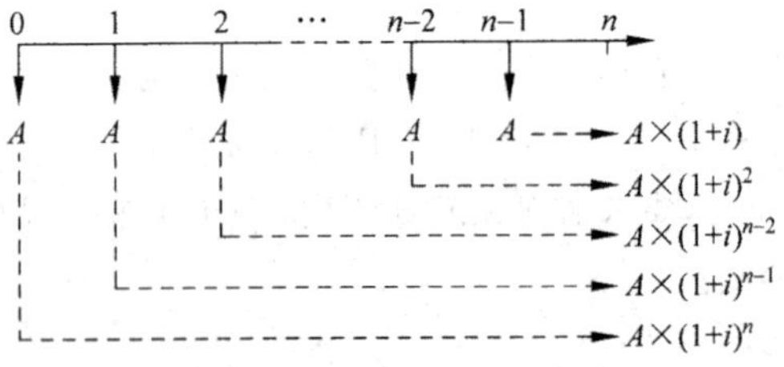

图 4-4 预付年金的终值

【例 4-7】 从现在起 8 年内，每年年初往银行存入 1 000 元现金。若利率为 5%，要求计算第 8 年年末可以从银行里提取多少钱？

解：

$$F_8 = 1\ 000 \times \left[\frac{(1+5\%)^{8+1}-1}{5\%} - 1\right] = 10\ 027(\text{元})$$

在预付年金终值的计算公式中，$\left[\frac{(1+i)^{n+1}-1}{i}-1\right]$被称为预付年金终值系数或1元的预付年金终值。与普通年金的终值系数相比，其期数增加了1，系数减少了1，用符号[(F/A，i，n+1)－1]表示。因此，预付年金终值的计算公式可以写作：

$$F=A\times[(F/A,i,n+1)-1]$$

为了方便计算，一般可以先从年金终值系数表上查出(n+1)期的值，再将其减去1，即可得到相应的预付年金终值系数。如例4-7中，通过查表，可知(F/A，5%，9)＝11.027，则[(F/A，5%，8+1)－1]＝10.027。

预付年金现值的计算，如图4-5所示。从图中可以得到预付年金现值的计算公式为：

$$P=A+A\times(1+i)^{-1}+A\times(1+i)^{-2}+\cdots+A\times(1+i)^{-(n-2)}+A\times(1+i)^{-(n-1)}$$

根据等比数列的求和公式，整理可得

$$P=A\times\left[\frac{1-(1+i)^{-(n-1)}}{i}+1\right]$$

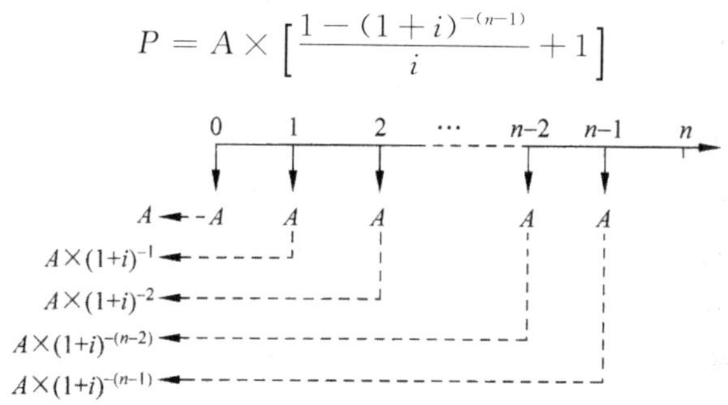

图4-5　预付年金的现值

【例4-8】 从现在起8年内，每年年初从银行提取现金1 000元。若利率为5%，要求计算现在应该往银行里存入多少钱？

解：

$$P=1\ 000\times\left[\frac{1-(1+5\%)^{-(8-1)}}{5\%}+1\right]=6\ 786(\text{元})$$

在预付年金现值的计算公式中，$\left[\frac{1-(1+i)^{-(n-1)}}{i}+1\right]$被称为预付年金现值系数或1元的预付年金现值。与普通年金的现值系数相比，其期数减少了1，系数增加了1，用符号[(P/A，i，n－1)＋1]表示。因此，预付年金现值的计算公式可以写作：

$$F=A\times[(P/A,i,n-1)+1]$$

为了方便计算，一般可以先从年金现值系数表上查出(n－1)期的值，再将其加上1，即可得到相应的预付年金现值系数。如例4-8中，通过查表，可以查出(P/A，5%，7)＝5.786 4，则[(F/A，5%，8－1)＋1]＝6.786 4。

3.递延年金

递延年金是指在每一期间发生等额的现金流量，但第一次发生现金流量并不是在第一期，而是延后到后面某期才开始。其现金流量的收付形式如图4-6所示。

(1)递延年金的终值。在图4-6中，先不看递延期，年金一共支付了n期；只要将这n期

年金折算到期末,即可得到递延年金终值。因此,递延年金终值的计算方法和普通年金终值的计算完全相同,其计算公式为:

$$F = A \times \frac{(1+i)^n - 1}{i}$$

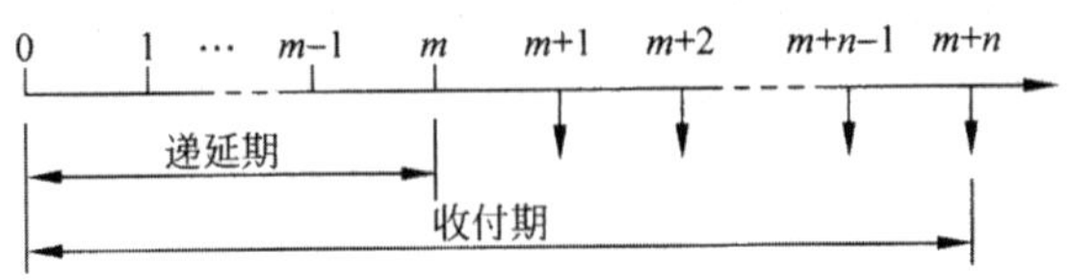

图 4-6　递延年金的现金流量图

【例 4-9】　现在购买保险,从第 3 年年末开始收取回报,预计每年年末收取回报额为 1 000 元,利率为 5%,要求计算第 8 年年末的递延年金终值。

解:分析得出,收付期总共 8 年,递延期为 2 年。故:

$$F=1\ 000\times\frac{(1+5\%)^{8-2}-1}{5\%}=6\ 802(\text{元})$$

(2)递延年金的现值。递延年金的现值计算方法有三种。

①不考虑递延期,把递延年金视为决策点在第 m 时点的 n 期普通年金,求出年金在递延期期末 m 点的现值,再将 m 点的现值运用一次收付款项的原理折现到第 0 时点,此即递延年金的现值。其计算公式为:

$$P=A\times(P/A,i,n)\times(P/F,i,m)$$

【例 4-10】　某企业现在投资建设一条生产线,预计从第 4 年至第 11 年的 8 年内,每年末收益 1 000 万元。若利率为 5%,要求计算这 8 年的年金折现到现在的价值。

$$P=1\ 000\times(P/A,5\%,8)\times(P/F,5\%,3)=5\ 583(\text{万元})$$

②假设递延期内也进行支付,先求出$(m+n)$期的年金现值,然后扣除实际并未支付的递延期(m)的年金现值,即可得出递延年金的现值。其计算公式为:

解:

$$P=A\times[P/A,i,(m+n)]-A\times(P/A,i,m)$$

在例 4-10 中,也可采取第二种方法计算。

$$P=1\ 000\times(P/A,5\%,11)-1\ 000\times(P/A,5\%,3)=5\ 583(\text{万元})$$

③先算出递延年金的终值,再将终值折算到第 0 时点,即可求出递延年金的现值。其计算公式为:

$$P=A\times(F/A,i,n)\times[P/F,i,(m+n)]$$

在例 4-10 中,也可采取第三种方法计算。

$$P=1\ 000\times(F/A,5\%,8)\times(P/F,5\%,11)=5\ 583(\text{万元})$$

4. 永续年金

如果每期产生的等额现金流量是无期限的,则该年金称为永续年金,也称为永久年金。例如,由于优先股有固定的股利而又无到期日,因此优先股股利可以看作是永续年金。

永续年金是普通年金的一种特殊形式,区别在于:普通年金有期限;而永续年金的期限趋于无限，没有终止时间。因而永续年金没有终值，只有现值。永续年金的现值计算公式与普通年金的相同，即：

$$P = A \times \frac{1-(1+i)^{-n}}{i}$$

当 $n \to \infty$ 时，$(1+i)^{-n} \to 0$，故上式可写成：

$$P = A \times \frac{1}{i}$$

【例 4-11】 某企业拟建立一项永久性的奖学金，每年计划颁发 10 000 元奖金。若利率为 10%，现在应存入多少钱？

解：

$$P = 10\ 000 \times \frac{1}{10\%} = 100\ 000(\text{元})$$

五、货币的时间价值计算中的几个特殊问题

1. 不等额现金流量终值与现值的计算

前面讨论的现金流量是在一个时点发生的或在不同时点多次以相同金额发生时的相关的终值和现值。但在经济管理中，更多的情况是每次收入或付出的款项并不相等，或者与年金混合。在此主要就这种多期现金流量不等额时的终值和现值的计算进行讨论。

(1)多期现金流量的终值

这种情况的现金流量，如图 4-7 所示。

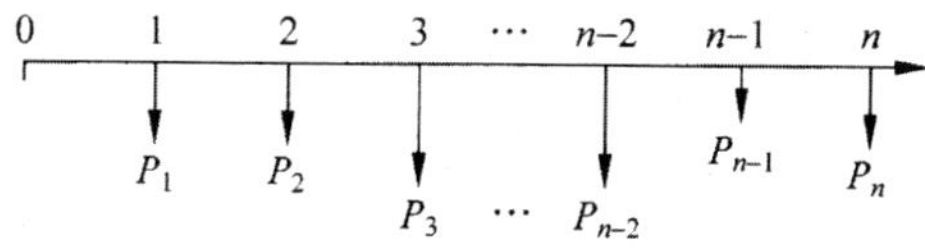

图 4-7 多期现金流量图

其具体计算过程应是：先将各期现金流量逐期计算出终值，然后汇总求和，即可得到多期现金流量的终值。计算公式为：

$$\begin{aligned} F &= F_1 + F_2 + F_3 + \cdots + F_{n-1} + F_n \\ &= P_1 \times (1+i)^{n-1} + P_2 \times (1+i)^{n-2} + \cdots + P_{n-1} \times (1+i) + P_n \end{aligned}$$

【例 4-12】 某企业的一条新生产线预计在未来的 1～4 年可能发生的净现金流入如表 4-3 所示。若利率为 5%，要求计算各年现金流入到第 4 年的终值之和。

表 4-3 某不等额现金流量

年(n)	1	2	3	4
现金流量(万元)	2 000	3 000	5 000	8 000
$F/P,5\%,n$	1.050 0	1.102 5	1.157 6	1.215 5

解：

$$F=2\ 000\times(1+5\%)^3+3\ 000\times(1+5\%)^2+5\ 000\times(1+5\%)+8\ 000$$
$$=2\ 000\times1.157\ 6+3\ 000\times1.102\ 5+5\ 000\times1.050\ 0+8\ 000$$
$$=18\ 873(万元)$$

【例 4-13】 某企业的一条新生产线预计在未来的 1～4 年可能发生的净现金流入如表 4-4 所示。若利率为 5%，要求计算各年现金流入到第 4 年的终值之和。

表 4-4　某不等额现金流量

年(n)	1	2	3	4
现金流量(万元)	2 000	5 000	5 000	5 000

解：由于第 2～4 年的年净现金流入量相同，可以用普通年金终值方式计算；第 1 年的年净现金流入量与其他年份不同，可以采用复利终值方式计算；最后，将两者加和汇总即可得到终值之和。

$$F=2\ 000\times(F/P,5\%,3)+5\ 000\times(F/A,5\%,3)$$
$$=2\ 000\times1.157\ 6+5\ 000\times3.152\ 5$$
$$=18\ 077.7(万元)$$

(2)多期现金流量的现值。这种情况的现金流量，如图 4-8 所示。

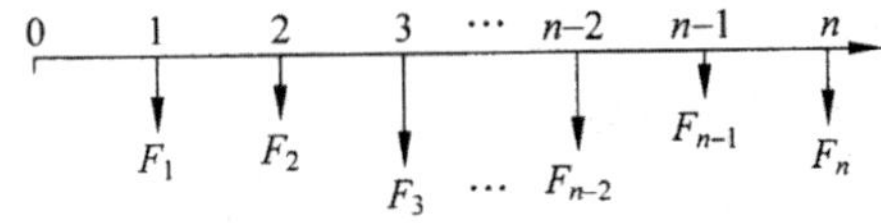

图 4-8　多期现金流量图

其具体计算过程应是：先将各期现金流量逐期贴现计算出现值，然后汇总求和，即可得到多期现金流量的现值。计算公式为

$$P=P_1+P_2+P_3+\cdots+P_n-1+P_n$$
$$=F_1\times(1+i)^{-1}+F_2\times(1+i)^{-2}+\cdots+F_{n-1}\times(1+i)^{-(n-1)}+F_n\times(1+i)^{-n}$$

【例 4-14】 某企业的一条新生产线预计在未来的 1～4 年可能发生的净现金流入如表 4-5 所示。若利率为 5%，要求计算各年现金流入折合到现在的价值之和。

图 4-5　某不等额现金流量

年(n)	1	2	3	4
现金流量(万元)	2 000	3 000	5 000	8 000
$P/F,5\%,n$	0.952 4	0.907 0	0.863 8	0.822 7

解：

$$P=2\ 000\times(1+5\%)^{-1}+3\ 000\times(1+5\%)^{-2}+5\ 000\times(1+5\%)^{-3}+8\ 000\times(1+5\%)^{-4}$$
$$=2\ 000\times0.952\ 4+3\ 000\times0.907\ 0+5\ 000\times0.863\ 8+8\ 000\times0.822\ 7$$

$=15\ 527$(万元)

【例 4-15】 某企业的一条新生产线预计在未来的 1～4 年可能发生的净现金流入如表 4-6 所示。若利率为 5%，要求计算各年现金流入折合到现在的价值之和。

表 4-6　某不等额现金流量

年(n)	1	2	3	4
现金流量(万元)	2 000	5 000	5 000	5 000

解：由于第 2～4 年的年净现金流入量相同，可以用递延年金现值方式计算；第 1 年的年净现金流入量与其他年份不同，可以采用复利现值方式计算；最后，将两者之和汇总即可得到现值之和。

$$P=2\ 000\times(P/F,5\%,1)+5\ 000\times(P/A,5\%,3)\times(P/F,5\%,1)$$
$$=2\ 000\times0.952\ 4+5\ 000\times2.723\ 2\times0.952\ 4$$
$$=14\ 872.7(\text{万元})$$

2. 计息期短于 1 年的实际利率的计算

在前面计算终值和现值中涉及的利率(或贴现率)一般都是以年为基础确定的，即利率为年利率。但是，计息期不一定总是以年为基础，有些时候也会遇到计息期短于 1 年的情况。例如，债券利息一般是每半年支付一次、股利有时候是每季支付一次，这就出现了以半年、1 季度、1 个月甚至以天为期间的计息期。此时，给出的年利率只是一种名义利率。

若一年内要多次计息，则前几次计算出的利息在后几次计息时就要作为本金再计息，这样多次计算的利息之和显然会比按年利率用初始本金一次计息计算出的利息要高；如此算出的利息所对应的利率为实际利率。一般说来，在一年内多次复利计息的情况下，实际利率是以本金为现值，以本金和实际利息之和为终值，以年为计息期，利用复利终值计算公式倒算出的利率。

名义利率与实际利率之间存在的一定的联系，可以进行相互换算。假设 i 为名义利率，m 为每年计息次数，r 为实际利率，则换算过程如下：

$$r=\frac{F_1-P}{P}$$
$$=\frac{P\times\left(1+\frac{i}{m}\right)^m-P}{P}$$
$$=\left(1+\frac{i}{m}\right)^m-1$$

【例 4-16】 购入面值为 1 000 元的企业债券，利率为 5%，期限为 8 年，每季度复利计息一次。要求计算债券的实际利率为多少？到期后债券的终值是多少？

解：

每季度利率=5%÷4=1.25%

8 年内复利的次数=8×4=32(次)

$$实际利率=(1+1.25\%)^4-1=5.094。5\%$$

$$F=1\ 000\times(F/P,1.25\%,32)=1\ 488(元)$$

【例 4-17】 李华拟在第 5 年年底获得 10 000 元的投资收益，假设投资报酬率为 12%。要求计算：(1)每年复利计息一次，现在需要投入多少钱？(2)每半年复利计息一次，现在需要投入多少钱？

解：(1)若每年复利计息一次，则：

$$P=10\ 000\times(P/F,12\%,5)=5\ 674(元)$$

(2)若每半年复利计息一次，则：

$$每半年利率=12\%\div 2=6\%$$

$$5\ 年内复利的次数=5\times 2=10(次)$$

$$P=10\ 000\times(P/F,6\%,10)=5\ 584(元)$$

3. 插值法的应用

前面计算现值和终值时，假定利率或期数都是给定的。但在实际的财务管理中，经常会遇到已知计息期数、终值和现值，求贴现率的问题；或者是已知贴现率、终值和现值，求计息期数的问题。此时，一般可以采用插值法进行计算。

财务管理中所用的插值法，一般是线性插值法，也称线性内插法，它是假设三点在一条直线上，按照数学上两点式的有关公式，即直线上任意两点间的横坐标距离之比应等于纵坐标距离之比，求得其他未知数的近似计算方法。一般来说，求贴现率可以分为两步：第一步求出换算系数；第二步根据换算系数和有关系数表求贴现率或计息期数。

【例 4-18】 某公司向银行借入 250 000 元，借款期限为 9 年。若每年还本付息额为 5 000元，则该笔借款的实际利率为多少？

解：

$$(P/A,i\%,9)=250\ 000\div 5\ 000=5$$

查年金现值系数表可知，当利率为 12%时，年金现值系数为 5.328 2；当利率为 14%时，年金现值系数为 4.946 4。所以，利率应为 12%～14%。而在期数一定的情况下，利率增大，年金现金值系数应减小。假设实际利率为 x，则用插值计算过程，如图 4-9 所示。

利率			年金现值系数		
12%	} ?	} 2%	5.328 2	} 0.328 2	} 0.381 8
x			5		
14%			4.946 4		

图 4-9 插值法的应用

由此可得：

$$\frac{x-12\%}{14\%-12\%}=\frac{5-5.328\ 2}{4.946\ 4-5.328\ 2}$$

$$x=13.72\%$$

第三节　风险的财务价值

货币的时间价值反映的是在无风险的情况下，资金提供者所要求的收益率。但公司的财务决策，经常是在有风险和不确定性的情况下进行的。尽管资金提供者都讨厌风险，并力求回避风险；但风险是难以回避的。如果无法回避，就要求提高收益率，以对所承担的风险进行补偿。我们在本节中讨论如何合理估算风险价值的问题。

一、风险的概念与种类

1. 风险的概念

在日常用语中，风险一般是指发生损失或失败的可能性。而财务管理中的风险和报酬密切相关，既包含失败，也包含成功。因此，在财务管理中，风险是指一定条件下、一定时期内，某一项行动具有多种可能但结果不确定。一般来说，理解风险的概念，应从以下三个特性着手。

(1)风险的大小，由事件本身决定，具有客观性。风险是客观的、普遍的，它广泛存在于企业的各种财务活动中。例如，在证券市场上，投资风险的大小是由所购买的证券种类、期限的长短以及购买时间来决定的，但是是否愿意冒风险，则是由投资者的主观意愿决定的。

(2)风险的大小，会随着时间的推移而变化。风险是一定时期内的风险，随着时间的推移以及使用寿命的终结，其结果将完全确定下来，因此，风险总是针对特定时期而言的。例如，一项使用期为 3 年的投资项目，在投资初期的时候，并不能确定 3 年内的收益到底会达到多少，此时风险最大；随着时间推移到项目终结，此时只需对该投资项目 3 年来的运营成果进行总结，无不确定性可言，此时毫无风险。

(3)风险和不确定性严格来说，是有区别的。风险可以视为预期结果的不确定性，但它与不确定性是有区别的。通常，风险是指事前可以知道所有可能的情况，以及每种情况发生的概率，只是无法确定最终结果是什么；而不确定性是指事前无法预测所有可能的情况，或者可以预测所有可能的情况，但不知道每种情况发生的概率。例如，企业在研发某项先进技术时，事前只知道研发成功和不成功两种结果，但每种结果的概率却不知道。在财务管理的实务中，对两者不作严格区分。讲到风险，可能是指一般意义上的风险，也可能是指不确定性问题。

2. 风险的种类

从不同的角度，可以将风险划分为不同的类别。

(1)从影响范围来看，风险可以分为市场风险和公司特有风险。

①市场风险是指影响所有企业的风险。它是由企业的外部因素引起的，企业无法控制、无法分散，涉及所有的投资对象，又称系统风险或不可分散风险，如战争、自然灾害、通货膨

胀、经济周期的变化、利率的变化及其他宏观经济政策的调整。

②公司特有风险是指个别企业的特有事件造成的风险。它是非预期的、随机发生的，只影响某个或某几个公司，不会对整个市场造成重大影响，可以分散，又称为非系统风险或可分散风险，如新产品的研发失败、产品出现质量问题、公司的工人罢工、客户流失、诉讼失败等。

(2)从形成原因来看，风险可以分为经营风险和财务风险。

①经营风险是指由于企业生产经营条件的变化对企业目标带来的不确定性。这些条件变化的原因既可能来自于企业内部，如产品生产方向不对路、生产组织不合理、销售决策失误等；也可能来自于企业外部，如原材料市场供求的变化、竞争对手增加、顾客购买力发生变化等。

②财务风险是指由于企业举债而给财务成果带来的不确定性，又称筹资风险。企业举债，虽然可以解决企业资金短缺的困难、提高自有资金的盈利能力；但是，也改变了企业的自有资金利润率，且须还本付息，利息额是通过借入资金所获得的利润去偿还的。由于无法确定借入资金所获得的利润是否大于利息额，因此，借款存在风险。

3. 风险价值

企业的财务活动和经营管理活动总是在有风险的状态下进行的，投资者试图通过冒风险，获得更多的收益。这部分投资者因冒风险进行投资而获得的超过时间价值的额外收益，被称为风险价值，也称为风险报酬。它的表现形式既可以是绝对数，即风险报酬额；也可以是相对数，即风险报酬率。

如果不考虑通货膨胀，投资者冒着风险进行投资所希望得到的投资报酬率是无风险报酬率与风险报酬率之和。其中，无风险报酬率就是货币的时间价值，是投资者投资某一项目能够肯定得到的报酬，具有预期报酬的确定性，并且与投资时间的长短有关，通常可用政府债券的利率表示；风险报酬是超出的额外报酬，具有预期报酬的不确定性。一般而言，投资者冒的风险越大，要求的报酬越高，故风险报酬与风险程度的大小有关。

综上所述，预期投资报酬率的计算公式为：

$$预期投资报酬率=无风险报酬率+风险报酬率$$

其构成如图 4-10 所示。

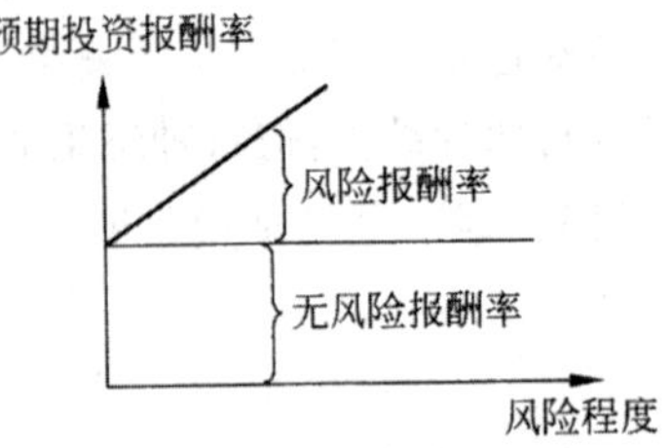

图 4-10 预期投资报酬率的构成

二、单项资产的风险与报酬

由于风险可以看成是实际结果偏离期望结果的可能性；因此，利用概率分布、期望值和标准差来计算与衡量风险的大小，是一种最常用的方法。

1. 概率

在现实中，某些事件在相同条件下可能发生，也可能不发生，可能出现这种结果，也可能出现另外一种结果，这类事件称为随机事件。随机事件可能出现结果的取值，称为随机变量，通常用符号 K 表示。随机事件发生某一结果的可能性大小的数值称为概率，通常用符号 P 表示。

【例 4-19】 某企业可开发两种产品，两种产品出现畅销、平销和滞销的概率及相应的预期报酬率，如表 4-7 所示。

表 4-7　产品开发预计概率分布表

销售状况	概率		预期报酬率	
	产品 A	产品 B	产品 A(%)	产品 B(%)
畅销	0.2	0.3	40	25
平销	0.5	0.4	20	15
滞销	0.3	0.3	−5	10
合计	1.0	1.0		

概率分布必须符合以下两个要求：概率的数值介于 0 和 1 之间；所有结果的概率之和应该等于 1。

如果将企业年收益的各种可能结果及相应的各种结果出现的概率按一定规则排列出来，构成分布图，则称为概率分布。其中，如果随机变量只取有限个值，并且对应于这些取值都有确定的概率，则称随机变量呈离散型分布；如果随机变量的取值有无限个值，并且对每一种情况都有一个概率，则称随机变量呈连续型分布。

对于例 4-19，可绘制其概率分布，如图 4-11 所示。

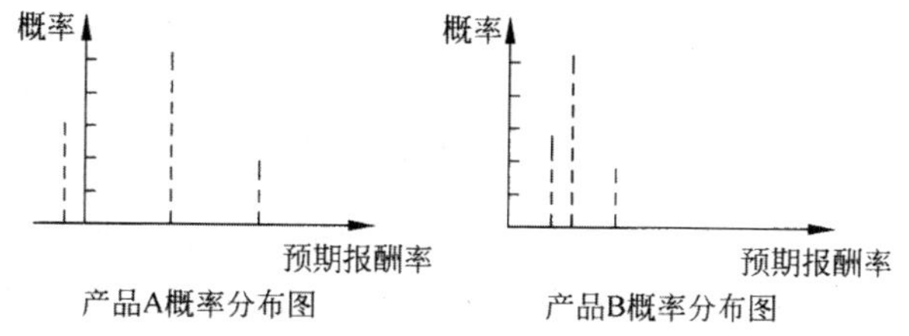

图 4-11　离散型概率分布图

2. 期望报酬率

期望报酬率是各种可能的报酬率按其概率进行加权平均得到的报酬率，又称期望值或均值；从经济意义上说就是预计最可能得到的报酬率。其计算公式为：

$$\overline{K} = P_1 \times K_1 + P_2 \times K_2 + \cdots + P_n \times K_n$$
$$= \sum_{i=1}^{n} P_i \times K_i$$

式中：P_i——第 i 种结果的概率；

K_i——第 i 种结果的预期报酬率；

n——可能出现结果的次数。

【例 4-20】 资料见例 4-19，要求计算产品 A 和产品 B 的期望报酬率。

解：

$$\overline{K}_A = 0.2 \times 40\% + 0.5 \times 20\% + 0.3 \times (-5\%) = 16.5\%$$
$$\overline{K}_B = 0.3 \times 25\% + 0.4 \times 15\% + 0.3 \times 10\% = 16.5\%$$

两种产品的期望报酬率是相同的，说明开发这两种产品可能得到的报酬是一致的。但结合图 4-11，可见产品 A 的预期报酬率的分布范围较广，说明其报酬不稳定，即其面临的风险会大一些；而产品 B 的预期报酬率的分布范围较小，说明其得到的报酬比较稳定，即其面临的风险会小一些。

3. 标准离差

从上述讨论中，可以看出风险的大小可以通过概率分布来衡量。一般说来，当随机变量的取值与期望值之间的偏离程度越大时，风险也就越大。因此，只有量化此偏离程度，才能比较不同决策方案的风险大小；从而在期望报酬率相同时，选择风险较小的决策方案。标准离差就是量化风险大小的指标之一。标准离差的计算公式为：

$$\sigma = \sqrt{\sum_{i=1}^{n} (K_i - \overline{K})^2 \times P_i}$$

【例 4-21】 资料见例 4-19 与例 4-20，要求计算产品 A 和产品 B 的标准离差。

解：

$$\sigma_A = \sqrt{(40\% - 16.5\%)^2 \times 0.2 + (20\% - 16.5\%)^2 \times 0.5 + (-5\% - 16.5\%)^2 \times 0.3}$$
$$= 15.98\%$$
$$\sigma_B = \sqrt{(25\% - 16.5\%)^2 \times 0.3 + (15\% - 16.5\%)^2 \times 0.4 + (10\% - 16.5\%)^2 \times 0.3}$$
$$= 5.94\%$$

从计算结果可见，产品 A 的标准离差比产品 B 的标准离差大；因此，开发产品 A 比开发产品 B 的风险大。在期望报酬率相同的情况下，企业应选择风险较小的产品 B 进行开发。

4. 标准离差率

由于标准离差是一个绝对数，只能用来比较期望报酬率相同的项目的风险大小，无法比较期望报酬率不同的项目的风险大小；因此，要将标准离差换算成相对数，即标准离差率，用符号 CV 表示。标准离差率的计算公式为：

$$CV = \frac{\sigma}{\overline{K}}$$

【例 4-22】 资料见例 4-21，要求计算产品 A 和产品 B 的标准离差率。

解：

$$CV_A=\frac{15.98\%}{16.5\%}=0.968\ 5$$

$$CV_B=\frac{5.94\%}{16.5\%}=0.36$$

从计算结果可见，产品 A 的标准离差率比产品 B 的标准离差率大；因此，开发产品 A 比开发产品 B 的风险大。在期望报酬率相同的情况下，企业应选择风险较小的产品 B 进行开发。

5. 风险报酬率

标准离差率只能衡量风险的大小，而不能衡量从风险投资中所获得的报酬率。因此，需要一个指标将风险的大小转化为风险报酬率，这个指标就是风险价值系数。

风险价值系数是某一投资项目的风险报酬率占该项投资的标准离差率的比率，反映承担单位风险应获得的报酬。故风险报酬率、风险价值系数和标准离差率之间的关系可用公式表示为：

$$风险报酬率=风险价值系数\times标准离差率$$

【例 4-23】 资料见例 4-22，若风险价值系数为 10%，要求计算产品 A 和产品 B 的风险报酬率。

解：

$$风险报酬率_A=10\%\times0.968\ 5=9.69\%$$

$$风险报酬率_B=10\%\times0.36=3.6\%$$

至于风险价值系数的确定，通常有三种方法。

(1)根据以往的同类项目加以确定。

风险价值系数可以参照以往同类投资项目的历史资料，运用以下公式来确定。

$$风险价值系数=\frac{投资报酬率-无风险报酬率}{标准离差率}$$

(2)由企业领导或企业组织有关专家确定。当企业缺乏历史资料时，则可由企业领导，如总经理、财务经理、总会计师等根据经验加以确定，也可由企业组织有关专家确定。此时，风险价值系数的确定，在很大程度上取决于各企业对待风险的态度。比较敢于冒险的企业，通常会把风险价值系数定得较低；比较稳健的企业，则会把风险价值系数定得较高。

(3)由国家有关部门组织有关专家确定。此方法是由国家有关部门，如财政部、中央银行等组织专家，根据各行业的条件和相关因素确定各行业的风险价值系数；并由国家定期公布，作为国家参数提供给投资者进行参考。

6. 风险回避

风险与报酬的基本关系是风险与报酬相均衡，即风险越大，预期报酬率就越高。投资者投资于任何一项资产，都会要求资产的报酬率与其风险相匹配。但事实上，由于市场失灵、信息不对称等多种因素的存在，风险与报酬并不均衡。出于稳健，很多投资者会在两个投资机会中选择风险较小那个进行投资，这种现象称为风险回避。在其他因素不变时，投资的风险越低，期望报酬率越低；反之亦然。对于不同的投资人，依据其期望的报酬率和承担风险的能力，可以依据计算的有关指标进行分析，选择合适的投资方案。

三、投资组合的风险与报酬

理性的投资者一般会把资金分散投资，而不是把所有鸡蛋放在一个篮子里；这是由于多种投资组合能够减少风险，高报酬的投资可以抵消低报酬的投资带来的负面影响，本书以证券投资组合为切入点，对投资组合的风险与报酬进行分析。

1.投资组合的报酬

投资组合的期望报酬率是各种有价证券期望报酬率的加权平均数，其计算公式为：

$$\overline{K}_P = W_1\overline{K}_1 + W_2\overline{K}_2 + W_3\overline{K}_3 + \cdots + W_n\overline{K}_n$$

$$= \sum_{i=1}^{n} W_i\overline{K}_i$$

式中：$\overline{K}_P$——各种有价证券的期望报酬率；

W_i——权数，是第 i 种有价证券的价值占整个投资组合价值的比重；

n——有价证券的种类总数。

【例 4-24】 某企业投资购买证券 C 和证券 D，其期望报酬率分别是 4%和 6%。若两种证券的投资比例均为 50%，要求计算证券 A 和证券 B 的投资组合期望报酬率。

解：

$$\overline{K}_P = 4\% \times 50\% + 6\% \times 50\% = 5\%$$

如果两种证券的投资比例为 100%和 0%，则投资组合的期望报酬率为：

$$\overline{K}_P = 4\% \times 100\% + 6\% \times 0\% = 4\%$$

如果两种证券的投资比例为 0%和 100%，则投资组合的期望报酬率为：

$$\overline{K}_P = 4\% \times 0\% + 6\% \times 100\% = 6\%$$

由此可见，当各种有价证券的期望报酬率一定时，投资组合的期望报酬率取决于有价证券价值占整个投资组合价值的比例，即投资比例与投资组合的期望报酬率线性相关。其关系图如图 4-12 所示。

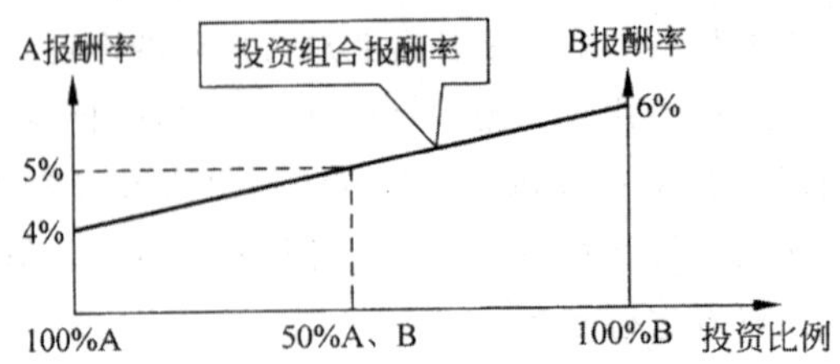

图 4-12 投资比例和报酬率

2.投资组合的风险

投资组合的期望报酬率是各种有价证券期望报酬率的加权平均数，但投资组合的标准离差并不是各种有价证券标准离差的简单加权平均。如果将全部资金以固定比例投资于两种有价证券;则会发现其投资组合的标准离差可能等于这两种有价证券标准离差的加权平均数,也可能等于零,还有可能介于零与加权平均数之间。这主要取决于两种有价证券报酬率之间的相互变动关系,这些相互变动关系具体包括完全负相关、完全正相关、相关程度处于完全正负相关之间。

(1)完全负相关。完全负相关是指一种有价证券的报酬率下降时,另一种有价证券的报酬率上升,并最终使投资组合的报酬率不发生变化。在此种情况下,投资风险被分散,投资组合的标准差为零。

【例 4-25】 某企业等比例地投资于两种有价证券 E 和 F,有价证券 E 和 F 在各年度的报酬率和投资组合的报酬率,如表 4-8 所示。

表 4-8　各种有价证券及其投资组合的报酬率表

年度	证券 E	证券 F	投资组合
	K_E(%)	K_F(%)	K_P(%)
1	50	−30	10
2	−30	50	10
3	35	−15	10
4	−15	35	10
5	10	10	10
平均报酬率	10	10	10
标准离差	33.35	33.35	0

根据表 4-8 的资料,可以绘制出两种证券以及由它们构成的证券组合的报酬率的示意图,如图 4-13 所示。

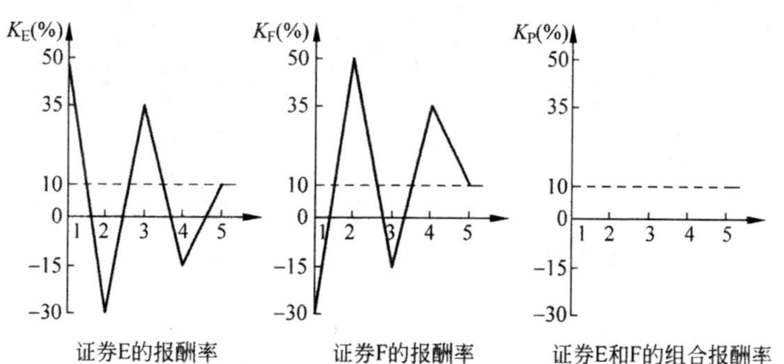

图 4-13　两种完全负相关有价证券的报酬

从表 4-8 可以看出,证券 E 的报酬率上升时,证券 F 的报酬率下降;反之亦然。相应的,投资组合的报酬率没有随着证券 E 与 F 的报酬率的变动而变动。因此,虽然证券 E 与 F 均存在标准离差 33.35%,但两者的投资组合的标准离差却为零。这属于完全负相关的状况(相关系数为−1)。从图 4-13 可以看出,如果分别持有这两种有价证券,则都有很大的风险;但如果把它们组合成一个投资组合,则在分散投资的同时,投资风险会被全部抵消。。

(2)完全正相关

完全正相关是指一种有价证券的报酬率上升(或下降)时,另一种有价证券的报酬率也上升(或下降),而且变动幅度相当,并最终造成投资组合的标准离差与加权平均标准离差相等。此种情况下,投资被分散,但投资风险没有被分散。

【例 4-26】 某企业等比例地投资于两种有价证券 G 和 H,有价证券 G 和 H 在各年度的报酬率和投资组合的报酬率如表 4-9 所示。

表 4-9　各种有价证券及其投资组合的报酬率表

年度	证券 G	证券 H	投资组合
	K_G(%)	K_H(%)	K_P(%)
1	50	50	50
2	−30	−30	−30
3	35	35	35
4	−15	−15	−15
5	10	10	10
平均报酬率	10	10	10
标准离差	33.35	33.35	33.35

根据表 4-9 的资料,可以绘制出两种证券以及由它们构成的证券组合的报酬率的示意图,如图 4-14 所示。

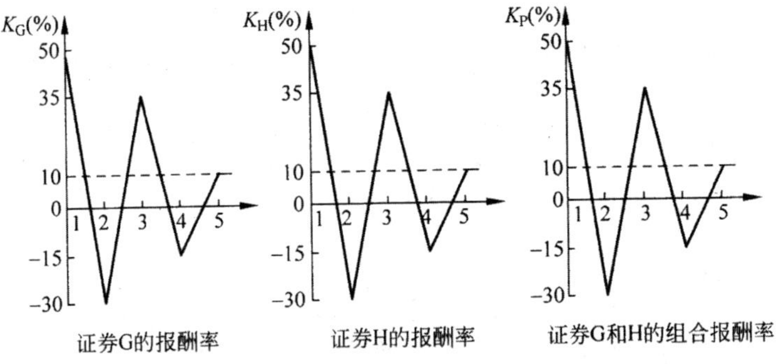

图 4-14　两种完全正相关有价证券的报酬

从表 4-9 可以看出,证券 G 的报酬率上升时,证券 H 的报酬率也上升;反之亦然。这属于完全正相关的状况(相关系数为 1)。从图 4-14 可以看出,如果分别持有这两种有价证券,则都有很大的风险;如果把它们组合成一个投资组合,则只是分散了投资,而投资风险并没有被分散。

(3)相关程度处于完全正、负相关之间。如果两种有价证券的报酬率在各期的变动没有绝对的同向或异向关系,且在变动幅度上也没有造成与上述完全正、负相关相同的结果;那么,投资风险可以在一定程度上被分散,投资组合的标准离差介于零和加权平均标准差之间。这种状况在实际中最常见。

【例 4-27】 某企业等比例地投资于两种有价证券 I 和 J,有价证券 I 和 J 在各年度的报酬率和投资组合的报酬率如表 4-10 所示。

表 4-10　各种有价证券及其投资组合的报酬率表

年度	证券 I	证券 J	投资组合
	K_I(%)	K_J(%)	K_P(%)
1	40	28	34
2	−10	20	5
3	35	41	38
4	−5	−17	−11
5	15	3	9
平均报酬率	15	15	15
标准离差	22.6	22.6	20.6

根据表 4-10 的资料，可以绘制出两种证券以及由它们构成的证券组合的报酬率的示意图，如图 4-15 所示。

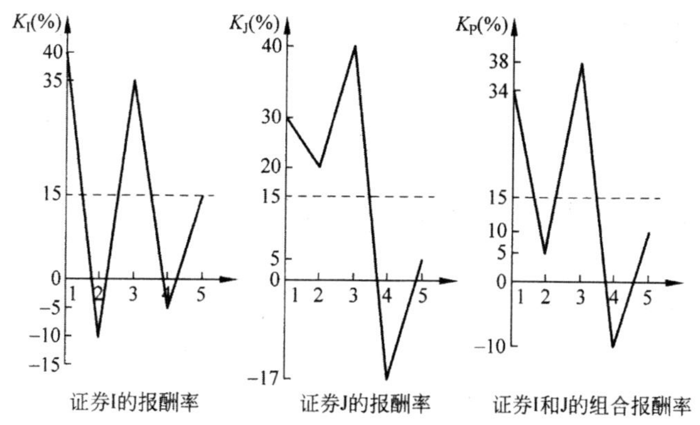

图 4-15　两种不完全正、负相关有价证券的报酬

从表 4-10 可以看出，证券 I 的报酬率上升时，证券 J 的报酬率也在上升，但上升幅度并不相同；反之亦然。这属于非完全正、负相关的状况。从图 4-15 可以看出，这两种风险较大的有价证券经组合后风险变小了，即降低了投资风险，但不能完全消除各种有价证券所具有的风险。

从以上分析中可知，当两种有价证券完全负相关时，所有的风险都可以分散掉；当两种有价证券完全正相关时，投资风险没有被分散；通常情况下两种有价证券为非完全正、负相关（大部分为正相关），此时把两种有价证券组合起来可以分散风险，但不能消除风险。一般而言，有价证券的种类越多，风险越小。

3. 投资组合的风险报酬

任何有价证券的风险总是由系统风险（不可分散风险）和非系统风险（可分散风险）组成的。一般说来，非系统风险可以通过投资组合来分散；而系统风险是由市场变动所产生的，对所有有价证券都存在影响，不能通过投资组合来分散。因此，需要计算的风险报酬仅针对投资者承担的系统风险而要求的超过货币的时间价值的那部分额外报酬。系统风险一般是

通过 β 系数来测量的。

β 系数也称为变异系数，在股票市场上，β 系数表示股票随市场变化而上下波动的趋势；在衡量系统风险时，β 系数表示特定资产的报酬率和市场组合的相关性，即特定相对于市场组合的系统风险。一些标准的 β 系数如下所示。

①$\beta=0.5$，说明该股票的风险只有整个市场股票风险的一半，其报酬率的变动性也只是市场变动性的一半。

②$\beta=1.0$，说明该股票的风险等于整个市场股票的风险，其报酬率的变动性与市场变动性相同。

③$\beta=2.0$，说明该股票的风险是整个市场股票风险的两倍，其报酬率的变动性是市场变动性的两倍。

确定了个别投资的 β 系数后，可根据投资组合中各有价证券 β 系数和所占的比例的大小确定投资组合的 β 系数。

投资组合的风险可用下列公式计算：

$$R_P = \beta_P \times (R_m - R_f)$$

式中：R_P——投资组合的风险报酬率；

β_P——投资组合的卢系数；

R_m——所有股票的平均报酬率；

R_f——无风险报酬率。

【例 4-28】 某企业持有 A、B 两种股票构成的证券组合，它们的 β 系数分别是 1.8 和 0.5，在证券组合中所占的比重分别为 60% 和 40%，股票的市场报酬率为 10%，无风险报酬率为 7%。试确定这种投资组合的风险报酬率。

解：

首先，确定该投资组合的 β 系数：

$$\beta_P = 1.8 \times 60\% + 0.5 \times 40\% = 1.28$$

其次，计算该投资组合的风险报酬率：

$$R_P = 1.28 \times (10\% - 7\%) = 3.84\%$$

从上述计算可以看出，调整各种证券在投资组合中的比重可以改变投资组合的风险与风险报酬率；并且，在其他因素不变的情况下风险报酬取决于投资组合的 β 系数，即 β 系数越大，风险报酬越大。

第四节　证券估价

证券的概念有广义与狭义的区别。广义的证券是以证明或设定权利为目的所作成的书面凭证，一般包括财物证券（如货运单、提单等）、货币证券（如支票、汇票、本票等）、资本证券

(如股票、债券等)、证据证券(如借据、收据等)和资格证券(如车票、电影票等)等。狭义的证券仅指资本证券。本节采用狭义证券的概念,讨论股票与债券的相关内容。

企业可以通过证券融资,也可以通过购买证券对外投资。企业运用证券形式从资本市场上筹资时,必须要知道它如何定价。如果定价偏低,企业则会因付出更多现金遭受损失;如果定价偏高,企业则会因发行失败而遭受损失。同时,证券的价值体现了证券投资者要求的报酬。因此,企业需要对证券进行价值计算,也称为证券估价。

证券估价是指对债券和股票价值的估计。这里所说的价值是指债券和股票的内在价值或经济价值,即用适当的折现率计算的证券预期未来现金流量的价值。

一、债券价值评估

1. 债券的概述

债券是指依照法定程序发行,约定在一定期限还本付息的有价证券。

(1)债券的构成要素。

①债券面值,即债券设定的票面金额,表示借入资本的货币额和在未来日期承诺偿还的金额。

②票面利率,即债券发行者预计一年内向投资者支付的利息占票面金额的比率。多数债券的票面利率在债券持有期间不会改变,但票面利率常与市场上的实际利率不相等。这是由于债券的计息和付息方式有多种,可能使用复利或单利计息,可能半年一次,或一年一次,或到期一次支付利息;而实际利率通常是指按复利计算的一年期利率。

③到期日,即约定的偿还本金的日期。通常到期时间越长,风险越大,债券的票面利率也越高。

(2)债券的种类。通常可以按照不同的标准对债券进行分类。

①按照期限的长短,可以将债券划分为短期债券和长期债券。其中,短期债券是指一年以内就能到期或准备在一年之内变现的债券;长期债券是指在一年以上才能到期且不准备在一年以内变现的债券。

②按照发行主体的不同,可以将债券划分为政府债券、金融债券和企业债券。其中,政府债券的发行主体是政府,通常有理由相信政府将很好地履行到期偿还本息的承诺,因此其被认为没有任何风险;金融债券的发行主体是各级银行等金融机构,通常由于金融机构的资本额较高,有较强的还债保证,因此被认为其风险低于企业债券;企业债券面临着各种风险,不同企业发行的债券风险也不同,通常风险大的企业债券给付的利息较高。

2. 债券的价值

债券的价值,又称为债券的内在价值,它是发行者按照合同规定从现在至债券到期日所支付的款项的现值。下面介绍几种常见的债券估价模型。

(1)债券估价的基本模型。典型的债券是固定利率、每年计算并支付利息、到期归还本金的债券。因为年利率固定,故债券各期的收益为一个固定值,可以表现为年金形式的利息和到期日总付本金的现值合计。债券估价的基本模型是:

$$P=\sum_{t=1}^{n}\frac{1}{(1+K)^{t}}+\frac{M}{(1+K)^{n}}$$
$$=I\times(P/A,K,n)+M\times(P/F,K,n)$$

式中：P——债券的价值；

I——债券的票面利息；

M——债券的面值；

K——折现率，一般采用当时的市场利率或投资的必要报酬率；

n——付息总期数。

【例 4-29】 某企业发行的面值 1 000 元，票面利率 8%，每年付息 1 次，3 年到期还本债券。若市场利率为 6%，则债券的价值为多少？

解：

$$P=1\,000\times8\%\times(P/A,6\%,3)+1\,000\times(P/F,6\%,3)$$
$$=80\times2.673\,0+1\,000\times0.839\,6$$
$$=1\,053.44(\text{元})$$

通过该模型可以看出，影响债券价值的因素有折现率、利息率、计息期和到期时间。

【例 4-30】 在例 4-29 中，若市场利率为 10%，在其他条件不变的情况下，求债券的价值。

解：

$$P=1\,000\times8\%\times(P/A,10\%,3)+1\,000\times(P/F,10\%,3)$$
$$=80\times2.486\,9+1\,000\times0.751\,3$$
$$=950.23(\text{元})$$

通过例 4-29 与例 4-30 的计算结果对比，可以看出，债券价值与折现率有密切联系：当折现率低于债券票面利率时，债券价值高于债券面值；当折现率高于债券票面利率时，债券价值低于债券面值；当折现率等于债券票面利率时，债券价值等于债券面值。

【例 4-31】 在例 4-29 中，若每半年付息 1 次，在其他条件不变的情况下，求债券的价值。

解：

$$P=1\,000\times4\%\times(P/A,3\%,6)+1\,000\times(P/F,3\%,6)$$
$$=40\times5.417\,2+1\,000\times0.837\,5$$
$$=1\,054.19(\text{元})$$

通过例 4-29 与例 4-31 的计算结果对比，可以看出，债券价值与计息期数有密切联系：在其他条件相同时，计息期越短，计息期数越多，债券价值越高。

【例 4-32】 在例 4-29 中，求 1 年后与 2 年后债券的价值。

解：一年后债券的价值为：

$$P=1\,000\times8\%\times(P/A,6\%,2)+1\,000\times(P/F,6\%,2)$$
$$=80\times1.833\,4+1\,000\times0.890\,0$$
$$=1\,036.67(\text{元})$$

2 年后债券的价值为：

$$P = 1\ 000 \times 8\% \times (P/A, 6\%, 1) + 1\ 000 \times (P/F, 6\%, 1)$$
$$= 80 \times 0.943\ 4 + 1\ 000 \times 0.943\ 4$$
$$= 1\ 018.87(\text{元})$$

通过例 4-32 的计算过程，可以看出，随着到期日的临近，在折现率不变的情况下，债券价值逐渐向债券面值靠拢，直至到期日债券价值等于债券面值。当然，如果折现率在债券发行后发生变动，则债券价值也会因此而变动；但是，随着到期日的临近，折现率变动对债券价值的影响会越来越小。

(2)一次还本付息的单利债券的价值模型。我国很多债券属于此种类型，其价值的计算公式为：

$$P = \frac{M + M \times i \times n}{(1+K)^n}$$
$$= (M + M \times i \times n) \times (P/F, K, n)$$

【例 4-33】 某企业发行的面值 1 000 元，票面利率 8%，单利计息，3 年到期一次还本付息的债券。若市场利率为 6%，求该债券的价值。

解：

$$P = (1\ 000 + 1\ 000 \times 8\% \times 3) \times (P/F, 6\%, 3)$$
$$= 1\ 240 \times 0.839\ 6$$
$$= 1\ 041.10(\text{元})$$

(3)零息债券的价值模型。有些债券以贴现方式发行，没有票面利率，到期按面值偿还。这种债券的价值计算公式为：

$$P = \frac{M}{(1+K)^n}$$
$$= M \times (P/F, K, n)$$

【例 4-34】 某企业发行的面值 1 000 元，3 年到期一次还本的债券。若市场利率为 6%，求该债券的价值。

解：

$$P = 1\ 000 \times (P/F, 6\%, 3)$$
$$= 1\ 000 \times 0.839\ 6$$
$$= 839.6(\text{元})$$

此外，还有平息债券、永久债券、流通债券等价值的计算，限于篇幅，此处不再一一简介。一般情况下，投资者只有在认为合适的折现率下计算出的债券价值大于债券购买价格时，才会决定购买债券。

3. 债券的收益率

在进行债券投资时，最关心的就是债券收益有多少，债券的收益水平通常用到期收益率来衡量。到期收益率是债券收益与其投入本金的利率，通常用年率表示。

债券收益不同于债券利息。债券利息仅指债券票面利率与债券面值的乘积。由于在债券持有期内，还可以在债券市场进行买卖以赚取价差；因此，债券收益除利息收入外，还包括买卖盈亏差价。

在实际工作中，到期收益率是指以特定价格购买债券并持有至到期日所能获得的收益率，它是使未来现金流量现值等于债券购入价格的折现率。一般可采用插值法计算。即：

$$P = I \times (P/A, K, n) + M \times (P/F, K, n)$$

式中：P——债券的购买价格；

I——债券的票面年利息；

K——折现率；

n——到期的年数；

M——债券的面值。

【例 4-35】 某企业以 1 368.31 元的价格购买 14 年期，利率 15%（每年支付一次利息），面值 1 000 元的债券，该债券将持有至到期。要求计算其到期收益率是多少？

解：

$$1\ 368.31 = 1\ 000 \times 15\% \times (P/A, K, 14) + 1000 \times (P/F, K, 14)$$

当 $K=9\%$时，$1\ 000 \times 15\% \times (P/A, 9\%, 14) + 1\ 000 \times (P/F, 9\%, 14) = 1\ 467.13$

当 $K=12\%$时，$1\ 000 \times 15\% \times (P/A, 12\%, 14) + 1\ 000 \times (P/F, 12\%, 14) = 1\ 198.83$

则有：

$$\frac{K - 9\%}{12\% - 9\%} = \frac{1\ 368.31 - 1\ 467.13}{1\ 198.83 - 1\ 467.13}$$

解得：

$$K = 10\%$$

从上述计算过程中，可以看出决定债券到期收益率的主要因素有债券的票面利率、期限、面值和购买价格。企业决定是否对债券投资，在一定程度上取决于债券的到期收益率是否大于必要报酬率。

二、股票价值评估

1.股票的概述

(1)股票。股票是股份有限公司发给股东的所有权凭证，是股东借以取得股利的一种有价证券。在此要注意股票有两个基本特征。

①股票是一种凭证。从本质上来讲，股票作为一种凭证，其作用是用来证明持有人的财产权利，而不是像普通商品一样包含有使用价值，所以，股票本身并没有价值，也没有价格。

②股票是一种有价证券。当持有股票后，股东不但可以参加股东大会，对股份公司的经营决策施加影响，而且还能享受分红和派息的权利，获得相应的经济利益。所以，股票可以作为一种特殊的商品进行市场流通与转让。而股票的价值，就是用货币的形式来衡量股票作为获利手段的价值。

(2)股票的构成要素。股票一般由五大要素构成。

①面值，即股份有限公司在其发行的股票票面上所标明的金额，或称票面金额，通常以每股为单位。股票上市发行公司将其资本总额分为若干股，每一股所代表的资本额即为每股面值。

②市值，即股票的市场价格。

③股息，即股份有限公司根据股东投资的股数和公司的盈利情况付给股票持有者的报酬。

④红利，即股份有限公司在盈利的情况下，支付给股票持有者的超过股息部分的利润。

⑤股权，即股票持有者拥有的与其所持股票比例相应的权益及承担的一定义务。

2. 股票的价值

股票价值，一般是指股票的内在价值，它是股票期望提供的所有未来收益的现值。下面讨论几种目前常用的股票价值计算模型。

(1)股票估价的基本模型。由于股票未来收益包括股利收入和出售时的资本利得，因此股票的价值由一系列的股利和将来出售股票时售价的现值所构成。其计算公式为：

$$V = \frac{D_1}{(1+K)^1} + \frac{D_2}{(1+K)^2} + \cdots + \frac{D_n}{(1+K)^n} + \frac{V_n}{(1+K)^n}$$

式中：V——股票的内在价值；

D_t——第 t 年的股利；

V_n——未来出售时预计的股票价格；

K——折现率，一般采用资本成本率或投资的必要报酬率；

n——预计持有股票的期数。

股票估价的基本模型在实际应用时，需要解决的问题主要有两个，即如何预计未来每年的股利，以及如何确定折现率。

(2)股利固定增长、长期持有的股票价值。股利固定增长、长期持有的股票，是指股份有限公司的股息按照固定的增长率逐年增长，且未来不打算出售的股票；由于未来不打算出售股票；故不需考虑未来出售预计的股票价格的折现，仅需考虑股息增长率对股票价值的影响即可。

股息增长率一般与国民生产总值的增长率相当；如果考虑通货膨胀的上升幅度，则其数额还应增加。

如果股份有限公司最近一期的股息为 D_0，股息的预期固定增长率为 g；则未来第 t 年的股息为：

$$D_t = D_0 \times (1+g)^t$$

在该种情况下，以上公式就变为：

$$V = \sum_{t=1}^{n} \frac{D_0 \times (1+g)^t}{(1+K)^t}$$

在公式两边同时乘以$(1+K)/(1+g)$，再将结果与公式相减，则有：

$$V \times [(1+K)/(1+g)] - V = D_0 - D_0 \times [(1+g)/(1+K)]n$$

当 $K>g$ 时，上述等式右边第二项就趋于零，则有：

$$V=\frac{D_0\times(1+g)}{K-g}=\frac{D_1}{K-g}$$

【例 4-36】 若某企业最近一次支付的股息为 1.82 元/股，预期股息增长率为 10%，折现率为 16%，则求其股票价值。

解：

$$V=\frac{1.82\times(1+10\%)}{16\%-10\%}=33.37(\text{元})$$

(3)股利零增长、长期持有的股票价值。由于这种股票的股息一直保持不变；且未来并不打算变现；因此，其未来现金流量表现为永续年金的形式。其价值计算公式为

$$V=\frac{D_0}{K}$$

【例 4-37】 某企业若固定支付的股息为 1.82 元/股，折现率为 16%。求其股票价值。

解：

$$V=\frac{1.82}{16\%}=11.375(\text{元})$$

(4)股利非固定增长的股票价值。股份有限公司在其经营过程中，会根据经营成果和未来发展的需要以及股东的要求而确定不同时期的股息支付率，从而导致不同时期股息的增长率有所不同；可能出现零增长、固定增长甚至负增长等不同增长状况并存的情况，此即非固定增长股票。对于这种类型的股票，一般是先分步计算不同时期的股息，再折现计算其现值，最后将各部分现值汇总。

【例 4-38】 某企业最近一次支付的股息为 1.82 元/股，以后第 1～3 年股息增长率 30%，第 4 年以后各年股息增长率 10%，股东期望收益率为 16%。求其股票价值。

解：

①计算第 1～3 年的股息：

$$D_1=D_0\times(1+g)=1.82\times(1+30\%)=2.366$$

$$D_2=D_1\times(1+g)=2.366\times(1+30\%)=3.0758$$

$$D_3=D_2\times(1+g)=3.0758\times(1+30\%)=3.9985$$

②将以上第 1～3 年的股息折现：

$$V_{1\sim3}=2.366\times(P/F,16\%,1)+3.0758\times(P/F,16\%,2)+3.9985\times(P/F,16\%,3)\approx6.89(\text{元})$$

③按照股利固定增长模型计算第 4 年及以后各年股票价值，再从第 3 年年末折现：

$$V_{4\sim n}=[3.9985\times(1+10\%)/(16\%-10\%)]\times(P/F,16\%,3)=73.3058\times0.6406\approx46.97(\text{元})$$

④将两个阶段的股票价值汇总：

$$V=6.89+46.97-53.86(\text{元})$$

3.股票的收益率

股票的收益由两部分构成：股息带来的收益和股票出售时买卖价差带来的收益，后者又

称为资本利得收益。一般而言，股票的收益率是使股票收益的现值与股票的购入价格相等时的折现率，可以采用插值法计算。

【例 4-39】 某企业在价格为 10 元/股时购入股票，若购入后当期的股息为 0.6 元/股，且购入 1 年后的股票价格为 11 元/股，求该股票的收益率。

解：

$$10=0.6\times(P/F,K,1)+11\times(P/F,K,1)$$

解得：

当 $K=16\%$时，$0.6\times(P/F,16\%,1)+11\times(P/F,16\%,1)=10$

故 $K=16\%$。

第五节 人力资源的估算

一、人力资源价值概述

1. 人力资源

企业要进行生产经营活动，就必须具备一些生产要素或资源，如财务资源、物资资源等，其中最基本的就是人力资源和财务资源。

人力资源是指企业在生产经营活动中，能够作为生产要素投入到企业经济活动中，并能为企业带来未来收益的劳动人员的脑力和体力的总和。表现这些总和的载体主要有人的体能、知识、技能、能力、个性行为特征与倾向等，一般统称为劳动能力。

在知识经济时代，人力资源逐渐成为企业各生产要素中最具有弹性的、最具有经济增长潜力的重要资源，其特征主要有以下几点。

(1)人力资源是“活”的资源。人作为思想者，对成就、荣誉、责任等有着很大的期望值；因此，人一旦发现其目前所从事的工作等无助于实现预期目标时，就会表现出强烈的流动倾向。这种特征使人力资源不会成为占有者最终使用或消费的对象。

(2)人力资源的创新能力是创造利润的主要源泉。人力作为知识资源的载体，只要具备适当的环境和必要的条件，即可通过产品创新、技术创新、管理创新等创新才能，为人力资源的拥有者带来巨大的物质财富。

(3)人力资源是一种战略性资源。知识资源是以人为载体的，而掌握并善于运用知识资源来创新财富的那些人才，从数量上来看却是有限的。这是由人的先天禀赋和后天生存发展环境的差异，以及社会教育资源的有限性造成的。人才作为稀缺资源，如何在企业总体战略框架下对人力资源进行使用、管理、控制、监测、维护和开发，进而创造协同价值，达成企业战略目标，这是在进行人力资源管理过程中需要特别关注的问题。

(4)人力资源是可以无限开发的资源。这一特征主要体现在人力资源的可再生性上。

由于对人力资源的使用或消费实际上是对知识资源的消费;因此只要人力资源所载有的知识没有全部老化,这种知识资源就可被反复利用。同时,人力资源具有主动补充和更新知识资源的天性,这使得人力资源可以不断增加自身的人力资本价值。

2. 人力资源价值

人力资源价值是指作为人力资源载体的劳动者通过自身或与他人的合作;利用体力和智力为企业创造的价值。由于人力资源是活的、主动的,故人力资源的价值在确定时相对于其他的物资资源而言更为复杂。一般来说,人力资源价值应具有如下特征。

(1)人力资源的载体是人。这一特征决定了人力资源的价值需要通过生产活动来体现,具体表现在劳动者为企业创造的经济价值、提供的未来收益。但是,人力资源对企业所提供的未来收益难以像固定资产那样容易进行预计与确定。

(2)人力资源价值具有可控性。虽然企业无法拥有人力资源的所有权;但是,企业可以与劳动者签订劳动合同,建立雇佣与被雇佣关系,从而通过支付工资报酬等方式获得了人力资源的使用权。由于如何安排和使用员工是企业所能控制的,因此人力资源价值同样也具有一定的可控性。

(3)人力资源价值具有可计量性。人力资源价值的可计量性体现在两个方面。一个是指围绕人力资源所发生的培养、取得、开发、维持等成本都是以货币计量的;另一个是指人力资源在企业当中进行生产活动时所创造的物质财富或提供劳务等产出也是能用货币计量的。

3. 人力资源价值的影响因素

人力资源价值由人力资源所有者自身素质所决定,同时又受多种因素的制约;可以分别从内在因素和外在因素两部分进行分析。

(1)内在因素。内在因素是指影响人力资源本身素质和潜在劳动创造能力的因素,主要包括劳动者的基本素质、知识积累和社会经验积累等。例如,劳动者受教育程度越高,掌握的知识和技能越多,创造出的价值也相对较高。据统计,如果假设文盲的劳动生产率为100%;那么,小学毕业生的劳动生产率为143%,中学毕业生的劳动生产率为208%,大学毕业生的劳动生产率为400%。

(2)外在因素。外在因素是指劳动者所处的环境对于人力资源能力发挥的影响,主要包括企业的组织结构、领导方式、角色地位和社会环境等。例如,不同企业有不同的组织文化,作为载体的人能否适应该组织文化,直接影响到人力资源是否能形成合力,并最终影响其价值的大小。

二、人力资源价值的评估

人力资源价值评估是指注册资产评估师依据相关法律、法规和资产评估准则,对人力资源价值在评估基准日特定目的下的价值进行分析、估算并发表专业意见的行为和过程。人力资源价值的评估方法一般包括定性评估和定量评估;其中,定量评估主要包括经济价值法、未来工资报酬折现法、非购入商誉法和实物期权法四种方法。

1. 经济价值法

经济价值法是1968年由布鲁密特、帕利等人提出的。他们认为人力资源作为一项经济资源，也能够为企业提供收益，故应作为资产进行管理。而资产的价值通常是按照其未来收益的现值来衡量的，故经济价值法也称为“企业未来收益模式”。

经济价值法是指企业在未来的生产经营活动中，人力资源能够为企业提供未来收益，并将这些收益进行折现，再按照人力资源投资的比重计量人力资源价值的一种方法。其计算公式为：

$$V = \left[\sum_{t=1}^{n} \frac{E_t}{(1+i)^t} \right] \times W$$

式中：E_t——第t年预计年收益额；

i——折现率；

n——预计年限；

W——人力资源投资额占总投资额的比例。

经济价值法注重人力资源投资在整个企业投资中所占的比例，可以将人力资源和物力资源对企业收益的贡献进行比较，以使企业将有限资金用于最佳决策，有利于企业进行投资报酬分析。但在运用过程中，经济价值法也存在一定的局限性，主要有以下几点。

(1)企业未来的收益额是一个预测值，其准确性受到许多不确定性因素的影响，从而会导致人力资源价值的计算结果具有一定的主观性和不确定性。

(2)经济价值法的计算模型构建的假设条件是物力投资和人力投资在企业创造收益过程中所发挥的作用与它们各自占总投资的比例是保持一致的；但是，由于人力资源所特有的主观能动性和创造性，因此使这一假设的合理性备受质疑。

(3)经济价值法以未来收益的现值作为人力资源的全部价值，但这部分现值只能反映企业整体人力资源创造的剩余价值中转化为企业收益的那部分价值，并不完整。

2. 未来工资报酬折现法

未来工资报酬折现法是1971年由巴鲁克·列夫(Baruch Lev)和阿巴。施瓦茨(Aba Schwariz)提出的。未来工资报酬折现法是指将员工在服务年限内预计应领取的薪酬以及停止服务后所获得的补偿，按一定的折现率折为现值而作为人力资源价值的一种方法。其计算公式为

$$V = \sum_{t=1}^{n} \frac{S_t}{(1+i)^t} + \frac{C}{(1+i)^n}$$

式中：S_t——第t年工资报酬；

C——停止服务后的补偿费。

未来工资报酬折现法将人力资源价值资本化，在不考虑重大经济变动的情况下具有一定的可行性。但在运用过程中，未来工资报酬折现法也存在一定的局限性，主要表现在以下几点。

(1)由于工资报酬只是企业使用人力资源所付成本的一部分，而形成人力资源价值的取得成本、培训成本等并未加以考虑；因此，运用此方法对人力资源价值进行计算时，可能在一

定程度上低估了人力资源价值。

(2)人力资源的流动性在逐渐加强,这使得该计算模型中使用年限在估计时变得非常困难。

(3)折现率在选择时具有一定的主观性,给企业随意调节人力资源价值带来了机会。

3. 非购入商誉法

非购入商誉法是在1969年由霍曼逊(G. Hermanson)提出的。他认为企业在过去若干年中累计超过同行业平均收益的一部分或全部都可看成是人力资源创造的,这部分超额利润应通过资本化程序确认为人力资源价值。其计算公式为:

$$人力资源价值=\frac{企业实际净收益}{行业投资报酬率}-非人力资源总资产$$

由于非购入商誉法在计算时以企业实际净收益为依据,无须预估未来收益;因此,具有较大的客观性,比较接近于现行会计惯例,具有一定的可操作性。但在运用中也有其不合理的地方,主要表现在以下方面。

(1)运用非购入商誉法的前提条件是企业实际的净收益要高于同行业的平均收益,若低于同行业平均收益,则所计算出来的人力资源价值为负值,这显然是不合理的。

(2)运用非购入商誉法只是反映了企业整体人力资源创造的剩余价值中转化为企业超额收益的部分,而没有反映整体人力资源全部剩余价值和整体人力资源的交换价值,这是不完整的。

4. 实物期权法

企业对人力资源的招聘和使用,在某种意义上说,就如同一项风险投资项目,通常具有很高的不确定性,因而期权的思想贯穿了整个过程。例如,企业要从招聘新员工所带来的收益和影响出发,决定是否有必要招聘,此时企业具有是否招聘的选择权;在招聘新员工以后,企业通过试用期的考察决定员工的去留,使得企业有了一个类似于股票买入期权的选择权。如果招聘到的新员工具有很强的学习能力,则企业得到一种看涨期权。新员工的加入使企业在经营管理及技术创新等方面得到加强,效益得到提高、股份上涨,企业价值显著提升;而相对的企业支付新员工的报酬等于到期执行这一特殊期权的价格。

鉴于人力资源与金融期权的相似性,可以得出实物期权法下人力资源价值的计算公式为:

$$\begin{cases} X_0 = N(d_1)A - N(d_2)Xe^{-rT} \\ \dfrac{\ln(A/X) + (r + 0.5\sigma^2)T}{\sigma\sqrt{T}} \\ d_2 = d_1 - \sigma\sqrt{T} \end{cases}$$

式中:X——投资成本;

A——标的资产的当前价值;

V_0——期权当前价值;

T——到期时间;

σ——标的资产的波动率;

$N(d_i)$——正态分布在 d_i 处的值；

r——无风险收益率。

从整体上看，人力资源的价值变化类似于正态分布，既会随着服务时间的增加和技能知识的积累不断上升，也会因年龄或健康原因失去为企业服务的能力而下降，因此，在针对人力资源使用权的价值计算过程中，实物期权法的计算结果更切合实际。

但是，在利用实物期权法对人力资源价值进行计算时应该特别谨慎；这是由于人力市场与金融市场还是存在许多差异，因此不能直接使用已有的许多金融期理论和模型。此外，实物期权法在应用时会有大量的计算工作，这会增加实际工作的劳动强度和难度，这也要求企业在评估人力资源价值时要谨慎应用实物期权法。

人力资源价值的评估从内容上来看，更偏向于资产评估学，故在本书中仅介绍一些基本的评估方法。

第五章 筹资管理

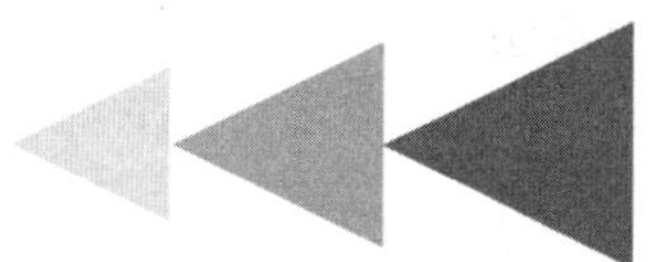

导入案例

统计资料表明，我国本土企业相对于债务融资，更为偏重于股权融资方式。2013 年前 8 个月，湖北省上市公司实现股权融资近 33 亿元；而公司债券融资，则没有实现零的突破。历年来，湖北省上市公司采用债权方式融资总额仅是股权融资总额的 36%。据介绍，2012 年仅九州通、华新水泥、骆驼股份、国创高新等少数公司成功发行公司债券。

请思考并讨论问题。

1. 债务融资与股权融资对企业成本、收益、资本结构及风险有何不同影响？

2. 若不考虑财务环境因素，企业应该怎样理性的选择融资方式？

3. 试从财务环境的角度，分析本土上市公司偏爱股权融资的原因。

第一节 筹资管理概述

资金是企业经营的基本要素；筹集资金是企业最为基本的财务活动；筹资管理是企业财务管理的基本内容。

一、筹资及其动机

筹资是指企业作为筹资主体，根据企业建立、投资、经营及资本结构调整等需要，通过一定的筹资渠道和筹资方式，经济有效地筹措和集中资金的财务活动。

由于拥有一定数额的资金，是企业创建、生存和发展的基本前提；因此，企业在从创建到生存发展的整个生命周期中都需要筹资。企业创建，需要筹资，以获得必要的初始资本；企业发展，需要筹资，以不断扩大资本规模；企业维持生存，也离不开筹资，以保持偿债能力与资金的流动性，或用于解决特殊问题。

概括起来，企业筹资的动机主要有以下几个方面。

1. 投资扩张

投资扩张可称为扩张性筹资动机，是指企业因扩大生产经营规模或增加对外投资，需要追加资本，而产生的筹资动机。企业的扩张，必须有企业资产总额和资本总额的增加，因而需要筹资。

处于成长期的、具有良好发展前景的企业通常会产生扩张筹资动机。企业规模的扩大有两种形式：一种是新建产房、增加设备、引进人才，这是外延式的扩大再生产；另一种是引进技术改进设备以提高固定资产的生产能力，培训职工以提高劳动生产率，这是内涵式的扩大再生产。不管是外延式的扩大再生产，还是内涵式的扩大再生产，都会引发企业的扩张性筹资动机。

另外，企业积极开拓有发展前途的对外投资领域，也会产生扩张性筹资动机。

2. 偿还债务

偿还债务可称为偿债性筹资动机，是企业为了偿还债务而产生的筹资动机。企业要保持持续经营，要建立自己的信用形象，就必须依约偿付债务。若筹资单纯地被用于偿债，则不会导致企业规模的扩大。

偿债筹资也可分为两种情况：一种是预防性偿债筹资，即债务尚未实际到期，但企业预计在债务到期时可能会出现现金流动或是偿债能力方面的问题，因而筹资以预先准备；另一种是恶化性偿债筹资，即企业现有支付能力已不足以偿付到期债务，被迫新增筹资偿还旧债，这种情况表明企业财务状况已经处于恶化状况。

3. 调整结构

调整结构又可称为调整性筹资，是企业在既不存在单纯的扩张需求，也不存在偿债原因，只是为了调整资本与资产结构而进行的筹资。调整资本结构是调整性筹资的常见原因，在企业现有资本结构不合理的情况下经常被采用。借助于筹资调整资产结构，主要发生在企业需要获得某一资产（如技术、设备等），但该项资产又难以通过购买途径获得的情况。

4. 抗御风险

抗御风险又可称为抗风险性筹资动机。通过筹资增强抗风险能力，这是我国很多企业所广泛采用，特别是对于中、小企业极为有效的一种途径。其典型的方式主要有吸收政府、其他金融机构、上下游的企业或企业职工投资入股；通过扩大银行借款，将企业的利益与政府、银行或金融机构、上下游企业或企业员工紧密联系起来，增强抗风险能力。

实证研究的结果表明，企业的抗风险能力与其规模及偿债能力直接相关；同时，企业的抗风险能力与其利益共同体数量及关系程度也是正相关的。企业的规模越大、偿债能力越强、利益共同体数量越多且关系越密切,其抗风险能力也就越强。

5.混合性筹资动机

在实际工作中,企业筹资的动机通常是复合性的,被称为混合性筹资动机。这类动机通常兼容了扩张性或偿债性筹资、调整性筹资等两种及以上的筹资动机。在混合性筹资动机的驱使下,企业通过筹资既扩大了资本规模或偿还了债务,又调整了资本结构,还增强了风险应对能力。

二、筹资管理的内容及其目标

1.筹资管理及其内容

筹资管理是对筹资所进行的管理活动,是现代企业财务管理的基本内容。

管理作为一种目标明确的理性行为,从各种筹资动因中我们不难看出,科学、合理地筹集资金,对于企业扩大规模、保持偿债能力及信用形象、调整资产与资本结构、增强抗风险能力,都有着重要意义。同时,筹资还可以改变企业资本成本与效益。

筹资管理的内容,按照管理的程序可以分为以下三个方面或环节。

(1)筹资决策,即在对影响筹资的资金需要量、可能的筹资渠道与方式、资金供应状况及筹资成本等因素进行预测的基础上,做出筹资决策并确定筹资方案。本章所阐述的内容,主要侧重于筹资决策方面。

(2)筹资活动的过程控制,即对具体筹资过程所实施的一系列管理活动,包括编制筹资实施计划、组织计划执行,以及其他各种对筹资具体过程实施控制的措施。

筹资过程控制是在通过决策选定筹资方案的基础之上进行的,其目的是为了保证选定筹资方案的顺利实施,实现预期的筹资目标。

(3)筹资结果总结与考评,即对筹资活动及其管理结果进行的总结、分析与考评;其目的是为了分析成败、总结经验,以利再战。

限于篇幅,对于控制与考评方面的内容,在本章中不加详细展开。

2.筹资管理的目标

对于企业筹资管理的目标,可概括为:在保持控制权稳定、筹资成本与风险水平适当、资本结构最优和企业价值最大的前提下,选择最佳的筹资渠道与方式组合,及时、足额的获得企业经营、发展所需要的资金。筹资管理目标是企业财务管理总体目标在筹资活动领域的贯彻,具体有以下几个要点。

(1)筹资管理的基本目标:筹集到企业营运、发展所需数额的资金。

(2)筹资管理(决策)应考虑的主要因素:资金成本。首先,筹资不能危及企业的控制权,应尽可能保持控制权稳定;其次,筹资成本与风险水平应该适当,限制在能够接受的范围之内;最后,筹资应该符合企业资本结构最优、企业价值最大的财务管理目标要求。其中,恰当的资金成本,是相对于筹资任务,即企业所需的资金数额而言的。资金成本的高低,既与资本市场宏观环境、企业自身的信用状况相关,还与企业筹资数额及筹资的渠道与方式相关。一般来说,筹资成本会随着筹资数额的扩大而提高。在筹资时,决策者必须考虑筹资成本。

由于成本是一种筹资方式被选择的底线；企业应该选择成本最低的筹资渠道与方式。

(3)筹资管理(决策)的约束条件：杠杆作用、资本结构和筹资风险等是否有利于企业资本结构优化。正确的筹资，必须有利于企业资本结构的优化，至少不能导致企业资本结构异常或是控制权危机；否则，即使筹资所能产生的经济效益再高，也应该慎重对待。

企业要进行筹资决策，就需要在成本、收益与风险之间进行权衡。

因此，作为筹资活动的组织与管理者，必须掌握资金需要量预测、资本成本计算、杠杆力度分析、筹资风险控制等基本技术方法；理解筹资渠道与方式、资本结构、杠杆原理、筹资风险等基本理论。

三、筹资的分类

企业筹资可按照不同的标准进行分类。

1.按所筹集资本的权益特征不同，筹资可分为权益资本筹资和债务资本筹资

权益资本又称股权资本、主权资本或自有资本，是指企业依法取得并长期拥有、能够自主调配运用，其投资者可以据以分享企业权益的资本。根据我国有关法规制度，企业的主权资本由投入资本(股本)、资本公积、盈余公积和未分配利润组成。在企业存续期间，投资者除了依法转让外，不得以任何方式抽回其投入的主权资本；因此，其被视为企业的“永久性资本”。企业可通过吸收直接投资、发行股票、内部积累等方式筹集权益资本。虽然企业利用主权资本筹资的财务风险小，但资本成本相对较高。

债务资本又称借入资本或负债资本，是指企业对依法取得并依约运用、按期偿还的资本，是企业通过负债方式所进行的资本筹资。企业可通过向银行等金融机构借款、发行债券、融资租赁等方式筹集的资本，都属于负债资本。利用负债方式筹集资本财务风险较大，但资本成本相对较低。

主权资本与负债资本共同构成企业的总资本；二者之间的比例关系，称为资本的权益结构。资本的权益结构应该合理，并且主要由筹资所决定。因此，合理安排主权资本与负债资本的比例关系，是企业筹资管理的核心问题之一。

2.按所筹集资本的使用期限长短不同，筹资可分为长期性筹资和短期性筹资

资本使用期限的长短，一般以1年，或是长于1年的1个营业周期为划分标准。

长期性筹资是指企业对于资金使用期限在1年或长于1年的1个营业周期以上的筹资。企业的生存与发展，需要购建固定资产与无形资产，开展长期投资，还要垫支长期性的流动资产；因此必须持有一定规模的长期资本。企业的长期资本主要通过吸收直接投资、发行股票、债券、银行长期借款、租赁和利润留存等筹资方式取得或形成。

短期性筹资是指企业对期限在1年，或是长于1年的1个营业周期以内的资本的筹集。企业由于在生产经营过程中资本周转调度等原因，通常会需要一定数量的短期资本。企业的短期资本通常是采用银行借款、商业信用等负债筹资方式取得或形成，主要有短期借款、应付账款、应付票据和预收账款等项目。相对于长期资本，短期筹资的成本一般较低。

3.按所筹集资本的来源渠道不同，筹资可分为：内部筹资和外部筹资

内部筹资是指企业在企业内部，通过留用利润或推行职工持股计划而形成的资本来源。

内部筹资是在企业内部自然形成的;因此,被称为自动化的资本来源,一般无须花费筹资费用,其数量通常由企业可分配利润的规模和利润分配政策(或股利政策)所决定。

外部筹资是指企业在内部筹资不能满足需要时,向企业外部筹资而形成的资本来源。处于初创期的企业,内部筹资的可能性是有限的;处于成长期的企业,内部筹资通常难以满足需要。于是,企业就要广泛开展外部筹资,如发行股票、发行债券、从金融机构借款等。企业进行外部筹资,通常需要花费一定的筹资费用。

4.按所筹集资本是否通过金融中介,筹资可分为直接筹资和间接筹资

直接筹资是指企业不通过银行等金融中介,直接与资本所有者协商融通资本的筹资活动;主要有吸收直接投资、发行股票、发行债券等方式。

间接筹资是指企业通过银行等中介融通资本的筹资活动。这是一种传统的筹资类型。这种筹资具有手续简便、效率高、费用低等优点,但筹资范围相对较窄、门槛相对较高、渠道与方式相对单一。

长期以来,间接筹资一直在我国企业的筹资中占有主导地位。但随着金融改革的不断深化、金融与证券市场的不断发展与完善,我国居民、企业参与直接筹资的机会大幅度增加、参与方式也日趋多样,直接筹资的范围越来越广,间接筹资的地位相比以前已有所削弱。当前,伴随着现代企业制度建设进程,越来越多的企业把筹资方式转向证券市场,进行直接融资。

应该特别注意的是,对每一种筹资渠道与方式,政府都有相应的法律规定;不同的筹资渠道与方式有着不同的特点和资金成本,对筹资企业也会产生不同的影响。

第二节　资金需要量预测

进行筹资管理,首先应该明确筹资的具体任务:在某一具体的时期或时点,企业应该清楚知道新筹措的资金数额。

企业在一个具体的时期或时点,所应该筹措的新增资金数额,通常称为资金需要量。确定资金需要量是企业筹资管理工作的实际起点。

确定资金需要量,一般要通过预测的方法。销售百分比法是资金需要量预测的基本方法;此外,还有线性回归等其他分析预测方法。

一、资金需要量的构成

科学合理地确定资金需要量,其基本目的是为了保证企业生产经营业务的顺利进行,同时又不会有太多的闲置,从而促进企业财务管理总体目标的实现。因此,应该先了解企业资金需要量的构成,资金需要量由营运资金新增需要量、投资资金需要量与偿债资金需要量三个部分构成。可用公式表示如下:

资金需要量=营运资金新增需要量+偿债资金需要量+投资资金需要量

其中,营运资金新增需要量是资金需要量的基本组成部分,主要与营业规模相关;偿债资金需要量一般根据企业到期债务的数额确定;投资资金需要量的确定,则与投资决策相关,且相对独立。

二、预测资金需要量的销售百分比法

资金需要量预测的销售百分比法(以下简称销售百分比法),是在假设企业的资产及资金与其销售收入之间存在稳定的百分比关系的前提下,根据预计销售额和相应的资产及资金与销售额间的百分比关系,来预计资产、负债和所有者权益的总额,然后利用会计恒等式确定新增营运资金需要量的一种方法。采用该方法进行资金需要量预测时,企业若在预测期内存在到期债务,则也可在预测过程中一并纳入考虑。

1. 销售百分比法的一般预测程序与预测举例

销售百分比法的一般预测程序如下。

(1)分析确定资产及资金项目与销售额之间的变动关系。根据各资产、资金项目与销售额之间的变动关系不同,可将其分为3类。

①敏感性项目(用M标记):即其数额变动与销售额之间存在按正比例关系变化的资产、资金项目。资产项目中的流动资产、固定资产等项目,负债项目中的应付账款及其他各种自发性负债项目(如应付工资、应交税费、预提费用等),都属于M类项目。

②其他变动性项目(用B标记):是其数额会发生变动,但其变动与销售额之间或存在或不存在关系;即使存在联系,也不一定是简单的正比例关系的资产、资金项目。这类项目主要是所有者权益中的留用利润项目,以及负债项目因为到期需要偿还的短期借款与长期负债项目。

③无关项目(用N标记):即其数额变动与销售额无直接关系,且预计其数额不发生变动的项目。资产项目中的无形资产、长期投资等项目;负债项目中的借款项目;所有者权益中的实收资本、资本公积等项目,都属于N类。长期负债发生变化的可能性较小;短期借款发生变化的可能性较大,但其变化一般与销售无直接关系。

(2)分析计算各M项目的销售百分比。各敏感性项目占销售额的百分比,可根据实际情况,选择回归分析、计量经济模型等不同方法计算确定。最为简便的方法,是按照企业上年年末各项资产、资金的实有额占全年销售净额之间的比例确定。其计算公式为:

$$\text{某一资产、资金项目的销售百分比}=\frac{\text{资产负债表该资产、负债项目的年末金额}}{\text{全年销售净额}}\times 100\%$$

(3)根据预计销售额,计算各M项目的资金需要量。其计算公式为:

某一资产、资金项目的资金需要量=计划年度预计销售额×该资产、资金项目的销售百分比

(4)分析计算各B项目的资金数额变动情况。其数额为计划年度相对于上一年度各该B项目资金增减变动的数额。例如,短期借款为B项目,其资金数额变动数额为短期借款在计划年度到期的数额。

(5)以"资产=负债+所有者权益"的会计恒等式为基础,依据所计算确定的各资产负债

表项目的变动情况，确定企业因营运与偿债而产生资金需要量。

销售百分比的具体预测计算方法又有两种：一种是先根据销售总额预计资产、负债和所有者权益的总额，然后确定融资需求；另一种是根据销售的增加额预计资产、负债和所有者权益的增加额，然后确定融资需求。

下面举例说明采用销售百分比法预测资金需要量方法的运用。

【例 5-1】 某企业 2012 年实际销售收入 30 000 万元，实际净利润 1 352 万元，预计 2013 年销售收入 42 000 万元，假设股利支付率为 30%，销售净利率与上年相同。资产负债表各项目性质，M 类项目与销售收入的百分比，及 M 与 B 类项目的变动情况，企业融资需求的分析预测计算结果如表 5-1 所示。

表 5-1　某企业的融资需求

项目	项目性质	2012 年（实际）（万元）	销售百分比（%）	预测（2013 年预计）	
				总额法（万元）	增量法（万元）
销售额		30 000		42 000	12 000
资产					
流动资产	M	7 500	25	10 500	3 000
长期资产 1	M	12 000	40	16 800	4 800
长期资产 2	N	2 000		2 000	0
资产合计		21 500	65	29 300	7 800
负债及所有者权益					
短期借款	B	600		400	200
应付账款	M	2 100	7	2 940	840
其他自发性负债合计	M	300	1	420	120
长期负债	N	6 600		6 600	0
负债合计		9 600		10 360	760
实收资本	N	2 500		2 500	0
资本公积	N	1 000		1 000	0
留存收益	B	8 400		9 723	1 323
股东权益合计		11 900		11 223	1 323
融资需求				5 717	5 717
负债、权益、融资总计		21 500		29 300	7 800

说明：

①各敏感性项目占销售额的百分比，是按照企业上年年末各项资产、资金项目的实有额占全年销售净额之比例计算确定。具体为：

流动资产销售百分比＝上年年末流动资产金额÷上年全年销售额×100%

＝7 500÷30 000×100%＝25%

固定资产销售百分比＝12 000÷30 000×100%＝40%

应付款项销售百分比＝2 100÷3 000×100%＝7%

其他自发性负债销售百分比＝300÷3 000×100%＝1%

②计划年度短期借款到期额为 200 万元。

③增量法中的金额，为计划年度相对于上年末的增减变化额（增量）。

④两种方法计算的 2013 年的融资具体任务相同，为 4 206.67 万元。

2. 总额法的资金需要量预测计算过程说明（以【例 5-1】为例）

①M 项目。

基本公式：各项目计划年度年末金额＝预计销售额×各项目销售百分比

流动资产＝42 000×25%＝10 500（万元）

固定资产＝42 000×40%＝16 800（万元）

预计总资产＝10 500＋16 800＋2 000＝29 300（万元）

应付款项＝42 000×7%＝2 940（万元）

预提费用＝42 000×1%＝420（万元）

②N 项目。因假定无变化，所以按上年年末数计算。

③B 项目。根据预计变动的具体情况计算确定。在本例中，B 项目有短期借款与留存收益两项。

计划年度年末短期借款金额＝上年年末短期借款金额－计划年度短期借款到期额
＝600－200＝400（万元）

计划年度年末留存收益金额＝上年年末留存收益金额＋计划年度留存收益增加额

计划年度留存收益增加额＝预计销售额×计划销售净利率×（1－股利支付率）

计划年度末留存收益额＝8 400＋42 000×4.5%×（1－30%）＝8 400＋1 323＝9 723（万元）

其中，因 2013 年预计销售净利率与上年相同，为 1 352÷30 000＝4.5%。

④营运、偿债增加需要量合计＝计划年度年末预计总资产－预计总负债－预计股东权益
＝29 300－（400＋2 940＋420＋6 600）－（2 500＋1 000＋9 723）
＝5 717（万元）

3. 增量法的资金需要量预测计算过程说明（以【例 5-1】为例）

增量法资金需要量预测的基本计算公式如下：

融资需求＝资产增加－负债自发性增加－无关负债变动－留存收益增加
＝（新增销售额×资产销售百分比）－（自发性负债销售百分比×新增销售额）－无关负债变动－［计划销售净利率×计划销售额×（1－股利支付率）］

①M 项目。

基本公式：各项目计划年度增加额＝预计销售增加额×各项目销售百分比

流动资产＝（42 000－30 000）×25%＝3 000（万元）

固定资产＝(42 000－30 000)×40％＝4 800(万元)

预计总资产＝3 000＋4 800＝7 800(万元)

应付款项＝(42 000－30 000)×7％＝840(万元)

预提费用＝(42 000－30 000)×1％＝120(万元)

②N 项目。因预计无变化,不需计算,增加额皆为“0”。

③B 项目。根据预计变动的具体情况计算确定。在本例中,B 项目有短期借款与留存收益两项。

计划年度年末短期借款金额＝计划年度短期借款到期额＝－200(万元)

计划年度留存收益增加额＝预计销售额×计划销售净利率×(1－股利支付率)

＝42 000×4.5％×(1－30％)＝1 323(万元)

计划年度年末留存收益金额无须计算。销售净利率与上年相同,为 1 352÷30 000＝4.5％。

④融资需求(营运、偿债增加筹资需要量)合计＝计划年度年末预计总资产增加额－预计总负债增加额－预计股东权益增加额

融资需求合计＝7 800－[(－200)－840－120]－1 323＝5 717(万元)

销售百分比法是一种简单适用的筹资需要量预测方法。其优点是:简便、易用、快捷;主要变量之间的关系易于了解。但它有一定的局限性,主要是假设资产、负债、收入、成本与销售额成正比例经常不符合事实,这使其应用范围受到限制。由于存在规模经济现象和批量购销问题,资产、负债、收入、成本与销售额不一定成正比例,在运用时必须注意。

三、资金需要量预测的其他方法

1.线性回归分析法

资金需要量预测的回归分析,是利用一系列的历史资料求得各资产负债表项目和销售额的函数关系,据此预测计划销售额与资产、负债数量,然后预测融资需求。

通常假设销售额与资产、负债等存在线性关系。例如,假设存货与销售额之间存在直线关系,其直线方程为:存货＝a＋b×销售额;根据历史资料和回归分析的最小二乘法可以求出直线方程的系数 a 和 b,然后根据预计销售额和直线方程预计存货的金额。

完成资产、负债项目的预计后,其他的计算步骤与销售百分比法相同。

2.使用计算机进行资金需要量的预测

对于大型企业来说,无论是销售百分比法还是回归法都显得过于简化。实际上影响融资需求的变量很多,如产品的组合、信用政策、价格政策等。由于把这些变量纳入预测模型后,计算量大增,手工处理已很难胜任;因此,使用计算机是不可避免的。

最简单的计算机资金预测,是使用电子制表软件,如 Excel 等。使用电子制表软件时,计算过程和手工预测几乎没有差别。相比之下,其主要优点是:预测期间是几年或者要分月预测时,计算机要比手工快得多;如果要改变一个输入参数,软件能自动重新计算所有预测数据。

比较复杂的预测是使用交互式财务规划模型,它比电子制表软件功能更强;其主要优点

是能通过人机对话进行反向操作。例如,不但可以根据既定销售额预测融资需求,还可以根据既定资金限制预测可达到的销售额。

最复杂的预测是使用综合数据库财务计划系统。该系统建有企业的历史资料库和模型库,用于选择适用的模型并预测各项财务数据;它通常是一个联机实时系统,随时更新数据;可以使用概率技术,分析预测的可靠性;它还是一个综合的规划系统,不仅能用于资金的预测和规划,而且可用于包括需求、价格、成本及各项资源的预测和规划;该系统通常也是规划和预测结合的系统,能快速生成预计的财务报表,从而支持财务决策。

第三节　筹资渠道与方式

企业可能从哪里、通过什么方法获得所需的资金?

在明确筹资具体数量任务后,筹资决策者还需要对可能的筹资渠道与方式做出预判,并考虑资本成本、资本结构、筹资风险等因素的影响制约作用,选择最为恰当的筹资渠道与方式。

筹资渠道与筹资方式既有联系,又有区别,不同的筹资渠道和筹资方式各有特点和适用性。同一筹资来源渠道的资金,可以采用不同的筹资方式取得;同一筹资方式,也可以用于筹集不同来源渠道的资本,两者之间存在一定的配合关系。

一、企业筹资渠道

企业筹资渠道是指企业筹集资金的来源通道,表明企业资金是从哪里来,或企业可以从哪里筹得资金,体现着资本的源泉与流量。企业筹资渠道与社会资本的提供者数量及分布相关。社会资本的提供者分布广泛、数量众多,为企业筹资提供了广泛的资本来源。目前,我国企业的筹资渠道主要可归纳为如下两类共七种。不同的渠道各有特点,并对筹资企业产生不同影响。

1. 内部筹资渠道

(1)留存利润,即将一部分利润不分配给股东,保留在企业用于扩大经营。留存利润是企业内部通过提取盈余公积和保留未分配利润而形成资本,是企业内部筹资的主要来源渠道。该渠道筹资比较便捷,有盈利的企业通常都可以加以利用。

(2)推行职工持股计划,也是一种有效的内部筹资渠道。

2. 外部筹资渠道

(1)商业银行借款——向工行、农行、建行、交行及投资银行等借款。

商业银行信贷资本是各类企业筹资的重要来源。银行一般分为商业性银行和政策性银行。在我国,商业银行主要有中国工商银行、中国农业银行、中国建设银行、中国银行以及交通银行等;政策性银行有国家开发银行、农业发展银行和中国进出口银行。商业银行可以为各类企业提供各种商业性贷款;政策性银行主要为特定企业提供一定的政策性贷款。银行信贷资本拥有居民储蓄、单位存款等经常性的资本来源,贷款方式灵活多样,可适用于各类企业债权资本筹集的需要。

(2)非银行金融机构融资——主要有信托投资公司、租赁公司和保险公司等。

非银行金融机构资本也可以为一些企业提供一定的筹资来源。非银行金融机构是指除了银行以外的各种金融机构及金融中介机构。在我国,非银行金融机构主要有租赁公司、保险公司、企业集团的财务公司以及信托投资公司、证券公司。它们有的聚集社会资本,融资融物;有的承销证券,提供信托服务,为一些企业直接筹集资本或为一些公司发行证券筹资提供承销信托服务。这种筹资渠道的财力虽然比银行小,但具有广阔的发展前景。

(3)社会集资——向民间个人或其他法人组织融资。

民间资本可以为企业直接提供筹资来源。我国企业和事业单位的职工和广大城乡居民持有相当数量的货币资本,且资本出路狭窄,可以对一些企业直接进行投资,为企业筹资提供了资本来源。

其他法人资本有时也可为筹资企业提供一定数量的筹资来源。在我国,法人可分为企业法人、事业法人和团体法人等,在日常的资本运营周转中有时也可能形成部分暂时闲置的资本;为了让其发挥一定的效益,也需要相互融通,这就为企业筹资提供了一定的筹资来源。

社会筹资一般通过发行股票、债券等方式进行。

(4)利用港澳台资本或外资。

在改革开放的条件下,对国外以及中国香港、中国澳门和中国台湾地区的投资者持有的资本也可加以吸收,从而形成所谓外商投资企业的筹资渠道。

利用港澳台资本或外资,通常还会有一些特殊的税收等方面的优惠政策。

(5)国家财政投资与资助。

国家财政是企业获取资金不可忽视的重要来源渠道。国家财政原本只是国有企业筹资来源,政策性很强。国有企业的大部分资金,都是由政府通过中央或地方财政部门以拨款方式投资而形成的。随着我国经济体制改革的不断深入,国家财政的资助领域日益向民营企业延伸。据不完全统计,当前政府对于民营企业的资助,每年已达数千亿元人民币。

二、企业筹资方式

筹资方式是指企业筹资所采取的具体方法和手段,体现着资本的属性和期限,表明企业资金是怎样得来的,或企业可以怎样筹得资金。认识企业筹资方式的种类及其特点和适用性,有利于企业有效地开发和利用各种筹资方式,进行各种筹资方式的合理组合,从而有效筹集资本。企业筹资方式主要有以下 6 种。

1. 吸收直接投资

吸收直接投资,是非股份制企业通过非证券的协议形式,筹集政府、外商、其他法人或自然人等直接投入的资本,形成企业实收资本的一种筹资方式。它是非股份制企业筹集主权资本的基本方式。直接投资可以直接形成企业的生产能力;其资金投入主体成为企业的所有者,参与企业经营,并按其出资比例享有收益、承担风险。吸收直接投资的投资者出资形式，有货币、实物资产、工业产权、土地使用权等不同形式。

吸收直接投资有着自身的特点。其优点主要为：

①有利于增强企业信誉。吸收直接投资所筹集的资本属于企业的主权资本，与负债资本相比较，它能提高企业的资信和借款能力。

②有利于尽快形成生产能力。吸收直接投资不仅可以筹措资金，而且能够直接获得所需的先进设备和技术，与仅筹措现金的筹资方式相比较，它能尽快地形成生产经营能力。

③吸收直接投资的财务风险较低。吸收直接投资可以根据企业的经营状况和盈利状况向投资者支付报酬，比较灵活，财务风险较小。

吸收直接投资的缺点：

①吸收直接投资资本成本较高。由于投资者要求的报酬率高，采用直接投资方式筹资负担的资本成本通常较高。

②吸收直接投资由于没有证券为媒介，产权关系有时不够明晰，也不便于产权交易。

③可能导致企业控制权的不稳定，影响企业经营。

2. 发行股票筹资

发行股票筹资是股份公司按照公司章程，以股票为媒介，依法发售股票直接筹资，形成公司股本的一种筹资方式。发行股票筹资仅适用于股份公司，是股份公司取得主权资本的基本方式。

股票是股份公司为筹集主权资金而发行的有价证券；是持股人拥有公司股份的凭证，代表着持股人即股东在公司中拥有的所有权。

股票有不同的种类，如按股东的权利和承担的义务的大小，股票可分为普通股与优先股；按股票票面有无记名，可分为记名股票和无记名股票；按票面是否标明票面金额，可分为面值股票和无面值股票；按投资主体的不同，可分为国家股、法人股和个人股等；按发行对象和上市地区的不同，又可分为A股、B股、H股(在香港上市)和N股(在纽约上市)等。普通股与优先股的股东，在公司中的权力与义务有差异。

我国的《公司法》，对于股票发行的条件、股票形式、发行价格、发行程序和方式、销售方式，以及股票的上市、暂停与终止等，均做出了具体的规定。

股票筹资有着自身的特点。其优点主要是：

①没有固定的利息负担。公司有盈余，并认为适合分配股利，就可以分配给股东；公司盈余较少，或虽有盈余但资金短缺或有更有利的投资机会，就可少支付或不支付股利。

②没有固定到期日，不用偿还。利用普通股筹集的是永久性的资金，除非公司清算才需偿还。它对保证企业最低的资金需求有重要意义。

③筹资风险小。由于普通股没有固定的到期日，不用支付固定的利息，此种筹资实际上不存在不能偿付的风险；因此风险最小。

④增加公司的信誉。普通股本与留存收益构成公司所借入的一切债务的基础。有了较多的自有资金，就可为债权人提供较大的损失保障；因而，普通股筹资既可以提高公司的信用价值，同时也为使用更多的债务资金提供了强有力的支持。

⑤筹资限制较少。利用优先股或债券筹资，通常有许多限制，这些限制会影响经营的灵活性，而利用普通股筹资则没有这种限制。

股票筹资也存在缺点，主要有：

①资金成本高。因为投资者投资于普通股，风险较高，其要求的投资报酬率也相应较高；并且公司支付普通股股利时要用税后利润支付，没有抵税的作用；另外，普通股的发行费用一般也高于其他证券的发行费用。

②容易分散控制权。利用普通股筹资，出售了新的股票，引进了新的股东，容易导致公司控制权的分散。此外，新股东分享公司未发行新股前积累的盈余，会降低普通股的每股净收益，从而可能引起股价的下跌。

3. 发行债券筹资

发行债券筹资是我国股份有限公司等公司制企业，通过发售债务凭证直接筹资，形成企业长期债权资本的一种筹资方式。债券是企业（债务人）因发行证券筹集债务资本，而签发给债权人持有的债务凭证。

债券可以从各种不同的角度进行分类，如按照债券有无担保，可将债券分为信用债券和抵押债券；按债券是否记名，可将债券分为记名债券和无记名债券；按债券是否可转化为普通股，可分为可转换债券与不可转换债券；按债券的还本付息方式不同，可分为无息债券、固定利率债券、浮动利率债券和收益债券等。

同样，我国的《公司法》对于公司发行债券的资格、条件、程序、价格、利率、发售方式、债券交割等，均有严格的法律规定。其中，有关债券溢价或折价摊销的财务处理，是在《企业会计准则》中具体规定的。

债券筹资同样是优缺点并存。债券筹资的优点主要是：

①与股票筹资方式相比，资金成本低。一方面是由于债券利率一般低于股息率；另一方面是由于债券利息具有抵税的作用，可以减轻企业实际利息负担。

②既筹集长期资本，又不影响企业控制权；因为债券持有人无权参与企业的经营管理。

③可以获得财务杠杆利益，提高企业自有资金收益水平。

④能够增强企业筹资弹性，调整资金结构。当企业发行可转换债券或可提前收回债券时，更是如此。

债券筹资主要有以下缺点：

①财务风险大。由于债券须到期偿还，并支付固定的利息费用；因此在企业经营不景气时，会加重财务负担，增大财务风险，使未来筹资更加困难。

②限制条件多。对债券的发行，国家有严格规定，限制了该筹资方式的使用。

③筹资数量有限。

④运用不当会影响未来的筹资能力。

4. 借款筹资

借款是企业按照借款合同借入款项，筹集债务资本的一种方式。借款筹资方式具有广泛的适用性，是企业主要的筹资方式之一。通过借款方式，企业既可获得长期资金，也可筹资短期债务资本。

国家法律对于借款的来源,没有严格的法律限制,银行等金融机构以及法人或自然人,都可以是借款的来源对象。其中,银行等金融机构是企业借款的主要来源;信托投资公司、财务公司等,也是企业借款的重要来源。

以银行为贷款人的借款,称为银行借款。

银行借款有不同的种类,如按其借款期限,可分为短期借款和长期借款;按其是否需要担保,可分为信用借款和担保借款;按借款资金的使用与偿还方式不同,可分为一次性借款与周转性借款;按提供贷款的机构及贷款本身的性质不同,可分为政策性贷款和商业银行贷款等。

企业取得银行长期借款一般要按照规定的程序办理必要的手续,即要经过提出借款申请、银行审批、签订借款合同、取得借款、还本付息的法定程序。

借款的偿还方式常见的有到期一次还本付息和分期分批偿还两种。如果不能按照合同偿付,企业将受到相应的处罚。

无论是银行还是非银行,是长期借款还是短期借款,借款的实际利率都可能会与名义利率存在差异。导致借款实际利率与名义利率出现差异的原因,主要有补偿性余额、特殊的还本付息等借款条件因素。这些条件对于实际利率及资金成本的影响与计算,将在下一节资金成本中介绍。

对于企业而言,银行借款筹资具有以下特点。银行借款筹资的优点:

①筹资速度快。发行各种证券筹集长期资金所需时间一般较长。企业做好证券发行的准备,如印刷证券、申请批准等,以及证券的发行都需要一定时间。而银行借款与发行证券相比,一般所需时间较短,可以迅速获取资金。

②筹资成本低。目前,我国企业利用银行借款所支付的利息比发行债券所支付的利息低;另外,也无须支付大量的发行费用。

③借款弹性好。企业与银行可以直接接触,可通过直接商谈,来确定借款的时间、数量和利息。在借款期间,如果企业情况发生了变化,则可与银行进行协商,修改借款的数量和条件。借款到期后,企业如有正当理由,还可申请延期偿还。

④可产生财务杠杆作用。

银行借款筹资的缺点:

①财务风险较大。企业举借长期借款,必须定期还本付息;在经营不利的情况下,可能会产生不能偿付的风险,甚至会导致企业破产。

②限制条款较多。企业与银行签订的借款合同中,一般都有一些限制条款,如定期报送有关报表、不准改变借款用途等,这些条款可能会限制企业的经营活动。

③筹资数额有限。银行一般不愿借出巨额的长期借款。因此,利用银行借款都有一定的上限。

5. 商业信用筹资

企业在商品交易中以延期付款或预收货款的方式进行购销活动而形成的借贷关系,称为商业信用。商业信用筹资是企业通过赊购商品、预收货款等商品交易行为筹集短期债权资本的一种筹资方式。商业信用是企业之间的直接信用行为,形式多样、适用广泛,已成为企业筹集短期资金的重要方式;但商业信用筹资属于企业的自发性信用筹资,虽然比较灵活,但受到企业经营的限制。企业之间商业信用的形式,主要有应付账款、应付票据、预收账款等。

(1)应付账款是企业在购买商品或接受劳务时,因延期付款而形成的信用欠款。延期付款的实质是向卖方融通资金以满足自身的短期资金需要。

应付账款有付款期限、现金折扣等信用条件,欠款人可视情况选择获得有奖励信用、有代价信用和展期信用三种不同的信用:有奖励信用指买方公司在规定的折扣期内付款,享有现金折扣的信用;有代价信用指公司超过折扣付款期,但不超过规定的最后付款期限,以丧失现金折扣为代价而获得的信用;展期信用指在超过规定的付款期,强制获得的信用。展期信用会伤害企业的信用形象。

(2)应付票据是公司在延期付款时开具的表明其债权债务关系的债务凭证,是企业应付账款的特殊表现形式。应付票据根据承兑人的不同,可分为商业承兑汇票和银行承兑汇票;按是否付息,可分为带息票据与不带息票据。不带息票据的资金成本几乎为零。

(3)预收账款是在卖方企业在交付货物前向买方预先收取货款,获取短期资金的信用形式。其实质是买方企业向卖方融通资金,以缓解资金占用过大的矛盾。该方式主要用于生产周期长、资金占用量大的制造业企业(如轮船制造、房地产开发等),或是其他产品供不应求的企业。

商业信用筹资一般具有以下特点。其优点主要有:

①筹资便利。利用商业信用筹措资金非常方便;因为商业信用与商品买卖同时进行,属于一种自然性融资,不用做非常正规的安排。

②筹资成本低。如果没有现金折扣,或企业不放弃现金折扣,则利用商业信用筹资没有实际成本。

③限制条件少。如果企业利用银行借款筹资,银行往往对贷款的使用规定一些限制条件,而商业信用则限制较少。

商业信用筹资的缺点主要是融资期限短,如果企业取得现金折扣,则时间会更短;如果放弃现金折扣,则代价一般会很高。

6.租赁筹资

租赁筹资是作为承租人的企业,按照租赁合同,以支付一定租金为条件,向出租者租入资产,以筹集债务资本的特殊筹资方式。各类企业都可以利用租赁筹资方式,租入所需资产取得债务资本。

租赁的具体方式很多,按其性质不同,可分为经营租赁和融资租赁两种。

(1)经营租赁,又称营业租赁,是一种典型的传统短期租赁(资金融通)形式;具有租赁期短、租赁合同可以解除、租赁资产一般在期满后退还出租者,没有租赁财产的所有权转移、融资风险较低等特点。

(2)融资租赁,又称财务租赁,是租赁公司按承租人的要求融资购买设备,在契约或合同规定的较长期限内提供给承租人使用的租赁业务。融资租赁一般是为了满足企业对长期资金的需求，属于长期融资方式。

融资租赁按承租人权利义务的不同特点，又可分为直接租赁、售后租回、杠杆租赁三种。

①直接租赁是指承租人直接向出租人租入所需要的资产并支付租金。它是融资租赁的典型形式，其出租人一般为设备制造厂商或租赁公司。

②售后租回是租赁企业将其设备卖给租赁公司，然后再将所售资产租回使用并支付租金的租赁形式。承租企业出售资产可得到一笔资金；同时租回资产不影响企业继续使用，但其所有权已经转移到租赁公司。售后租回的出租人一般为租赁公司等金融机构。

③杠杆租赁是当前国际上流行的一种特殊形式的融资性租赁。在这一租赁方式中，出租人一般出资相当于租赁资产价款的20%～40%的资金，其余60%～80%的资金由其将欲购置的租赁物作抵押向金融机构贷款，然后将购入的设备出租给承租人，并收取租金。

融资租赁是现代租赁的主要形式，其特点一般包括：

①由承租人向出租人提出正式申请，由出租人融资购进设备，租给承租人使用；

②租期较长，大多为设备耐用年限的一半以上；

③租赁合同稳定，在规定的租期内，非经双方同意，任何一方不得中途解约，这有利于维护双方的权益；

④由承租人负责设备的维修、保养和保险；

⑤租赁期满后，可选择退还、续租或留购三种方法处置租赁资产，通常由承租人留购。由以上特征可以看出，与租赁资产所有权相关的风险和报酬实质上已全部转移给承租人一方，因而风险比较大。

融资租赁的租金，一般由租赁设备的购置成本、融资成本（租赁公司为购买租赁设备所筹资金的成本，即设备租赁期间的利息）和租赁手续费所构成。

融资租赁的租金支付，有年付、半年付、季付和月付；先付与后付；等额支付和不等额支付等不同方式。在我国当前的融资租赁业务中，一般采用等额年金法计算租金；由于租金有先付和后付两种不同支付方式，因此具体计算又有不同，分别说明如下。

①等额年金法后付租金的计算。承租企业与租赁公司商定的租金支付方式，大多为后付等额年金，即普通年金。根据年资本回收额的计算公式，可确定出后付租金方式下每年年末支付租金数额的计算公式为

$$\text{后付等额租金}(A)=PV/(PV/A,r,n)$$

【例 5-2】 某企业采用融资租赁方式于 2005 年 1 月 1 日从一台租赁公司租入一台设备，设备价款 40 000 元，租期为 8 年，到期后设备归企业所有；为了保证租赁公司弥补融资成本、相关的手续费并有一定的盈利，双方商定采用 18%的折现率。试计算该企业每年年末应支付的等额租金。

解：查年金现值系数表，有（PV/A，18%，8）为 4.077 6，因此

$$\begin{aligned} A &= 40\ 000/(\mathrm{PV/A}, 18\%, 8) \\ &= 40\ 000/4.077\ 6 \\ &= 9\ 809.69(\text{元}) \end{aligned}$$

②等额年金法先付租金的计算。承租企业有时可能会与租赁公司商定，采取先付等额租金的方式支付租金。根据先付年金的现值公式，可得出先付等额年金的计算公式为

$$先付等额租金(A)=PV/[(PV/A,r,n-1)+1]$$

【例 5-3】 依然采用上例资料，假如先付等额租金方式，试计算每年年初支付的租金余额。

解：查年金现值系数表，$(PV/A,18\%,7)$为 3.811 5，因此

$$\begin{aligned}A&=40\ 000/[(PV/A,18\%,7)+1]\\&=40\ 000/(3.811\ 5+1)\\&=8\ 313.42(元)\end{aligned}$$

融资租赁筹资的优点：筹资速度快，限制条件少；能够迅速形成生产经营能力，产生收益；可以降低因设备陈旧过时而导致的融资风险；在整个租期内分摊租金，不需到期归还大量本金，从而可以降低集中偿债的财务风险；租金在税前扣除，具有抵免所得税的作用，从而税收负担较轻；可以同步引进技术等。

融资租赁筹资的缺点，主要是资金成本较高。一般来说，其租金总额可能会达到融资设备价值的 30%以上，不仅比举借银行借款或发行债券所负担的利息高得多，而且还可能会高于企业全部资产的收益率。特别是在企业财务困难时，固定的租金也会构成一项较沉重的负担。

三、企业筹资渠道与筹资方式的配合

企业的筹资渠道与筹资方式有着密切的联系。一定的筹资方式可能仅适用于某一特定的筹资渠道；但同一筹资渠道的资本则可以采取不同的筹资方式取得，而同一筹资方式又可以适用于不同的筹资渠道。因此，企业在筹资时，应当实现筹资渠道和筹资方式两者之间的合理配合。企业筹资渠道与筹资方式相配合的对应关系参见表 5-2。

表 5-2 企业筹资渠道与筹资方式的配合

筹资方式 筹资渠道	直接筹资	发行股票	发行债券	借款筹资	商业信用	租赁筹资	其他（如无偿援助）
企业内部资本	√	√	√	√			
银行信贷资本				√			
非银行金融机构资本	√	√	√	√		√	
民间资本	√	√	√	√			
其他法人资本	√	√	√	√	√	√	√
港澳台和国外资本	√	√	√	√	√	√	
国家财政资本	√	√		√			√

四、企业筹资渠道与方式选择

确定从哪里、通过什么方式，筹集到多少资金，是构成筹资方案的关键内容；是制订、实施筹资计划的基本出发点，也是筹资管理决策的最终落脚点。选择筹资渠道与方式，就是要

对从哪里、通过什么方式筹资的问题做出决策。

选择筹资渠道与方式，一般应该综合考虑以下方面的因素。

1. 融资需求数量

由于资金是企业生存与发展的基本物质条件；因此，融资需求数量是企业的生存与发展对筹资管理所提出的最基本的实质性要求。企业选择筹资渠道与方式首先要考虑保证完成融资数量的任务要求；而筹资渠道与方式的选择是否得当，则直接关系到筹资需求任务能否顺利完成。

2. 资金成本

筹资渠道与方式不同，企业获得资金的成本也就不同。由于筹资渠道与方式的选择直接关系到筹资及资本成本的高低，降低成本、提高收益是企业的基本原则；因此，企业在选择筹资渠道与方式时也不能例外，应该尽可能地降低筹资与资本成本。

3. 资产、资本结构

筹资让企业获得了新的资产与资金；但由于新获得的资产可以有不同的具体存在形式与性质，因此筹资可能会改变企业的资产结构与资本结构。由于企业筹资所获得的资产形式与资金性质都与筹资所采用的具体渠道与方式相关；因此在选择筹资渠道与方式时，不能不考虑筹资渠道与方式对于资产、资本结构的影响，不能不考虑企业所要求的资产、资本结构对于融资数的要求。

例如，企业发展所需要的是某一含有某种特别技术的资产。如果该资产的所有者不愿意出售该资产，只愿意以入股分红的方式合作；则企业就只能采用权益资本的方式，来筹集该项资金。资产结构不属于本书所讨论问题的范围。

资本结构主要有资金性质结构与使用期限结构两个关联问题。

4. 效益、风险与企业控制权

不仅是筹资本身的成本差异，因筹资所导致的企业资产及资本结构的变化，也直接影响着企业的总体成本、收益与风险，进而影响到企业能否顺利的实现经营。企业控制权作为风险的一个特殊组成部分，筹资所导致的资本结构变化，还可能会导致企业控制权的变化，这也是选择筹资渠道与方式时也必须重点考虑的因素。

5. 税收问题——税务筹划

税收是导致企业利益流出，影响效益的一个基本的、重要的因素。由于筹资渠道与方式选择也会影响到税收，如源于外商的投资有着很多的优惠；因此，在选择筹资渠道与方式时，企业还要有税收筹划的眼光。

对于在筹资过程中，如何分析考虑上述各个因素的影响，做出正确的筹资渠道与方式的问题，将在后面相关章节中阐述。

第六章 投资的财务管理

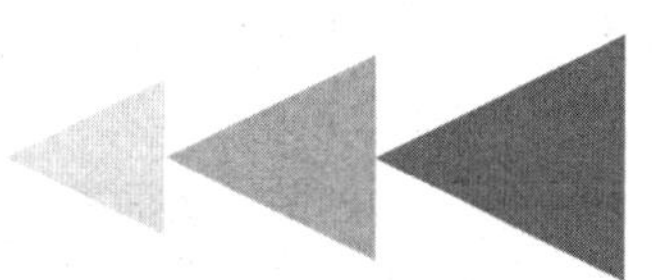

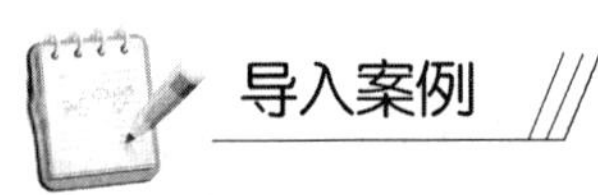

导入案例

JYW 公司当年有可供选择的 A、B 两个投资方案，需进行互斥决策。其有关现金净流量的资料如表 6-1 所示。

表 6-1　JYW 公司两个投资方案的现金净流量表　　单位：万元

年序	0	1	2	3	4	5	合计
A 方案	−1 100	460	460	460	460	460	1 200
B 方案	−1 100	340	440	540	520	460	1 200

请思考并讨论以下问题。

1. 可以运用哪些方法进行上述决策？

2. 进行投资决策，应该获得哪些最为基本的资料？如何获得这些资料？

3. 上述投资是否存在风险？在投资决策中，应如何考虑风险？

第一节　投资管理概述

获取价值，是现代人也是现代企业的普遍追求。投资是保持和增加价值的基本途径。人及其所投资或控制的企业，为了追求价值而投资；又因投资而产生筹资需求。因此，投资决策才是财务管理活动真正的逻辑起点；但是，投资能否达到保持和增加价值的目的又与管理相关，其关键是投资决策的正确与否。企业进行投资的财务管理，必须在明确投资的意义、动机与特点的基础上，明确投资及其财务管理的基本程序与重点，进而掌握投资决策的方法及其运用要点。

一、企业投资及其动机

1.企业投资的含义

（1）投资的一般含义。在现实社会生活中，投资这一概念被广泛用于表示某一社会经济活动主体，为追求实现一定的目标，而投入、运用自身所拥有或控制的资源的任何活动。例如，把钱存入银行或贷放他人，以期得到利息收入；购买有价证券，以期获得红利或转让差价；有目的的与人交往，以期与之产生交往或情感；努力工作或蓄意取悦上司，以获得职务升迁等，都被人们称之为投资。显然，一般意义上的投资，有着以下最为基本的特征。

①投资有其特定的主体：人或组织。

②投资是一种有理性的社会活动。投资主体一般会预先确定其所追求的特定目标；并围绕投资目标实施管理。

③投资目标具有未来的特征。投资所追求的目标或利益，不仅总是在未来才能实现或获得的；而且投资目标能否实现具有不确定性。

④投资中的投入，是现实的。投资是投资主体对自身所现实掌控的资源，所进行的现实的投入、使用或耗费。

（2）企业投资的特征。企业投资是作为投资主体的企业，为了获得未来经济收益，投入、运用自身所掌控的现实经济资源进行的投资活动。相对于投资的一般含义，企业投资主要还有以下一些特殊性。

①企业投资是以企业为主体的理性社会活动。企业不是自然人或家庭，不是其他任何非企业的社会组织或团体；企业拥有投资人、经营者及若干服务于企业的职工；企业与围绕自身而存在的若干其他企业、社会组织与团体以及自然人，发生错综复杂、性质与深浅程度不同的关系。企业投资是企业的投资，投资所耗费的是企业的资源；企业控制着投资的进程；投资所产生的结果，无论损益，皆由企业承担。投资企业主体之外的其他任何企业、社会组织、企业投资人、企业经营者与管理层、服务于企业的职工，虽然可以对企业投资产生一定作用，但都不是投资主体，不负责企业投资的资源耗费；不能控制投资进程；不承担或部分承担企业投资所导致的损益。

②企业投资是一种纯粹的经济活动。企业投资所投入的是企业所掌控的经济或财务资源，不包含不能以货币计量的任何情感、精力等非经济资源；企业投资所追求的目的，完全是经济利益，不包含对政治、感情等非经济回报方面的要求或目标。

当然，企业投资所追求的利益，也符合投资的一般特征。

2.企业投资的动机

投资动机是引发主体进行投资的原因，也是投资主体所要追求的一般目的。如前所述，作为社会人的投资目的广泛而又复杂，但企业的投资动机，因具有经济性而相对简单明确，即追求未来经济利益。若要加以区分，对企业投资的动机，则可简要概括为三个方面：直接获得投资收益；通过降低企业风险或塑造企业形象，保障或间接谋求经济收益。

(1)直接获取投资收益，是企业投资的基本与主要动机。按照投资直接获取收益的途径不同，其还可进一步分为三个方面：①通过投资增加新的收益来源并降低风险，获得或增加收益；②通过投资扩大经营规模，获取规模效益并降低风险，扩大或增加收益；③通过投资降低成本并降低风险，以绝对或相对增加收益。

获取规模效益是假定企业生产的产品的市场需求规模未受限制，企业通过投资扩大产品的产销数量，并同时使产品成本得到降低，从而取得的投资收益。企业通过投资扩大业务规模，可以增加收益，但增加的最高限度是边际收入等于边际成本，超过这个限度就会使利润额达不到最大或下降。维持现有规模效益是获取规模效益的一种特殊情形，它是在假定企业生产的产品的市场需求规模不变、产品成本一定的前提下，企业通过投资来维持现有的生产经营规模所取得的效益。由于连续不断的生产经营活动使企业生产设备因损坏或报废，而不能保持原有的生产经营规模，导致企业效益下降，因此，为了维持企业现有的生产经营规模，企业可以通过投资替换效率低、耗能高的陈旧设备以降低单位产品成本，从而取得效益。

(2)降低企业风险，保证经济效益。风险会使企业发生损失，若是能降低或转移风险，就能保证收益的稳定。投资是企业降低风险的重要途径：投资可以扩大企业规模，企业规模越大，抗风险能力越强；投资可以使企业获得新的收益来源，企业“将鸡蛋放在不同篮子里”的活动，能够增强抗风险能力；投资可以转移风险，将投资与筹资结合起来，有助于企业建立更大的利益同盟，帮助企业实现风险的分担、转移与抗御。

(3)塑造企业形象，间接谋求经济收益。企业形象会直接影响收益是一个不争的事实，有人通过实证研究的方法进行了检验。一个企业如果有着好的社会形象，则对于其开展业务活动，取得收益的正向作用无须赘言。因此，塑造良好企业形象是企业间接谋求经济收益的重要途径。塑造企业形象需要投资，但是，塑造良好企业形象，绝不是仅通过广告投入可以实现的。切实保证产品质量道德底线、自觉履行社会责任、主动承担社会义务、积极开展公益活动、建设为社会公众所推崇或认同的企业文化，才是塑造良好企业形象的根本途径。

二、企业投资的分类

投资分类是按照一定标准，如投资的时间长短、投资的方向、领域与用途等，对投资进行的门类划分。现代企业投资类别繁多，不同类别的投资有着不同的特点。为了有针对性地开展管理，保证投资目标实现，企业必须明确投资所属的类别、分清投资的性质及特点。进行投资分类能够为有针对性地开展投资管理提供依据。

对企业投资进行分类，有不同的分类标准与方法。

1.直接投资和间接投资

这是按照投资所形成资产与生产经营之间的关系不同，对投资进行的分类。

直接投资是指其投资直接形成各种生产经营实体资产，主要是固定资产、无形资产，以及现金、存货（商品）等短期实体资产方面的投资。固定资产投资直接形成企业生产经营的物资条件，并最终决定企业的生产经营及盈利能力；无形资产投资有助于企业在未来获得超额利润；现金、存货（商品）等短期实体资产方面的投资，直接运用于企业当前的生产经营活动。在科学技术高度发达和市场竞争异常激烈的今天，无形资产投资与企业生存和发展的关系越来越密切。但是，因为无形资产的收益具有很大的不确定性，特别是自创无形资产，其投资额与收益性难以预计。所以，无形资产的投资很难用一般的财务理论进行分析，而主要取决于决策者的战略眼光和经营素质，还依赖于一定的运气。

间接投资又称证券投资、金融投资，或虚拟资产投资，是指把资金投放于证券等金融资产，以取得股利、利息或转让差价收益的投资。

在非金融性企业中，直接投资所占比重相对较大。但是，随着我国金融市场的完善和多渠道筹资体系的形成，企业的间接投资活动将越来越活跃。

2.对内投资和对外投资

这是按照投资所形成的实体资产与投资主体企业之间的关系，对投资进行的分类。

对内投资是指投资主体企业将资金投放在企业内部，形成企业生产经营活动中直接使用的各种实体资产，并且作为投资主体的企业可以直接支配、使用的投资。

对外投资是指投资主体企业将资金投放在企业外部，从而不能够直接支配投资所形成的实体资产的投资。例如，企业以购买股票、债券等有价证券方式进行的投资，没有形成实体资产；以现金、实物、无形资产等方式向其他单位投资，虽然形成实体资产，但作为投资主体的企业不能直接支配使用。这些都属于对外投资。

对内投资通常都是直接投资。对外投资可以是直接投资，但主要是间接投资；而且，即使是直接投资，其所形成的实体资产，投资主体企业也不能直接支配使用。

随着企业横向经济联合的开展，对外投资越来越重要。

3.短期投资和长期投资

这主要是按照投资的资金回收时间的长短，对投资进行的分类。

短期投资又称流动性投资，是指投资回收期不超过一年或一个营业周期的投资，如购买存货短期票据、能随时变现的有价证券等方面的投资。对于短期投资而言，因为购买存货，主要是用于生产耗用或者销售；购买短期票据或其他能随时变现的有价证券，实质上是为了解决企业所持有的现金不能创造收益的问题，都属于营运资金的运用问题，所以，一般都不作为投资进行管理。

长期投资是指投资回收期超过一年或一个营业周期的投资，主要包括固定资产、无形资产，及其他专项资产与长期持有的有价证券等方面的投资。应该注意的是，投资回收期与投资期是两个不同概念。投资期是指完成投资过程所需要的全部时间，一些投资项目，可能只是通过一次付款行为就可以完成；但有些投资项目，特别是固定资产方面的投资，由于需要进行工程建造，因此可能会持续很长时间。投资回收期则是指收回投资所耗费的全部价值所需要的全部时间；投资回收一般是从完成投资后开始的。

长期有价证券投资属于间接投资。不仅可以为企业取得投资收益,而且还可以降低投资风险,或帮助企业实现其他战略目标。由于长期有价证券投资具有相对的独立性,与企业自身经营的经济效益没有直接关系,因此,其投资的效益分析也相对独立。

4.初始投资和后续投资(追加性投资)

这是按照投资与企业再生产的关系,对企业投资进行的分类,有以下两种不同情况。

(1)从企业整个生命周期的角度划分。初始投资是企业在新建时,所进行的各种原始投资;其特点是投入的资金通过建设形成企业生产、经营的必要条件。后续投资则是在企业经过初始投资已经形成了一定经营能力的基础上,为巩固和发展企业所进行的各种投资。包括为维持企业简单再生产所进行的更新性投资、为实现扩大再生产所进行的追加性投资、为调整生产经营方向所进行的转移性投资等。

(2)从企业中的一个具体投资项目的角度划分。初始投资是在该新项目开始时所投入的第一笔资金;后续投资则是在新项目取得阶段性成果后所进行的追加性投资。

由于企业投资的内容范围过于广泛,不同的投资类别又对财务管理有着不同的要求与特点;因此,关于投资的财务管理,绝不是本书所能全面囊括的。本章仅主要讨论企业投资中的组成部分之一:固定资产投资的财务管理问题。

三、固定资产投资及其特点与意义

固定资产指使用期限或单位价值超过规定标准,且在使用过程中始终保持其原有形态的实物资产。

固定资产投资是企业对内的直接投资,也是企业最基本、最重要、最主要的内部的长期直接投资。长期直接投资虽然也包括无形资产与其他专项资产方面的投资项目;但是,由于厂房、机器设备等方面的固定资产投资是其最主要和基本的类别,因此一般主要是指固定资产投资。

固定资产投资有着其自身的特点,对于企业有着重大意义。

1.固定资产投资的特点

与其他投资相比,固定资产投资一般具有以下特点。

(1)投资所需资金数量大,所形成资产使用期限长,资金回收时间也长。一个投资项目,需要较大投入且有持续性的资金供应保证,否则就不能完成或影响工期。投资项目一经决策认定并进入运作,会在较长时间内成为企业资金筹集与运用的一个中心。投资项目一旦建成投产,直至终结都构成企业生产经营能力的重要甚至是主要的组成部分,会在很长时间内影响企业的生产经营与财务管理。固定资产投资需要几年甚至几十年才能得到回收。例如,有些大型项目,甚至仅是建设期,就长达几年甚至十几年。

(2)投资所形成的资产,具有用途上的专用性与位置上的固定性,变现能力差。固定资产的实物形态主要是机器设备、厂房和道路等,在用途上多数具有专用性,建成后很难甚至不能改变用途。有些固定资产,在建成后还会与地理环境形成自然连接,进行拆迁或移动会导致极大的代价与损失,因而很难改变地理位置。固定资产在用途上的专用性与位置上的固定性，导致其出售变现困难。因此，人们认为，固定资产投资具有不可逆转性。

(3)投资所形成的资产在其使用期内，资金占用数量相对稳定，不像流动资产投资那样经常变动。对于既定的固定资产(生产能力)规模，其所能容纳的业务量有一定的弹性：即在一定范围内增加营业量，并不需要也不能够立即通过投资而扩大固定资产规模，而是通过挖掘潜力、提高效率，就可实现业务量增加的需要。相应的，业务量在一定范围内减少，企业同样也不必也不能够出售部分固定资产，以减少资金占有量。

(4)投资所形成资产的价值可与其实物相分离，且在资产持续发挥作用的前提下，其逐步提取的补偿价值可以用于再投资。固定资产在投入使用后，其实物形态保持不变，但其中一部分资产价值会逐步脱离实物形态，通过折旧或折耗的途径逐步转移到商品成本中，然后随着销售过程而收回，并转化为货币资金。固定资产在使用年限内，保留在实物形态上的价值逐年减少，而脱离实物形态转化为货币准备金的价值逐年增加，直到资产报废，其价值才得到全部回收补偿。这时就需要进行实物的更新；而使固定资产的价值与其实物形态又重新实现统一。这表明，由于企业各种固定资产的新旧程度不同，因此，企业可以在某些固定资产需要更新之前，利用脱离实物形态的固定资产转移价值所形成的货币资金去投资兴建新的固定资产，或更新其他旧的固定资产，从而充分发挥资金的使用效能。

(5)投资所形成资产的价值，同时受到使用磨损、时间推移与技术进步三方面因素的影响而减少。在科学技术飞速发展的今天，技术进步对固定资产价值的影响作用越来越大。例如，一套全新的设备可能会因为技术的进步而变得不值分文，这增大了投资的风险。

(6)固定资产投资不具有经常性，次数相对少，且投资项目具有非重复性。与流动资产相比，固定资产投资一般较少发生，特别是大规模的固定资产投资，一般要几年甚至十几年才发生一次。每一个投资项目，都有着不同于其他项目的特点，很少存在完全相同的两个投资项目。虽然固定资产投资次数少，但每次资金的投放量却比较多，对企业未来的财务状况会产生大而持续的影响。因此，进行固定资产投资时，企业应用较多的时间，并必须进行专门的研究和评价，为固定资产投资做好专门的资金筹集工作。

2. 固定资产投资的意义

固定资产投资是企业生存和发展的基本保证。在市场经济条件下，企业能否把筹集到的资金投放到收益高、回收快、风险小的项目上去，具有十分重要的意义。

(1)固定资产投资是企业发展生产、扩大经营的基本途径。在科学技术、社会经济迅速发展的今天，企业无论是维持简单再生产还是实现扩大再生产，都必须进行一定的固定资产投资。企业要维持简单再生产的顺利进行，就必须对所使用的机器设备及时进行更新，对生产工艺和产品进行改革，不断提高职工的科学技术水平。要实现扩大再生产，就必须新建、扩建、改建厂房，增添机器设备，增加职工人数并提高人员素质等。只有通过一系列的投资活动，才能为企业增强实力、广开财源创造条件。

此外，由于一个企业的生产经营规模，是在其以固定资产为基础的物质条件能力的基础之上形成的，因此，固定资产的规模最终决定着企业的生产经营规模，尽管企业生产产品的产量相对于固定资产规模有着一定弹性。例如，对于一个租用他人场地办公，特别是生产经营场地的公司,人们常会笑称为“皮包公司”,其生产经营的规模,必然会受到制约。

(2)固定资产投资是企业增加利润、降低风险,实现财务目标的基本手段。由于企业财务管理的目标是不断提高企业价值,因此,就要采取各种措施增加利润,降低风险。企业要想获取利润,就必须拥有一定数量的固定资产,用于发展生产、扩大经营。企业把资金投向生产经营的关键环节或薄弱环节,可以实现生产经营能力的配套、平衡,形成更大的综合生产能力。若企业把资金投向多个行业,实行多角化经营,则更能增强企业销售和盈余的稳定性,增强企业抗御风险的能力。

(3)固定资产投资对于企业发展具有长期战略意义。由于固定资产投资具有资金占用数额大且投资回收期长,资产使用时间长且既难以改变用途,又难以变现等特点,因此,固定资产投资必然会在较长时期内影响到企业的发展,企业必须将固定资产投资作为长期发展的战略重点来考虑。现代企业发展与消亡的无数实例,已经并且还在继续证明,固定资产投资的成败直接影响着企业的成败与发展。企业因投资而兴,因投资而亡的例证举不胜举。有些企业,虽然投资失败并不能导致其倒闭,但是,要从投资失败的损失与阴影中走出来,其代价也是巨大的。

(4)固定资产投资是塑造企业形象,建设企业文化的重要途径。企业形象与企业文化,似乎只是精神或意识形态层面的问题,但它们离不开一定的物质载体或依托。“形象工程”一词,很好地说明了二者之间的关系。

(5)固定资产投资是企业筹集长期资金的主要原因。筹资的时间长短,主要取决于企业资金需求时间的长短。虽然营运资金也会导致企业对长期资本的需求,但是,出于资本成本与效益原因,理性的财务管理一般会尽可能使用短期资本来满足营运资金需求。因此,长期筹资主要是因为长期投资的原因而产生,且在长期投资中,固定资产投资的作用与意义,有着不同于无形资产或长期证券或其他对外投资的重要性。固定资产投资的需要是筹措长期资本的主要动因。

四、固定资产投资财务管理的内容与目标要求

固定资产投资财务管理,是从财务的角度,对固定资产投资的决策、实施、项目运行与结束过程,所实施的管理。它主要由企业财务部门或人员来实施。固定资产投资资金数额大,收效持续时间长,对企业影响深远,牵涉面广、工作繁多,以其为对象的管理工作,是一个系统工程。这里仅从财务的角度,阐述固定资产投资管理的内容与目标问题。

1.固定资产投资项目财务管理的内容

从财务的角度而言,投资管理应该主要包括两个方面的内容:一个是关于投资项目的财务决策;另一个是对投资过程中的资金及现金收支实施管理。

(1)投资项目的财务决策。投资项目的财务决策(以下简称投资决策),是从财务的角度,对投资项目的取舍进行的决策,习惯上称之为投资项目的经济(或财务)可行性分析。尽管财务决策并非投资决策的全部,投资决策还要从技术、市场、环境、资源条件等各个方面综合考虑,但是,财务决策对于投资项目决策有着特殊的意义。

①项目能否顺利实施并完成，直接取决于企业筹资能力，因此财务决策是投资决策必不可少的环节。

②项目是否盈利，直接关系到投资项目终极目标的实现，是投资决策有着决定性意义的最后决策环节。投资项目在技术、市场、环境、资源条件等各个方面是否具有可行性，必须通过其在经济或财务上是否具有可行性来最后验证。这是其能否进入财务决策环节的前提条件。若项目在技术、市场、环境、资源条件等任何一个方面不具有可行性，则项目也就不能进入财务决策程序；若项目只是具有在技术、市场、环境、资源条件等方面的可行性，但不具有经济或财务上的可行性，则项目必须放弃。

因此，关于投资的财务决策，通常是在假定项目不存在技术、市场、环境、资源条件等各个方面障碍的前提下进行的。

投资决策是投资财务管理最为重要的关键性环节。

(2)投资项目建设过程的财务管理。这主要是对项目在投资过程中，存在的资金供应(筹资、拨款与资金运用)、现金的支出(资金使用)、收入与收入支出的衔接、投资项目与营运之间的资金衔接，以及投资物资与投资所形成的各项财产物资等各方面所实施的监督与管理。

(3)投资项目营运及项目结束时的财务管理。对于投资项目营运中的财务管理，可参见本书“营运资金管理”中的相关内容。

2. 固定资产投资财务管理的目标与要求

进行固定资产投资的财务管理，应该追求什么目标？综合前面有关固定资产投资的特点、意义及特征等财务管理内容的分析，可以将固定资产投资财务管理的目标概括为：围绕企业发展战略目标及财务管理总目标，在正确、及时捕捉投资机会的基础上，慎重进行投资项目财务可行性分析与经济决策；保证投资项目的资金供应，合理控制短建设工期；保证投资效益，并将投资风险控制在适当的水平。

(1)认真进行市场调查，围绕企业战略目标，正确、及时捕捉投资机会。捕捉投资机会是企业投资活动的起点，也是企业投资决策的关键。

投资机会是一种营利机会；投资项目是能够给企业带来盈利的项目。但不能片面、单纯的理解上述观点，企业选择确定投资机会与项目，更应该考虑其是否符合企业的长期战略发展要求。那些只是能够给企业带来盈利，但不符合企业的长期战略发展要求的投资项目，可能会给企业带来无穷的麻烦。

在商品经济条件下，投资机会是不断变化的，它受到许多因素的影响，市场需求变化是最主要的影响之一。企业在投资之前，必须认真进行市场调查和市场分析，以寻找最有利的投资机会。市场是不断变化、发展的，对于市场和投资机会的关系，企业还应从动态的角度加以把握。正是由于市场的不断变化和发展，才产生了一个又一个新的投资机会。随着经济不断发展，人民收入水平不断增加，人们对消费的需求也同时发生着变化，无数的投资机会正是在这种变化中产生的。

(2)运用科学的投资决策程序与方法，进行投资项目的可行性分析与决策。为了保证投资决策的正确有效;企业必须按科学的投资决策程序,认真进行投资项目的可行性分析。投资项目可行性分析的主要任务是对投资项目在技术上的可行性和在经济上的有效性进行论证,通过运用各种方法计算出有关指标,以判断不同项目的优劣。财务部门是对企业资金进行规划和控制的部门,财务人员必须参与投资项目的可行性分析。

(3)保证项目资金的及时、足额供应,合理控制建设工期,保证或提高投资效益。企业的投资项目,特别是大型投资项目,建设工期长、所需资金多,一旦开工,就必须有足够的资金供应,否则就可能延缓工期,甚至导致工程项目中途下马,出现“半截子工程”,造成不可弥补的巨大损失。因此,在财务管理方面,投资项目上马之前,企业必须科学预测投资所需资金的数量和时间,制订筹资与资金供应计划;项目上马后,企业应采用适当的方法,及时、足额筹集资金,以保证资金供应与投资项目顺利完成及投资效益的实现。在上述基础上,企业还应尽可能缩短建设期,使之尽快产生或提高投资效益。

(4)认真分析风险和收益的关系,控制企业投资风险。收益与风险共存,且收益越大,风险也越大。收益的增加是以风险的增大为代价的,而风险的增加可能会引起收益与企业价值的下降,不利于财务目标的实现。

在市场经济条件下,任何的投资决策都会存在风险,企业必须将风险控制在一定水平之内。企业进行投资管理,必须将收益与风险结合起来认真考虑,实现收益和风险的均衡,以不断增加资金收益,提升企业价值,实现财务管理的目标。

五、固定资产投资项目的财务决策程序

由于项目投资具有相当大的风险,一旦决策失误,就会严重影响企业的财务状况和现金流量,甚至会使企业走向破产,因此,投资决策必须从公司战略方向、项目风险、投资回报、公司自身能力与资源分配等方面加以综合评估,筛选出成功可能性最大的项目,并制定有针对性的计划和程序,有效地实施投资管理。

固定资产投资的财务决策程序,一般包括以下几个步骤。

1. 捕捉投资机会,提出投资项目

(1)捕捉投资机会。投资机会是投资获利的机会。捕捉投资机会,可以以管理层为主,走群众路线,集思广益。

(2)提出投资项目。公司总体战略是长期投资战略规划的依据,也是选择投资项目的基本依据,因为并不是所有的投资机会都要投资。所以应根据公司投资战略方向,对各投资机会加以初步分析,确定投资项目。

(3)制定投资方案。对于已经初步确定的项目,企业应进行广泛的信息收集与分析工作:首先,要从政策、环境、技术、资源等方面进行初步评估;其次要从财务决策支持网络中调出并补充收集有关总市场规模、年度增长率,以及主要或潜在对手的产品质量、价格、市场规模等信息,结合本企业的优势和劣势,进行权衡;最后,还要选择合适的投资时间、投资规模、资金投放方式,制定出可行的投资方案。

企业的股东、董事、经营者都可提出新的投资项目。其中,企业的最高当局提出的投资,

多数是大规模的战略性投资，其方案一般由生产、市场、财务等各方面专家组成的专门小组提出；基层或中层提出的，主要是战术性投资项目，其方案由主管部门组织人员拟订。

2. 投资项目的总体论证

投资项目的总体论证是企业从技术、市场、环境、资源条件及经济效益等各个方面，对所提出的全部投资项目是否具有可行性进行的初步、综合的分析论证。

投资项目的总体论证，主要包括以下具体工作。

(1)汇总提出的全部投资项目，并对投资项目进行分类整理，为分析评价做好准备。

(2)分别对各项目在技术、市场、环境、资源条件等各个方面是否具有可行性进行分析论证。如果项目在任何一个方面存在不能解决的障碍，则企业就必须放弃。例如，政府相关政策法规是否对该业务已有或有潜在的限制；企业不能获得该项目经营领域的"准入证"；企业不能获得与项目相关的关键技术，或虽然能够获得但代价过高，或相关技术已经不具有先进性；企业难以获得项目建成投产后所需的(如原材料)等关键资源；项目所属行业为夕阳产业且难以逆转，或行业投资回报率低下等。如存在上述任何一个问题，则其投资项目都必须放弃。

(3)对项目的经济效益进行初步论证。作为初步论证，以产品为主体，依据产量、收入、成本、利润等指标进行的本、量、利分析，是一种较好的分析方法。

(4)对通过总体论证的投资项目整理排队，为投资项目的财务评估与决策提供基础。

投资项目的总体论证，一般不需要设立专门的项目组，但必须要由专人负责。其各项总体评价的具体工作，主要责成技术、销售、人事、科研、财务等相关部门的人员实施；如有必要，应向企业外部的专家进行咨询，甚至聘请外部专家完成。

3. 编制项目投资方案

投资方案是基于投资项目要达到的目标而形成的有关投资项目的具体设想与时间安排。从财务管理的角度而言，其主要是对投资项目相关的现金流进行估算。

估算项目投资的现金流，可参考以下表格内容进行，如表 6-2 所示。

表 6-2　××投资项目现金流估算表

单位：__________

年序	现金流出(现金支出)	现金流入(现金收入)
0(投资起始点)		
1		
2		
…		
n		

对于估算各项指标值的基本方法，具体在下一节介绍。

4. 投资项目的财务评估与决策

财务评估与决策，是在对投资项目进行综合论证与初步筛选的基础上进行的，是投资决策的最后环节，也是投资管理的关键环节。其主要有四个方面的工作。

(1)计算确定与投资项目相关的现金流量。

(2)运用一定的投资决策方法,以现金流量为基础,计算相关的财务决策指标值。

(3)在计算出的财务决策指标值的基础上,进行投资项目的敏感性分析与风险分析。

(4)根据计算出的财务决策指标值以及敏感性与风险分析结果,选择最佳的投资项目及方案,做出最后的投资决策。

对于投资规模较大,能够通过总体评价进入财务决策阶段的投资项目,企业最好是设立专门的项目组;然后,连同对投资项目总体论证的审定,进一步进行财务可行性分析;最后,根据总体论证与财务分析的资料编制投资项目可行性研究报告书,以保证决策的科学性与稳妥性。

对于投资项目的决策权,企业可适当地进行分权管理。例如,投资额较小的项目,可赋权总经理或中层经理决策;投资额较大的,可由董事会决策;投资额特别大的,则应由股东大会投票表决。

如果项目论证决策或项目实施的组织者,没有最后的投资决策权,或是项目要申请外部支持(如政府财政、银行);那么,必须编制并提交投资项目可行性研究报告书,以供高层决策者,或最后决策者,或资助方作为审批决策依据。

5.投资项目的可行性研究报告

编制投资项目可行性研究报告书,对于项目的申报、实施、论证者没有最后投资决策权,是投资过程中的一个重要环节。

投资项目可行性研究报告书的实质,是对投资项目在技术上的先进性、可行性和经济上的合理性、营利性所进行的综合论证与评估,也是项目建成后验收评估的主要依据。

(1)投资项目可行性研究报告书的基本内容。

①项目基本情况,如包括财务状况在内的项目申报单位基本情况;项目名称、建设性质及建设地点;项目产品方案及规模品种、技术、设备方案;投资结构及资金来源;土建工程建设期限;可行性研究报告的编制依据等。

②项目背景及必要性,如项目所属行业背景(市场规模、增长速度等);项目所在区域社会经济状况;相关产业发展现状;项目建设的必要性等。

③项目选址与建设条件,如项目建设所在地自然及基础设施条件;项目的资源、科技支撑条件等。

④建设方案,如项目建设规模、建设规划和布局;主体工程、辅助工程及其他配套设施建设标准与方案;设备选型方案;项目实施进度安排;产品生产流程及产品相关技术(工艺)标准等。

⑤项目产品的市场分析与销售方案,如产品市场供求现状及前景分析;所投资产品的市场优势分析;产品的营销策略、方案与模式;市场风险因素分析及风险防范对策等。

⑥其他相关问题及措施,如建设用地方案;环境影响分析及保护措施;节能减排措施;项目组织与管理组织;劳动安全、卫生与消防;资金来源及银行借款计划等。此外,如涉及企业外部,还需要有相关政府部门或单位的证明材料。

⑦财务评价，主要是根据项目资源配置、投资、收入、成本及现金流量的估算，计算投资项目的某些财务效益指标，分析项目的盈利能力；进行投资的敏感性与风险分析，并提出风险防范措施；最后，提出分析与评价结论。

⑧项目的社会效益分析及评价，如对当地就业、主导产业发展和产业结构调整、收入、消费，以及整个社会经济发展的影响等。

⑨其他相关附件、附表，及必要说明。

(2)投资项目可行性研究报告书的格式。对投资项目具有审批权的部门或机构，在组织项目申报时，通常会附有申报书的内容与格式要求；其内容一般包括上述内容。其格式与要求虽然不一定完全相同，但项目申报单位应该按照规定的格式要求编制，如果项目申报组织机构没有对内容与格式提出统一要求，则可以参照上述内容顺序编制。

(3)投资项目可行性研究报告书的编写与申报程序。若项目需要由政府批准，则其申报书一般需要委托建设单位或投资单位以外的、有资质的中介机构进行，并通过有资质的中介机构编制并盖章后，再上报具有审批权的政府部门或机构审议批准。

第二节　投资决策方法

如前所述，这里所说的投资决策，是指从财务的角度对投资是否具有经济上的可行性所进行的分析与判断，即从财务方面进行的投资决策。它一般是以与投资项目相关的现金流量进行估算为基础，进而计算出投资项目的某些财务效益指标值，然后将指标值与取舍判断标准对比，做出投资项目在经济上是否具有可行性的判断与决策。

财务管理中的投资决策方法，可分为四个层次：与投资项目相关的现金流量的计算确定方法；投资决策基本财务指标的计算方法；投资项目财务指标的风险调整方法；判断投资项目在经济上是否具有可行性的方法。

一、投资项目的现金流量及其估算方法

1. 投资决策中的现金流量及其意义

投资必然导致企业现金的流动。

投资决策中的现金流量，是指投资主体因投资项目实施而可能导致的现金流入、流出的时间与数量。这里的“现金”是指广义的现金，不仅包括货币资金，还包括项目需要投入的其他各种非货币性经济资源的变现价值。

(1)投资决策中的现金流量的特点。投资决策中的现金流量，是因投资项目实施而可能导致的现金流动的数量，按照收付实现制与权责发生制的混合标准确定。既不同于现金收支与净存量，也不同于收入成本与利润。

①现金流量，无论是现金流入，还是现金流出，都不考虑所谓“应收、应付”的问题；只要

是与项目相关的，应该获得的收入或应该支付的价值额，都属于现金流入或流出。会计中的现金收入与支出，严格按照收付实现制确认，不包括"应收、应付"的款项，是企业现金的实际收付，其差额形成企业现金存量的增加或减少。由于现金流量并不严格按照收付实现制确认，因此与现金的实际收付并不完全等同；现金流入与现金流出的差额，称为净现金流量，同样也不一定就是企业现金存量增加或减少的数量。

②现金流量所包括的现金流入、现金流出与净现金流量，也不同于会计中的收入、费用与利润；因为，两者在估算现金流量和确认收入、费用与利润所依据的数额确认基础、口径、范围等方面都存在差异。其差异主要表现在以下方面。

首先，资产购置成本的差异。在估算现金流量时，在资产购置时其成本被一次全部作为现金流出，但在项目营运期间，对应该提取的折旧与摊销费用，却视同当年的现金流入看待；但在计算会计损益时，在资产购置时对其购置成本进行资本化处理，不作为当期费用，但对在项目营运期间提取的折旧与摊销，却计入当期成本费用。

其次，项目投入营运所垫支的流动资金的差异。在估算现金流量时，在资金垫支时作为现金流出；在项目结束收回时作为现金流入，但在计算利润时不考虑该因素。

最后，项目寿命终结时回收的固定资产净残值与无形资产变现价值的差异。例如，在投资决策估算现金流量时，作为项目终结阶段的现金流入，在计算利润时同样也并不考虑等。

(2)投资决策中的现金流量的意义。在投资决策中，一般不以传统的经济效益衡量指标——利润为依据，而是以现金流量为基础，计算某些特定的指标值，作为决策评价依据。

以现金流量作为投资项目经济效益评价决策基础的原因主要如下。

①科学的投资决策必须考虑时间价值，采用现金流量，有利于更科学地考虑资金的时间价值因素。因为不同时间的资金具有不同的价值，所以，这就要求在决策时一定要弄清每笔预期收入款项和支出款项的具体时间，然后根据投资项目寿命周期内各不同时间的现金流量，按照资金成本考虑时间价值因素，以衡量与确定方案的优劣。

②采用现金流量，能使投资决策更科学、更客观、更符合客观实际情况。在长期投资决策中，相对于现金流量，利润的计算没有一个统一的标准，在一定程度上要受存货估价、费用摊配和折旧计提的不同方法的影响。因而，净利的计算比现金流量的计算有更大的主观随意性，作为决策的主要依据不太可靠。此外，利润反映的是某一会计期间"应计"的价值流量，而不是实际的现金流量。因此，若以未实际收到现金的收入作为收益，则具有较大风险，容易高估投资项目的经济效益，存在不科学、不合理的成分。

(3)确定投资决策中现金流量应注意的问题。投资决策中的现金流量，是一个增量概念，即增量现金流量。增量现金流量，是指由于项目实施而可能增加产生的现金流入和现金流出数量。只有增量现金流量才是与项目相关的现金流量，对此，有以下几点应该注意。

①投资决策中的现金流量不考虑、不包括沉没成本。沉没成本是指那些由于过去的决策所引起的，并已经支付款项而发生的成本。这类成本一般都是过去已经发生，无法由现在或将来的任何决策所能变更的成本。比如，一个已经投入成本进行了一半的项目，是否应该继续投资？投资者要从现在看起，不考虑过去已经投入的成本，而只是考虑继续投资项目所

导致增加的现金流入和流出。

②企业在投资决策中要考虑机会成本，但在估算投资项目现金流量时，对于机会成本应根据具体情况做出不同处理。机会成本是指在投资决策中，因为选择了某一投资方案，而放弃其他投资机会与方案，所丧失的其他投资机会可能带来的收益，其实质是选择最佳投资方案所付出的一种代价。例如，企业有一块土地，若出售可获得收入 100 万元；企业如果在这块土地上投资项目，也就失去了出售该土地可获 100 万元的收益的机会。这 100 万元就是该投资项目的机会成本，因此，企业在测定项目的现金流量时，企业应考虑该项机会成本，将其作为投资额看待。再如，一个企业有 100 万元可以用于投资的资金，有甲、乙两个项目可供选择。如果选择甲项目，则乙投资项目所可能获得的收益就是选择甲项目的机会成本；反之，则甲投资项目所可能获得的收益也是选择乙项目的机会成本。但是，在测定项目现金流量时，该类机会成本一般不记入对比项目的现金流量，而是另外单独考虑。

③对于生产经营投资项目，企业在决策时要考虑净营运资金的增加。净营运资金是指企业流动资产与流动负债之间的差额。在企业中，一个新的生产经营项目建成投产，必然会引起原材料、在产品等流动资产的增加，同时，也会引起应付账款、短期借款、应付费用等流动负债的增加，即会导致其流动资产与流动负债同时增加。净营运资金是指由于某一项目的建成投产而增加的流动资产与增加的流动负债之间的差额。净营运资金通常在项目建成投产时投入，当项目终止时，相应增加的流动资产就可能变现收回，相应的负债也会随之偿付，净营运资金也随之收回，营运资金恢复到原有水平。因此，在投资决策分析时，企业可以假定开始投资时投入的净营运资金，在项目结束时收回。

此外，在投资决策时，还需综合考虑投资方案与本企业其他各项目、其他各部门的现金流量的关系。尽管此类的交互影响，在实际工作中很难计量，但企业决策者在进行决策分析时仍应考虑这些因素。

2. 投资项目现金流量的内容

投资项目的现金流量，可以分别按现金流动的方向与时间不同进行区分。

(1)现金流量按现金流动方向不同的划分。现金流量作为一种向量，根据其方向的不同可分为现金流入量、现金流出量。现金流入与流出的差额，为净现金流量。

现金流入量，即流入投资主体企业的现金的数量。

现金流出量，即流出投资主体企业的现金的数量。

净现金流量，是一定时期内现金流入与流出的差额，可用公式表示为

$$净现金流量=现金流入量-现金流出量$$

对于现金流入大于现金流出的差量，一般用“＋”号表示，但通常省略“＋”号；对于现金流出大于现金流入的差量，必须用“－”号表示。

(2)现金流量按现金流动时间不同划分。无论是现金流入与流出，还是净现金流量，根据流动的时间不同，均可分为初始现金流量、营业现金流量与终结现金流量。

初始现金流量是指项目开始阶段的现金流量。其主要是因项目投资而产生的现金流出，但若为后续项目，则也可能会因为处理前期的某些废弃资产而产生现金流入。

营业现金流量是指项目建成投产后的营运阶段的现金流量。其现金流入主要是营业收入与回收的资产折旧与摊销；现金流出主要是在营运过程中的付现成本，如以现金形式所支付的成本、费用及税金等。营业现金流入与流出之间的差额，称为营业净现金流量。

对于营业现金流量，一般要分年度计算其现金流入、现金流出与营业净现金流量。

终结现金流量是指项目寿命终结的结束阶段的现金流量，主要是在项目终结时所回收的资产净残值，以及回收的垫付营运资金。

3. 投资项目现金流量的估算

投资项目的现金流量估算，是将现金流动的方向与时间结合起来，对现金流量进行区分后再进行估算。

(1)初始现金流量估算。其主要是因为投资产生的现金流出。

①固定资产与无形资产投资。其中，固定资产投资包括固定资产的购入、建造、运输和安装成本等。固定资产与无形资产的投资额，一般是根据项目投资方案中的资产购建计划估算，如为跨年度的投资项目，则应分年度估算投资额。

②流动资金投资(垫支的营运资金)。其是为保证项目在投入使用后对材料、在产品和应收账款等流动资产的需要，保证运营活动的正常开展，而投入的净营运资金。常用的估算方法有两种：一种是按同类生产经营项目净营运资金占固定资产的比重估算；另一种是按项目的付现成本估算。流动资金投资一般在项目投产营运的第一年投入。

按同类生产经营项目净营运资金占固定资产的比重估算，计算公式为：

流动资金投资＝项目固定资产投资额×同类项目净营运资金占固定资产比重

按项目的付现成本估算，计算公式为：

流动资金投资＝项目营运的正常年付现成本/流动资金(或存货)周转次数

③其他投资费用。这部分主要指与长期投资有关的职工培训费、谈判费、注册费等。其他投资费用的构成差异大，估算方法也较灵活。这里为节省篇幅，不加以展开阐述。

新建项目的初始现金流量中，一般没有现金流入。在固定资产更新时，原有固定资产的变价收入，属于初始现金流量的现金流入。

【例 6-1】 弘农公司拟新建一个高等级 DF 产品生产车间，建设期 1 年。相关资料如下所示。

(1)新建车间面积 500 平方米，每平方米估计造价 40.0 元。

(2)购进 DF 产品加工流水线及辅助设备一套 6 件，采购及安装成本共计 980 万元。

(3)据了解，同类生产项目净营运资金占固定资产的比重为 10%。

要求：根据相关资料，估算其固定资产与营运资金垫支的投资额。

解：其固定资产与营运资金垫支的投资额估算如下：

固定资产投资额＝(500×0.04)＋980＝1 000(万元)

营运资金垫支投资额＝1 000×10%＝100(万元)

两项合计 1 100 万元。

或

总投资额＝1 000＋100＝[(500×0.04)＋800]×(1＋10%)＝1 100(万元)

(2)项目营运期间各年的现金流入、流出与营业净现金流量估算。

①现金流入估算。营业收入估算,年营业收入需根据投资形成的生产能力、销售计划、产品销售价格估算。一般估算公式为:

年营业收入＝投资形成的生产能力(产销数量)×单位产品销售价格

年折旧与摊销额估算,需根据投资形成的长期资产原始价值,并采用一定的折旧与摊销方法分摊估算。其公式为:

折旧与摊销额(直线法)＝(投资额－资产残值)×1÷资产折旧或摊销年限

②现金流出估算。当年付现成本的估算。付现成本是指项目在营业过程中,企业以现金形式所付出的生产成本、营业税金及增加的费用的总和。付现成本需根据项目生产能力、生产消耗、因项目投产而增加的期间费用等因素综合估算。但应注意,对于在销售价格中未包含的税金,在估算付现成本时也不应包含,以保证其口径一致。

由于在投资决策时,营业活动尚未开始,企业根据营业成本的各具体项目估算付现成本不仅难度极大,而且难以确切,因此,对于付现成本的估算,企业可参考同类项目的付现成本率,即付现成本占销售收入的比率,来粗略估算。其公式为:

年付现成本＝估算的年营业总成本－折旧与摊销额

或

年付现成本＝当年销售收入×付现成本率

年所得税估算,需根据项目适用的所得税政策与税率估算。其相关公式为:

当年所得税＝当年营业利润×适用的所得税税率

③营业净现金流量估算,一般主要是估算税后营业净现金流量。

年税后营业净现金流量(NCF)＝年营业收入－付现成本－所得税
＝当年营业收入－(当年营业成本－折旧与摊销额)－所得税
＝当年营业利润(税前)－所得税＋折旧与摊销
＝当年净利润＋折旧与摊销额

年税前营业净现金流量(税前 NCF)＝年税后营业净现金流量＋所得税

【例 6-2】 续前例(例 6-1),根据生产设计方案及生产与市场销售调研结果,弘农公司所筹建 DF 产品车间有关生产销售资料如下。

(1)设备使用期为 5 年,使用期内可以均衡生产,项目结束后无残值,采用平均年限法计提折旧。说明:为简化计算分析过程,故作上述假定。

(2)设备生产能力为标准高等级 DF 产品 920 吨/年;其他产品按售价折合。

(3)高等级 DF 产品标准产品不含税售价为 1.2 万元/吨～1.5 万元/吨(决策时按 1.25 万元/吨计价)。

(4)根据投资方案的生产流程及相关耗用资料估算,生产高等级 DF 产品标准产品的付现成本占售价的比率为 60%。说明:为简化计算分析过程,故作此假定。

(5)该项目为涉农项目,对当地社会经济发展意义较大,当地政府准予免除其所得税。

要求:根据资料,估算营业收入、付现成本、折旧与摊销、所得税及营业净现金流量。

解:其年营业收入、付现成本、折旧与摊销、所得税额及营业净现金流量的估算如下:

年营业收入=920×1.25=1 150(万元)

年付现成本=1 100×60%=690(万元)

年折旧与摊销=1 000÷5=200(万元)

所得税:因为减免所得税,所以年所得税额为0

年净利润=1 150-690-200=260(万元)

年营业净现金流量=260+200=460(万元)

DF产品投资项目整个营业期间的营业净现金流量计算汇总如表6-3所示。

表6-3　DF产品投资项目全部营业期间净现金流量计算汇总表　　单位:万元

年序	折旧	净利	当年NCF	累计NCF
1	200	260	460	460
2	200	260	460	920
3	200	260	460	1 380
4	200	260	460	1 840
5	200	260	460	2 300
合计	1 000	1 300	2 300	

④项目终结现金流量估算,主要是在项目终结时,所回收的固定资产净残值与垫支的营运资金。

【例6-3】　续前例(例6-1),弘农公司筹建DF产品车间的固定资产投资额为1 000万元,项目终结时无残值;垫支营运资金100万元。要求:估算项目终结时的现金流量。

解:由于投资额为1 000万元,项目终结时固定资产无残值,因此,该项目在项目终结的现金流量,仅为回收的营运资金垫支额100万元。

⑤现金流量项目主体净现金流量的估算。整个项目的净现金流量,即项目从开始投资到结束的整个生命周期内各年度的年净现金流量之和。其可用公式表示为:

$$\text{整个项目的净现金流量} = \sum \text{项目生命周期内各年净现金流量}$$

根据以上现金流入和流出包括的内容,考虑年营业现金净流量的计算过程与概述,可进一步将一个投资项目整个生命周期内净现金流量的计算公式列示如下。

项目整个生命周期内净现金流量=∑(各年产品销售收入-各年销售税金-
各年产品制造成本-各年销售费用-
各年管理费用+各年折旧)-
固定资产投资-流动资金投资+
固定资产净残值+回收流动资金
=∑各年营业净现金流量+固定资净产残值-
固定资产投资

【例 6-4】 续前例(例 6-1 至例 6-3),假定弘农公司的 DF 产品生产项目的建设期为 1 年。其 DF 产品建设项目的整体现金流量如表 6-4 所示。

表 6-4 DF 产品投资项目整体现金流量计算表 单位:万元

年序	现金流出	现金流入					项目整体净现金流量
		折旧	净利	投资回收	当年 NCF	累计 NCF	
0	-1 100						-1 100
1		200	260		460	460	-640
2		200	260		460	920	-180
3		200	260		460	1 380	280
4		200	260		460	1 840	740
5		200	260	100	560	2 400	1 300
合计	-1 100	1 000	1 300	100	2 400		

说明:第 0 年,为项目建设期,即时间价值计算的所谓"现在";第 1～5 年,为营业期间的年序。在投资额中,1 000 万元为固定资产投资;100 万元为垫付的营运资金。

4. 关于确定投资项目现金流量的假设前提与说明

本章在讨论项目投资及现金流量时,是建立在以下基本假设之上的。

(1)时点指标的假设。企业在项目投资决策中一般要考虑资金时间价值,而资金时间价值的指标只有现值和终值;为了便于利用资金时间价值指标进行决策分析,与项目投资有关的现金流量均假设其为时点指标,分别发生于期初或期末。

投资(实际为在投资期内陆续发生)一般假设发生于期初。一次性投资发生于项目起始点的期初;分次投资发生于建设期内有关年度的年初;流动资金投资发生于投产经营期期初,即建设期期末。

经营期内各年的收入、成本、折旧、摊销、利润、税金等均假设发生于年末(实际亦为在项目报废时的变价收入、清理费用、流动资金投资回收额等均发生于项目终止时的经营期的期末。

(2)投资额与资产价值的假设。为简化起见,我们假设全部投资额均形成长期资产的入账价值。例如,某项固定资产的投资总额(或购置额)即为该固定资产的原始入账价值;某项无形资产的投资总额即为该项无形资产的入账价值。

(3)产销平衡假设。本章讨论项目投资时,为简化起见,均假设投资项目投产后可完成的产量均可全部实现销售,即产量与销售相等,且不考虑应收账款问题,因此经营期的销售收入(营业收入)均为现金流入量。同样,项目投产营运时发生的全部营业成本(除项目本身的折旧和摊销额以外)和税金也均全部假设为现金流出量,即一般变动成本均假设为现金流出量,固定成本中除折旧或无形资产摊销等以外也均假设为现金流出量,每期的所得税也均假设为现金流出量。

(4)自有资金假设。对权益资金与借入资金间的区别不予考虑,即使存在借入资金,也将其作为自有资金对待。

(5)增量现金流量假设。可参见前述"投资决策中的现金流量及其意义"中相关阐述。

(6)财务可行性分析假设。假设项目已通过国民经济可行性、市场、技术等方面的可行性评估,并已经具备了相关条件,因此,确定现金流量就是为了进行项目的财务可行性分析评估。

二、静态投资决策方法

静态投资决策方法,也称非贴现的现金流量决策方法,是通过计算不考虑货币时间价值的各种指标为依据,进行投资决策的方法。静态投资决策方法主要有以下几种。

1.投资回收期法

(1)投资回收期与投资回收期法。投资回收期(payback period,PP),是指投资项目以其所产生的净现金流量,抵补全部投资额所需要的时间长度(一般以年为单位)。投资回收期法,就是以投资回收期的时间的长短来进行投资决策的方法。

(2)投资回收期的计算,有两种不同情况。

①各年净现金流入等额时的投资回收期计算。计算公式为:

$$\text{投资回收期}=\frac{\text{投资额}}{\text{每年等额现金流入量}}$$

②各年净现金流入不相等时投资回收期的计算,具体可按以下方法计算。

确定投资回收期最后一年的年数。

计算投资回收期最后一年所需的投资回收时间。其公式为:

最后一年的投资回收时间=上年末尚未收回的投资额/投资回收最后一年的 NCF

最后计算投资回收期。其公式为

投资回收期=投资回收最后年份年序-1+投资回收最后一年的回收时间

(3)投资回收期法的决策规则。一般来讲,投资的回收期越短,则投资方案的经济效益越好,风险也越小,投资方案的可行性越大。因此,若以投资回收期作为决策依据,则在互斥择优时,投资回收期短者为优;在取舍决策时,投资回收期短于投资者主观上既定的期望投资回收期的方案,方可接受。

(4)投资回收期法的评价。投资回收期法的优点主要有:

①以投资回收期的长短为依据进行决策,相对于其他投资决策方法,更为充分的考虑了投资风险因素。在现代社会经济条件下,经济风险与变量因素实在太多,在进行投资决策时难以估量。但可以确定的是:风险与时间相对应,回收投资所需的时间越短,可能出现与面对的风险因素与变量也越少,从而风险越小,回收投资的时间越长,可能出现与面对的风险因素与变量也越多,风险就越大。

②对促进企业缩短投资回收期有着积极意义。

③便于理解和计算。由于投资回收期法存在上述优点,特别是其第一个优点,在当前不能为其他投资决策方法所兼容,因此,在现实投资决策实际工作中,投资回收期已经成为一个必须计算分析的决策指标。

投资回收期法的缺点:

①只考虑回收年限,没考虑投资项目的盈利能力与盈利程度。

②只考虑回收期内的现金流入量，没考虑投资项目在整个经济寿命期的全部现金流入及盈利。

③在传统的投资回收期计算公式中，没有考虑资金时间价值，但这一问题不是根本性问题，可以通过改进得到解决。由于投资回收期法存在上述缺点，特别是第二个缺点，项目在回收期后的收益与投资回收期的概念存在矛盾而不能兼顾，因此，在现实投资决策实际工作中，投资回收期法一般被作为不可或缺的辅助性决策指标进行计算分析。

下面举例说明投资回收期的计算及决策运用。

【例 6-5】 假定弘农公司有 DF 产品与 TZ 产品两个投资方案可供选择。两个项目都是当年投资，当年收益，其固定资产投资与营运资金垫付额均相同，都分别是 1 000 万元与 100 万元，固定资产使用年限均为 5 年，期满无残值，采用直线法折旧。各年的净利润、有关现金净流量如表 6-5 所示。要求：计算该项目的投资回收期。

表 6-5　投资方案现金净流量计算表　　单位：万元

年序	DF 产品项目（NCF）							TZ 产品项目（NCF）						
	现金流出	现金流入					项目整体累计	现金流出	现金流入					项目整体净现金流量
		折旧	净利	回收	当年	累计			折旧	净利	回收	当年	累计	
0	－1 100	0	0	0	0	0	－1 100	－1 100	0	0	0	0	0	－1 100
1		200	260		460	460	－640		200	140		340	340	－760
2		200	260		460	920	－180		200	240		440	780	－320
3		200	260		460	1 380	280		200	340		540	1 320	220
4		200	260		460	1 840	740		200	320		520	1 840	740
5		200	260	100	560	2 400	1 300		200	260	100	560	2 400	1 300
合计	－1 100	1 000	1 300	100	2 400			－1 100	1 000	1 300	100	2 400		

解：(1)DF 产品项目为各年有等额现金流入的项目。投资回收期计算如下：

不考虑营运资金垫付，投资回收期＝1 000÷460＝2.17（年）

如考虑营运资金垫付，投资回收期＝1 100÷460＝2.39（年）

(2)TZ 产品项目每年的现金流入量不等。投资回收期计算如下：

从表 6-5 可见，其投资回收期在第 3 年（该年净现值转为正数）

不考虑营运资金垫付，投资回收期＝(3－1)＋[(1 000－780)/540]＝2.43（年）

如考虑营运资金垫付，投资回收期＝(3－1)＋[(1 100－780)/540]＝[(3－1)＋320/540]＝2.59（年）

(3)决策分析建议：相对于 TZ 产品项目，DF 产品项目投资回收期较短，较优。

在此应该加以说明的是，在不考虑时间价值的前提下，企业营运资金的垫付与回收金额相同。价值亦相同；因此，是否考虑营运资金垫支，只影响所计算的指标值大小，而不影响最后的决策，所以在实际决策中一般不考虑营运资金垫支问题。决策者可以根据实际情况自行处理。

2. 会计收益率法

(1)会计收益率与会计收益率法。会计收益率（accounting rate of return method，

AcRR),也称投资收益率,是指投资项目的预计年平均净收益与其投资额之间的比率。会计收益率法是以会计收益率指标为依据的一种投资决策方法。

(2)会计收益率的计算。出于对指标的不同理解,在实践中有两种不同计算方法。

①计算投资项目的年平均总投资报酬率。其公式为:

$$年平均总投资报酬率=\frac{各年投资净收益总额/收益年限}{项目投资总额}=\frac{年平均净化益额}{项目投资总额}$$

式中:投资总额,即原始投资额。

②计算投资项目的年平均投资报酬率。公式为:

$$年平均投资报酬率=\frac{年平均净收益额}{年平均投资额}$$

从计算公式可见,年平均总投资报酬率与年平均投资报酬率的区别仅在分母上,前者的分母是投资总额;后者的是年平均投资额。两个指标从不同角度说明投资与收益之间的关系:年平均总投资报酬率指标反映项目在正常条件下平均每年每1元投资可带来的收益,没有考虑折旧因素;年平均投资报酬率指标反映在整个计算期内年平均占用1元投资所带来的平均利润,在分母中考虑了折旧因素。如果固定资产无残值,且采用直线折旧法,则年平均投资额就等于总投资额的1/2。

(3)会计收益率法的决策规则。会计收益率的高低,表明投资项目盈利能力的大小。因此,若以会计收益率作为决策依据,则在互斥择优时,平均投资报酬率高者为优。在取舍决策时,投资回收期高于投资者主观上既定会计收益率的方案,方可接受。

无论是计算年平均总投资报酬率,还是计算年平均投资报酬率,虽然所计算的指标值不同,但不影响最后的决策。具体计算哪一指标,决策者可以根据实际情况自行处理。

(4)会计收益率法的评价。以上两个指标的优点是简单、明了,易于理解和掌握,而主要缺点与投资回收期指标相似,一方面是没有考虑资金的时间价值,另一方面投资收益没有完整的反映现金流量。该指标一般也只用于方案的初选,或者投资后项目间经济效益的比较。

由于各种动态投资决策方法都以收益的高低为主,同时还考虑时间价值因素,比该方法更为科学与先进,因此,在当前投资决策的实际工作中,该方法很少使用。

【例6-6】 续前例(例6-5),某企业有DF产品与TZ产品两个投资方案,投资额都是1 000万元,使用年限均为5年,期满无残值,折旧采用直线法,各年的净利润、有关现金净流量如表6-4所示。要求:计算该项目的会计收益率。

解:(1)年平均总投资报酬率计算。如不考虑营运资金垫付,其计算如下:

DF产品项目会计收益率=260÷1 000=26%

TZ产品项目会计收益率=260÷1 000=26%

(2)年平均投资报酬率计算。如不考虑营运资金垫付,其计算如下:

DF产品项目年平均会计收益率=260/(1 000/2)=52%

TZ产品项目年平均会计收益率=260/(1 000/2)=52%

采用该方法,本例两个项目所计算的两个指标值相同,难以提出互斥决策建议。

3.平均投资回报率法

(1)平均投资回报率与投资平均回报率法。平均投资回报率(average of rate of return,

AvRR),一般是指投资项目达到设计生产能力后的每一正常生产年份的净现金流量与项目总投资的比率。但是,对生产期内各年的现金流量变化幅度较大的项目,最好是计算生产期年平均现金流量与总投资的比率。平均投资报酬率法就是以投资项目投资平均报酬率的高低为依据,来进行投资决策的方法。

(2)平均投资回报率的计算。其一般公式为:

$$平均投资回报率=\frac{年均现金流量}{初始投资额}$$

【例 6-7】 续前例(例 6-5),某企业有 DF 产品与 TZ 产品两个投资方案,如不考虑营运资金垫付,投资额都是 1 000 万元,使用年限均为 5 年,期满无残值,采用直线法折旧摊销,各年净利润、有关现金净流量如表 6-4 所示。要求:计算其平均投资回报率。

解:其投资平均回报率计算如下:

DF 产品项目平均投资回报率=460/1 000=46%

TZ 产品项目平均投资回报率=460/1 000=46%

(3)投资平均回报率法的决策规则。由于平均投资回报率也是衡量投资项目的收益能力大小的指标,因此,若以平均投资回报率作为决策依据,在互斥择优时,平均投资报酬率高者为优;在取舍决策时,平均投资回报率高于投资者主观上既定的平均投资报酬率的方案,方可接受。应该注意的是,在不考虑时间价值的前提下,是否考虑营运资金垫支,同样只影响所计算的指标值,而不影响最后的决策。虽然在实际工作中一般不考虑垫支营运资金的问题,但决策者也可以根据实际情况自行处理。

在例 6-7 中,由于采用该方法计算出的两个项目的平均投资回报率指标值相同,因此难以提出决策建议。

三、动态投资决策方法

动态投资决策方法,也称贴现的现金流量决策方法,是在考虑货币时间价值的前提下,以计算各种指标为依据进行投资决策的方法。主要有净现值法、现值指数法、动态投资回收期法、内含报酬率法和等年值法等具体方法。

1. 净现值法

(1)净现值与净现值法。

净现值(net present value,NPV),是指在将投资项目投入使用后的净现金流量,按资本成本或企业要求达到的报酬率折算为现值后,再减去初始投资额的现值以后的余额。净现值法是以投资项目净现值的大小为依据进行投资决策的方法。

相对于其他动态决策方法,净现值法的优点,一方面是能够以价值额较为确切地反映投资项目净收益的多少;另一方面是指标含义易于理解,且计算简单。因此,净现值法是一种较好的决策方法。但净现值法并不能揭示各个投资方案本身可能达到的报酬率的高低,如果不同项目在投资额与期间上存在筹资差异,则其运用就会受到限制。

(2)净现值的计算。其计算公式为:

$$NPV = \left[\frac{NCF_1}{(1+K)^1} + \frac{NCF_2}{(1+K)^2} + \cdots + \frac{NCF_n}{(1+K)^n}\right] - C$$
$$= \sum_{t=1}^{n} \frac{NCF_t}{(1+K)^t} - C$$

式中：NPV 为净现值；NCF_t 为第 t 年的净现金流量；K 为贴现率（资金成本或企业要求的报酬率）；n 为项目预计使用年限；C 为初始投资额。其中，投资 C 如果跨年度，则计算及决策者应根据实际情况恰当考虑处理折现问题。

净现值的计算步骤如下。

①计算每年的营业净现金流量。

②计算未来报酬的总现值。这又可分成三步：首先，将每年的营业净现金流量折算成现值。如果每年的 NCF 相等，则可简化计算，采用年金现值系数折成现值；如果每年的 NCF 不相等，则需先采用复利现值系数将每年的 NCF 折成现值，然后加总计算其现值总额。其次，将终结现金流量折算成现值。最后，计算未来报酬的总现值。

③计算净现值。

净现值＝未来报酬的总现值－初始投资

（3）净现值法的决策规则。净现值是一个以绝对值来反映项目收益大小的指标，即如果不考虑其他因素，则净现值越大，其未来收益越大；反之亦然。因此，净现值法的决策规则是：在有多个备选方案的互斥选择决策中，应选用净现值是正值中的最大者；在只有一个备选方案的采纳与否的取舍决策中，净现值为正者则可考虑采纳，净现值为负者应该放弃。

下面举例说明两种不同情况下净现值的计算，及净现值法的决策运用。

【例 6-8】 续前例（例 6-5），某企业有 DF 产品与 TZ 产品两个投资方案，其固定资产投资额都是 1 000 万元，需垫付营运资金 100 万元，项目使用年限均为 5 年，期满无残值，折旧采用直线法，各年的净利润、有关现金净流量如表 6-4 所示。若企业所要求的投资报酬率为 10%，试计算两个项目的净现值。

解：（1）计算每年的营业净现金流量。如表 6-6 所示。

（2）计算净现值，上述两个投资项目净现值的计算结果如表 6-6 所示。

表 6-6 投资项目净现值计算表

年序	复利现值系数（查表得）	DF 产品项目（万元）			TZ 产品项目（万元）		
		净现金流量	当年净现值	累计净现值	净现金流量	当年净现值	累计净现值
0	1	−1 100	−1 100	−1 100	−1 100	−1 100	−1 100
1	0.909 1	460	418.19	−681.81	340	309.09	−790.91
2	0.826 4	460	380.17	−301.64	440	363.62	−427.29
3	0.751 3	460	345.62	43.98	540	405.70	−21.59
4	0.683 0	460	314.20	358.18	520	355.16	333.57
5	0.620 9	560	347.70	705.88	560	347.70	681.27
合计	3.790 7	2 400	705.88	2 400	681.27		

DF 产品项目净现值为 705.88 万元；TZ 产品项目净现值为 681.27 万元。其中，DF 产品项目的年营业净现金流量相等，也可以用年金现值的方法简化计算。

$$
\begin{aligned}
\text{DF 产品项目净现值} &= 460\times(p/A,10\%,5)+100\times(p/s,10\%,5)-1\ 100 \\
&= 460\times3.790\ 7+100\times0.620\ 9-1\ 100 \\
&= 705.812(\text{万元})
\end{aligned}
$$

请读者进一步自己体会净现值的计算方法及计算过程。

(3)决策。若不存在投资额的限制，两个项目的净现值皆等于零，且数额较大，则皆可以选择；若存在投资额限制，需进行互斥决策，则应选用净现值较大的 DF 产品项目。

2. 动态投资回收期法

动态投资回收期法，是在传统的投资回收期法的基础上考虑资金的时间价值，对投资的现金流量加以折现，而形成的一种以折现的投资回收期为基础的改良型投资决策方法。该决策方法除考虑资金时间价值外，继承了传统投资回收期法的全部优点与决策规则。但具体的计算则要相对复杂，其决策结果也可能与传统的投资回收期法产生差异。

动态投资回收期的计算公式为：

$$
\text{动态投资回收期}=\text{累计净现金流量现值出现正值的年数}-1+\frac{\text{上一年累计净现金流量现值的绝对值}}{\text{出现正值年份净现金流量的现值}}
$$

在计算静态投资回收期时，对于垫付的营运资金可以不加考虑，但在计算动态投资回收期时，对于垫付的营运资金，则不能够不加考虑。因为在考虑资金的时间价值的条件下，垫付与回收营运资金的金额虽然相同，但现值不同。

下面举例说明动态投资回收期的计算及决策运用。

【例 6-9】 续前例(例 6-5)，试计算某企业有 DF 产品与 TZ 产品两个投资方案的动态投资回收期，并提出决策建议。

解：根据表 6-5 中相关资料，两个项目的动态投资回收期计算如下：

(1)DF 产品项目的投资回收期在累计净现值为正数的第 3 年。

$$
\text{DF 产品项目动态投资回收期}=3-1+301.64/345.62=2.87(\text{年})
$$

(2)TZ 产品项目的投资回收期在累计净现值为正数的第 4 年。

$$
\text{动态投资回收期}=4-1+21.59/355.16=3.06(\text{年})
$$

(3)决策建议：DF 产品项目动态投资回收期相对较短，为较优项目。

3. 现值指数法

(1)现值指数与现值指数法。

现值指数(profitability index，PI)，又称利润指数，是投资项目未来报酬的总现值与初始投资额的现值之比。现值指数法是以投资项目现值指数的大小为据进行投资决策的方法。现值指数法考虑了资金的时间价值，能够真实地反映投资项目的盈亏程度，并且由于现值指数是用相对数来表示，因此有利于在初始投资额不同的投资方案之间进行对比。

(2)现值指数的计算。现值指数的计算公式为：

$$PI = \left[\frac{NCF_1}{(1+K)^1} + \frac{NCF_2}{(1+K)^2} + \cdots + \frac{NCF_n}{(1+K)^n}\right] / C$$

$$= \frac{\text{未来报酬的总现值}}{\text{初始投资额}}$$

现值指数的计算步骤如下。

①计算未来报酬的总现值，这与计算净现值所采用的方法相同。

②计算现值指数，即根据未来的报酬总现值和初始投资额之比计算现值指数。

(3)现值指数的决策规则。

现值指数法的决策规则是：

①在只有一个备选方案的采纳与否决策中，如果现值指数大于或等于1，则可考虑采纳，否则就拒绝。

②在有多个方案的互斥选择决策中，应采用现值指数超过1，且最大的投资项目。

下面举例说明现值指数的计算及决策运用。

【例6-10】 续前例(例6-8)，试计算某企业有DF产品与TZ产品两个投资方案的现值指数，并提出决策建议。

表6-7　投资项目净现值计算表(折现率10%)

年序	复利现值系数(查表得)	DF产品项目(万元)			TZ产品项目(万元)		
		净现金流量	当年净现值	累计净现值	净现金流量	当年净现值	累计净现值
0	1	−1 100	−1 100	−1 100	−1 100	−1 100	−1 100
1	0.909 1	460	418.19	−681.81	340	309.09	−790.91
2	0.826 4	460	380.17	−301.64	440	363.62	−427.29
3	0.751 3	460	345.62	43.98	540	405.70	−21.59
4	0.683 0	460	314.20	358.18	520	355.16	333.57
5	0.620 9	560	347.70	705.88	560	347.70	681.27
合计	3.790 8	2 400			2 400		

(1)现值指数的计算。

根据表6-7中相关资料，对两个项目的现值指数计算如下：

DF产品项目获利指数$=[460\times(p/A,10\%,4)+560\times(p/F,10\%,5)]/1\ 100$

$=1\ 805.88/1\ 100=1.641\ 7$

TZ产品项目获利指数$=[340\times(p/F,10\%,1)+440\times(p/F,10\%,2)+$

$540\times(p/F,10\%,3)+540\times(p/F,10\%,4)+$

$560\times(p/F,10\%,5)]/1\ 100$

$=1\ 781.27/1\ 100=1.619\ 3$

(2)决策分析。

DF产品与TZ产品两个方案的现值指数都大于1，在可否决策时，两个方案都可进行投资,但若为互斥决策,因 DF 产品方案的现值指数更大,应选择的较优项目。

4. 内部报酬率法

(1)内部报酬率与内部报酬率法。内部报酬率(internal rate of return,IRR),又称内含报酬率,是使投资项目的净现值等于零的贴现率。内部报酬率法就是以内部报酬率的大小为依据,进行投资评价与决策的一种方法。

由于内部报酬率实际上反映了投资项目的真实报酬,因此,目前越来越多的企业使用该项指标对投资项目进行评价。

(2)内部报酬率的计算。内部报酬率的计算公式为:

$$\frac{NCF_1}{(1+r)^1}+\frac{NCF_2}{(1+r)^2}+\cdots+\frac{NCF_n}{(1+r)^n}-C=0$$

即 $\sum_{t=1}^{n}\frac{NCF_t}{(1+r)^t}-C=0$

式中:NCF_t 为第 t 年的现金净流量;r 为内部报酬率;n 为项目使用年限;C 为初始投资额。

如果每年的 NCF 相等,则按下列步骤计算内部报酬率。

①计算年金现值系数。

$$年金现值系数=\frac{初始投资额}{每年\ NCF}$$

②查年金现值系数表,在相同的期数内,找出与上述年金现值系数最为邻近的,较大和较小的两个贴现率。此为项目年内部报酬率法的存在区间。

③依据"比和比例"的数学原理,采用插值法,在上述邻近的两个贴现率范围内,依据已知和求得的年金现值系数,计算出该投资方案的内部报酬率。

如果每年的 NCF 不相等,则需要按下列步骤计算内部报酬率。

①采用试值法,找到项目内部报酬率所存在的利率区间。

可先预估一个贴现率,并按此贴现率计算净现值。如果计算出的净现值为正数,则表示预估的贴现率小于该项目的实际内部报酬率,应提高贴现率,再进行测算;如果计算出的净现值为负数,则表明预估的贴现率大于该方案的实际内含报酬率,应降低贴现率,再进行测算。

经过反复测算,直到找到净现值由正到负并且比较接近于零且相邻近的两个贴现率,方案的内部报酬率存在于上述两个贴现率之间的区间范围之内。

这一试值查找过程很是烦琐。

②依据"比和比例"的数学原理,采用插值法,在上述两个邻近贴现率的区间内,计算出方案的实际内部报酬率。

(3)内部报酬率法的决策规则。内部报酬率法的决策规则是:

①在只有一个备选方案的零或决策中,如果投资项目内部报酬率大于或等于企业的资本成本或必要报酬率,可考虑采纳;反之拒绝。

②在有多个备选方案,且投资额相等的互斥决策中,选用内部报酬率超过资本成本或必要报酬率最多的投资项目。

由于内部报酬率在考虑资金时间价值的前提下,反映了投资项目的真实报酬率水平,因此,其是一种较好的投资评价与决策方法。但内部报酬率也存在不足,一个是计算过程较为复杂;另一个是虽然可以用于投资规模不同的项目决策,但如果单纯只考虑内部报酬率的高低,可能会导致放弃能够使企业获得最大收益的、规模较大的投资项目的结果。在这样的情况下,可采用差额内部报酬率法进行辅助决策,以防止发生上述情况。

对差额内部报酬率法,将在下一节举例介绍。

下面举例说明内部报酬率的计算及方法的运用。

【例 6-11】 某企业有 A、B、C 三个投资方案,其投资额都是 1 100 万元,均需垫付营运资金 100 万元;项目使用年限均为 5 年,固定资产期满无残值,折旧采用直线法,各年的净利润、有关现金净流量如表 6-8 所示。试计算三个项目的内部报酬率,并提出投资决策建议。

表 6-8 A、B、C 三个方案的投资项目现金流量及净现值计算表

年序	现值系数	A 方案(万元)		B 方案(万元)		C 方案(万元)	
		净现金流量	现值	净现金流量	现值	净现金流量	现值
0	1	−1 100	−1 100	−1 100	−1 100	−1 100	−1 100
1	0.909 1	460	418.19	340	309.09	140	127.27
2	0.826 4	460	380.17	440	363.62	240	198.34
3	0.751 3	460	345.62	540	405.7	340	255.44
4	0.683	460	314.2	520	355.16	240	163.92
5	0.620 9	460	285.61	460	285.61	140	86.93
合计		1 200	643.79	1 200	619.18	0	−268.11

解:1. A 方案内部报酬率计算

由于 A 方案每年现金流量相等,所以按照以下方法与步骤计算。

(1)计算年金现值系数。

A 方案年金现值系数为(PVIFA,i,5),根据内部报酬率的概念,有 $460\times(P/A\ i,5)-1\ 100=0$,解之,有$(P/A\ i,5)=2.391\ 3$

(2)倒查年金现值系数表,找出 A 项目年金现值系数的存在区间。

在期数为 5 年时,查年金现值系数表可知:(PVIFA,28%,5)=2.532 0;(PVIFA,32%,5)=2.345 2。即 A 方案的年金现值系数及内部报酬率存在于 28%与 32%之间。

(3)采用插值法,计算出 A 方案的内部报酬率。

根据“比和比例”的数学原理,有

$$\frac{r-28\%}{32\%-28\%}=\frac{2.532\ 0-2.391\ 3}{2.532\ 0-2.345\ 2}$$

$$r=31.01\%$$

即甲方案的内部报酬率为 30.01%。

2. B 方案内部报酬率计算

由于 B 方案各年现金流量不等,因此,按照以下方法程序计算其内部报酬率。

(1)采用试值法,找出项目内部报酬率所存在的利率区间。

假如该企业所要求的最低投资报酬率为10%,可先按10%的贴现率计算项目净现值。计算过程及结果如表6-9所示。

表6-9　B投资项目净现值计算表

年序	净现金流量(万元)	折现率为10%		折现率为28%		折现率为32%	
		现值系数	现值(万元)	现值系数	现值(万元)	现值系数	现值(万元)
0	−1 100	1	−1 100	1	−1 100	1	−1 100
1	340	0.909 1	309.09	0.781 3	265.642	0.757 6	257.584
2	440	0.826 4	363.62	0.610 4	268.576	0.573 9	252.516
3	540	0.751 3	405.7	0.476 8	257.472	0.434 8	234.792
4	520	0.683	355.16	0.372 5	193.7	0.329 4	171.288
5	460	0.620 9	285.61	0.291	133.86	0.249 5	114.77
合计	1 200		619.18		19.25		−69.05

由于按企业所要求的最低投资报酬率10%所计算出的净现值为正数且较大,这表示B项目的实际内部报酬率大幅高于预估的贴现率10%,因此,可较大幅度提高贴现率为28%,再进行测算。

当贴现率为28%时,所计算的净现值为19.25万元,这表明B方案的内部报酬率大于28%,因此,进一步将贴现率提高为32%计算其净现值。

由于以贴现率为32%所计算的净现值为−69.05万元,这表明B方案的内部报酬率小于32%。

所以,B方案的内部报酬率介于28%与32%之间。

(2)采用插值法,计算出B方案的实际内部报酬率。

由于B方案的内部报酬率存在于28%与32%之间,根据“比和比例”的数学原理,有

$$\frac{r-28\%}{28\%-32\%}=\frac{19.25-0}{19.25-(-69.05)}$$

$$r=28.87\%$$

即B方案内部报酬率为28.87%。

3.C方案内部报酬率计算

同样,由于C方案各年现金流量不等,因此需按照B方案的方法程序:先试值,找出项目内部报酬率所存在的利率区间;再插值,计算出其内部报酬率。

但是,由于在首先运用企业所要求的最低投资报酬率为10%作为贴现率计算C项目净现值时,计算结果为−268.11万元(计算过程如表6-8所示),这表明C项目的内部报酬率小于企业所要求的最低投资报酬率10%,因此,对C项目可以直接舍弃,无须继续后面的计算程序。

4.决策建议

(1)若为可否决策,由于A、B方案的内部报酬率都大于企业所要求的最低投资报酬率,

因此都可以考虑接受，而C方案内部报酬率低于企业所要求的最低投资报酬率10%，建议舍弃。

(2)若为投资额限定为1 100万元的互斥决策，由于A方案的内部报酬率为30.01%，大于B方案的28.87%，建议选择较优的A方案，但由于两个方案内部报酬率较为接近，因此还可考虑其他因素进一步进行分析，以供决策参考。

5. 等年值法

(1)等年值与等年值法。等年值(uniform annual value，UAV)，是将投资项目与决策相关的现金流量在计算时间价值的基础上，在与决策相关期间(一般为项目运行期间)内的各年进行等额分摊所得到的值。等年值法是以等年值为依据的一种投资决策方法。

等年值可以表示等年现金流入量、等年现金流出量以及等年净现金流量。

(2)等年值的计算方法。等年值有着殊途同归的两种不同计算途径与方法，其计算步骤如下。

①计算投资项目与决策相关期间内各年份相关现金流量，按照某一利率，计算其复利现值，或复利终值，进而加总计算出复利现值总额(P)或复利终值总额(F)。

②在计算复利现值总额或复利终值总额的基础上，利用年金计算公式，计算等年值。若以复利现值总额为基础计算等年值，可运用年金现值计算公式进行逆运算。以复利现值总额(P)为基础计算等年值的一般公式为：

$$A = P / \frac{1-(1+i)^{-n}}{i}$$

若以复利终值总额为基础计算等年值，可运用年金终值计算公式进行逆运算。以复利终值总额(F)为基础计算等年值的一般公式为：

$$A = F / \frac{(1+i)^{n}-1}{i}$$

对项目发生于不同时间的现金流量，应分年度计算出其复利现值或复利终值。等年值计算中采用的折现率或利息率，一般是资金成本率或是预期的投资收益率。

(3)等年值法的特点及适应情况。等年值法主要具有以下一些特点。

①借用年金的计算方法。将投资项目在未来各个时期的现金流量，都按照一定的折现率折现，并平均分摊到期内各年，计算出每年相等的值。等年值的计算方法(公式)是普通年金现值或普通年金终值计算公式的倒数。

②等年值的计算过程，一般要经过逆向的两次折现过程。

③等年值法运用灵活。据以计算等年值的现金流量，可是现金流入、现金流出或净现金流量。

等年值法运用灵活，特别适应于以下互斥方案比较择优决策。

①产出相同、但费用不同的投资方案的比较择优。

②产出不同、但费用相同的投资方案的比较择优。

③投资类型相同、但投资有效年限不同的投资方案的比较择优。

④不能独立测定其未来现金流量的投资方案的比较择优。

(4)等年值法的决策规则:如果是计算现金流入或收入的等年值,则等年值较大者为优;如果是计算现金流出或成本费用的等年值,则等年值较小者为优。

对等年值法的计算及方法运用,在下一节将通过举例具体介绍。

第三节　投资决策方法运用举例

投资项目千差万别,投资的决策问题也是多种多样。企业对同一投资项目运用不同的投资决策方法,可能会导致不同的决策结果。这一方面是由于项目的类别不同,影响或决定项目成败的主要矛盾及因素不同;另一方面也是由于不同的投资决策方法考虑问题的因素及重点存在差异。因此,企业必须根据投资项目的具体情况,科学合理地选择并灵活地运用决策方法。

针对投资的不同条件与要求,科学合理选择并灵活运用决策方法,包括三个不同的层次。

①针对某一投资决策的具体情况与要求,选择运用某种最为恰当的决策分析方法。

②针对某一投资决策的具体情况与要求,选择运用某几种决策分析方法的组合,以帮助进行决策。

③针对某一投资决策的具体情况与要求,根据投资决策的基本原理,对现有投资决策方法进行改造,以利于更为科学合理地进行决策。

下面,按照不同的投资决策类别与目的,通过实例对投资决策方法的选择运用进行示例,以供读者参考。

一、资本限量投资决策

资本限量决策,通常又称为投资额或规模限定时的互斥投资方案决策。资本限量是指企业有很多获利项目可供投资,但能够用于投资的资金有一定限度,不能对所有可能接受的项目进行投资,即企业无法筹集到足够的资金,满足全部项目的投资需要。这种情况是在许多企业都存在,特别是那些以内部融资为经营策略或外部融资受到限制的企业。在资金有限量的情况下,企业应如何选用投资决策方法进行投资项目的决策?

1.互斥方案为单体项目时的决策,其可进一步分为两种不同情况

(1)各互斥单体项目的投资额等于或小于投资限额,且投资额相等时的决策。

前面第二节中所介绍的实例,皆属于这一情况。净现值法、现值指数法、内部报酬率法,以及等年值法,均可运用于这一情况下的投资决策,其方法的选用可以根据前面方法介绍中的例题总结。

(2)各互斥单体项目的投资额等于或小于投资限额,但投资额不相等时的决策。

在这一情况下,如果实际条件可能,可灵活运用投资决策方法。其中,差量决策分析法

是一种运用较为广泛、计算简化、简便易懂的决策分析方法。

差量决策分析法是指在计算两个投资额不同的投资方案的差量净现金流量的基础上，计算其差额现金流量的净现值或内含报酬率，并据以判断方案优劣的方法。如果差额的净现值大于零，或内含报酬率大于或等于预期报酬率或设定的折现率时，则投资额大的方案较优；反之，则投资少的方案为优。

【例 6-12】 某公司有 M 与 N 两个投资项目，采用不同的基础指标分析时产生了差异：采用净现值法决策 N 项目为较优项目；但采用现值指数与内含报酬率法，则 M 项目为较优项目。试采用差量法进行决策分析。相关资料如表 6-10 所示。

表 6-10　M 项目和 N 项目现金流量差量计算表　　单位：万元

项目	流出量	流入量							
	0	1	2	3	4	5	6	7	8
M	−100	22	22	22	22	22	22	22	22
N	−200	40	40	40	40	40	40	40	40
差量	−100	18	18	18	18	18	18	18	18

解：(1)M 项目和 N 项目现金流量差量的净现值计算。

$$NPV_{差量}=18\times(PV/A,8\%,8)-100=34.388(万元)$$

(2)M 项目和 N 项目现金流量差量的内含报酬率计算。

根据 $ANPV=(40-22)\times(PV/A,\Delta IRR,8)-(200-100)=0$，有

$$\Delta IRR=8.92\%$$

其具体计算过程，可参见上一节中有关内含报酬率计算方法的介绍。此处不加赘述。

(3)决策分析

①如果投资限额等于或大于 200 万元，折现率为 8%，采用差额法，则根据不同决策指标得出了相同结论：由于项目差量的净现值大于零，且差额内含报酬率为 8.92%大于设定的折现率 8%；因此应当选用投资多的 N 项目。

②如果投资限额小于 200 万元，只能选择 M 项目，N 项目因超过投资限额而不可行。

③如果折现率大于 8%，需根据新的折现率另行计算分析。

【例 6-13】 某企业计划投资 600 万元购置一个生产流水线，生产经营期为 5 年，需要运输设备将材料运送到生产线。企业购置运输设备时有两个方案：A 方案是投资 40 万元购买卡车，年付现成本(燃料费、人工费和其他费用)50 万元，残值 5 万元；B 方案是投资 440 万元建造一条材料输送线，年付现成本(燃料费、人工费和其他费用)10 万元，净残值 100 万元。若资本成本为 10%，请评价并选择可行方案。

解：(1)分析：由于 A、B 两方案的收入相同(服务于生产流水线)，因此可以直接计算比较 A、B 两方案的现金流出净现值或等年值，其中较低者为优选方案。

$$A方案的现金流出净现值=40+50\times(P/A,10\%,5)-5\times(P/F,10\%,5)$$
$$=326.4355(万元)$$

B 方案的现金流出净现值＝440＋10×(P/A,10%,5)－100×(P/F,10%,5)

＝435.818(万元)

说明：查表得(P/A,10%,5)－5.790 8；(P/F,10%,5)＝0.620 9，计算过程略。

(2)决策：若该企业以 10%的资本成本可筹集到项目所需资本，则应该采用 A 方案；因为 B 方案现金流出的净现值高于 A 方案，成本相对高，而降低了项目整体的收益。

2. 互斥方案为多个项目构成的项目组合时的决策

在这种情况下，为了使企业获得最大的利益，应选择投资于一组使企业投资收益最大的项目。在实际工作中，被较多采用的方法有净现值法和现值指数法。

互斥方案为多个项目构成的项目组合，还可进一步分为两种情况：一种是各互斥组合方案投资总额相等，且等于投资限额；另一种是各互斥组合方案的投资总额不等，但等于或小于投资限额。

(1)使用净现值法决策及其步骤。使用净现值法进行多项目构成的项目组合的决策，可以通过直接加总比较各不同项目组合方案净现值总额的大小进行决策。若组合方案的投资总额小于投资限额，则其组合方案投资总额小于投资限额的差额部分的净现值为零。

使用净现值法决策的一般步骤如下。

①计算所有项目的净现值，并列出项目的初始投资。其中，NPV≥0 的项目为可以考虑接受的项目。如果全部可接受项目的投资总额小于或等于投资限额，则说明资本没有限量，即可完成决策。

②如果资金不能满足所有的 NPV≥0 的投资项目，则说明资本有限量。因此，企业应在资本限量内，同时考虑单体项目是否存在互斥的情况，列出各种不同的项目组合。

③计算出各种不同投资组合的净现值总额。

④接受净现值的合计数最大的项目组合。

(2)使用现值指数法决策及其步骤。使用现值指数法进行多项目构成的项目组合的决策，可以通过计算比较各不同项目组合方案的加权现值指数的大小进行决策。若组合方案的投资总额小于投资限额；则其组合方案投资总额小于投资限额的差额部分，可视为组合中的一个特殊项目加以考虑，其现值指数为 1。

使用现值指数法决策的一般步骤如下。

①计算所有项目的现值指数，并列出项目的初始投资。其中，$PI \geqslant 1$ 的项目为可以考虑接受的项目。如果全部可接受项目的投资总额小于或等于投资限额，说明资本没有限量，即可完成决策。

②如果资金不能满足所有的 $PI \geqslant 1$ 的投资项目，说明资本有限量。因此，企业应在资本限量内，同时考虑单体项目是否存在互斥的情况，列出各种不同的项目组合。

③计算出各种不同组合的加权平均现值指数。加权平均现值指数的计算公式为：

$$\text{加权平均现值指数} = \sum \frac{\text{项目组合内各项投资额}}{\text{投资限额}} \times \text{各该项目现值指数}$$

④接受加权平均现值指数最大的一组项目组合。

下面举例说明在互斥方案为多项目构成的投资组合时的决策方法的选择与运用。

【例 6-14】 海农公司有 5 个可供选择的项目 A_1、B_1、B_2、C_1、C_2，其中 B_1 和 B_2，C_1 和 C_2 是互斥项目，各可供选择项目的净现值与现值指数计算结果如表 6-11 所示。公司投资额的最大限量是 400 000 元。请进行决策分析。

表 6-11 可供选择的项目净现值与现值指数情况表

投资项目	初始投资(万元)	净现值 NPV(万元)	现值指数 *PI*
A_1	120 000	67 000	1.56
B_1	150 000	79 500	1.53
B_2	300 000	111 000	1.37
C_1	125 000	21 000	1.17
C_2	1000 000	18 000	1.18

说明：B_1、B_2 为互斥项目；C_1、C_2 为互斥项目。

解：分析如下。在投资额最大限量是 400 000 元，且单体项目存在互斥的条件下，如果海农公司按每一项目的净现值的大小来顺序选取，那么它将首先选用 B_2 项目，另外可选择的只有 C_2 项目，即选择 B_2 和 C_2 的项目组合。如果顺序选取现值指数最大的项目，那么它将选用 A_1 项目(现值指数为 1.56)、B_1 项目(现值指数为 1.53)和 C_2 项目(现值指数为 1.18)的组合。然而，以上两种选择都是错误的，因为，它们选择的都不是能使企业获利最大的项目组合。

为了选出最优的项目组合，必须在计算各单体项目的净现值或现值指数的基础上，列出在资本限量内的所有可能的项目组合方案，并计算出该不同项目组合净现值总额与加权平均现值指数，以供决策。为此，我们通过表 6-12，列出上述结果。

表 6-12 可供选择的各不同项目组合及净现值与加权平均现值指数计算表

投资项目组合方案	初始投资(元)	净现值合计(元)	加权平均现值指数
$A_1B_1C_1$	395 000	167 500	1.420
$A_1B_1C_2$	375 000	164 700	1.412
A_1B_1	270 000	146 500	1.367
A_1C_1	245 000	88 000	1.221
A_1C_2	220 000	85 000	1.213
B_1C_1	275 000	100 000	1.252
B_2C_2	400 000	129 000	1.322

说明：在表 6-12 中，$A_1B_1C_1$ 的组合与投资限额有 5 000 元差额(没有用完)，假设这 5 000 元可投资于有价证券，作为特殊的单体项目，其净现值为零，现值指数为 1(以下其他组合也如此)。

$A_1B_1C_1$ 组合的净现值计算如下：

$$A_1B_1C_1 \text{ 组合的净现值}=67\ 000+79\ 500+21\ 000+0=167\ 500(\text{元})$$

$A_1B_1C_1$ 组合的现值指数按公式计算如下：

$$(120\,000\div400\,000)\times1.56+(150\,000\div400\,000)\times1.53+(125\,000\div400\,000)\times1.17+(5\,000\div400\,000)\times1.00=1.420$$

从表 6-12 中可以看出，海农公司应优先考虑 A_1、B_1 和 C_1 三个项目组成的投资组合，其净现值为 167 500 元，大于其他项目组合，其加权平均现值指数为 1.420，也高于其他项目组合，为最佳选择。

二、整体项目投资时间决策

作为一个整体项目，在确定进行投资上马实施后，还需要确定其建设期的长短。项目建成投产后，则需要确定其最佳的营运时间应保持多长时间等关于投资时间的决策问题。

1. 项目最佳建设期决策

【例 6-15】 贡寮公司进行一项投资，项目寿命结束时无残值，不用垫支营运资金。若将投资建设期安排为 3 年，则每年投资 200 万元，3 年共需 600 万元；第 4～13 年，每年的现金净流量各为 210 万元。如果把投资期缩短为 2 年，则每年需投资 320 万元，2 年共投资 640 万元，竣工投产后的项目寿命和每年现金流量不变。这两种不同的投资建设期方案的相关现金流量及差额计算，如表 6-13 所示。

表 6-13　两种建议期方案现金流量及差额计算表

时间(年序)	0	1	2	3	4～12(每年)	13
建设期为 2 年的现金流量	－200	－200	－200	0	210	210
建设期为 3 年的现金流量	－320	－320	0	210	210	0
两方案的差额现金流量	120	120	－200	－210	0	210

若资本成本率为 20%，试进行项目建设期决策。

计算分析与决策：可根据表 6-13，计算两个不同投资建设期方案差额现金流量的现值，据以择优：若差额现金流量的现值为正数，则安排建设期为 2 年较优；若差额现金流量的现值为负数，则安排建设期为 3 年较优。

按照 20% 的资本成本率，对其差额现金流量进行折现，计算结果为－40 万元(计算过程略)。这表明，将建设期缩短为 2 年，相对建设期 3 年而言，可增加 40 万元的净现值，所以应该将投资期缩短为 2 年。

同时，投资决策时除了采用上述基本评价方法之外，企业还需要对投资项目的风险进行评估。一般来说，项目延续时间越长，风险越大。显然，缩短投资建设期的方案还可以在一定的程度上降低风险。这也表明，建设期为 2 年的方案可能为较优方案。

2. 项目最佳营运时间——项目经济寿命决策

一般来说，在贴现率一定的前提下，投资收益的净现值为正数的投资为较好的投资；若净现值为负数，则投资不可行。但是，如设备等方面的固定资产，一般是在使用初期，效率较高，维护修理费用较少，随着使用时间的推移，效率会逐步下降，损耗不断加大，维护修理费用也逐步增加。受上述因素影响，投资项目的净现值就可能会随着营运时间的变化而发生变化：投资项目的净现值只是在某一营运期间范围内为正数；而短于或超过该营运期间，其投资净现值会为负数。因此，企业应把握各种因素的变化给投资收益带来的影响，准确选择项目最佳的营运期限或经济寿命，合理确定设备的更新或投资时间。

确定项目的经济寿命，可以在顺次计算设备自然寿命期内各不同使用年限的收益净现值的基础上，计算其净现值增长率与按一定收益折扣率折合的收益净现值的方法进行决策。

折现后的收益净现值可用以下公式计算：

$$\text{折现后的收益净现值}=\frac{\text{收益净现值}}{(1+\text{确定的收益折扣率})^n}$$

净现值增长率可用以下公式计算：

$$\text{净现值增长率}=\frac{\text{本年度结束净现值}-\text{前年度结束净现值}}{\text{前年度结束净现值}}$$

如果某年的投资净现值增长率，小于预定的收益折现率，那么，这年之前的一年就是项目的经济寿命，即项目的最佳营运时间或最佳投资时间，或设备的更新改造时间。

【例 6-14】 蒙班公司的某投资项目，从第 0 年开始获得净收益①，其后顺序各年的收益净现值、净现值增长率、按 10% 的收益折扣率折合的收益净现值的计算结果，如表 6-14 所示。

表 6-14　某投资项目各年收益净现值及折合后的收益净现值表

时间（年序）	0	1	2	3	4	5
收益净现值（千元）	50	64.4	77.5	89.4	100	109.4
净现值增长率（%）		28.8	20.3	15.4	11.9	9.4
折合后的收益净现值（千元）		58.5	64.0	67.2	68.3	67.9

说明：收益净现值按 10% 的折现率折合计算。

请根据上述资料，进行项目的经济寿命决策。

解析：决策分析如下。

（1）由于将投资放在第 4 年结束可能产生的折合后的净现值最高，因此，第 4 年结束应是最佳的投资时间。

（2）在第 1～4 年中，投资每年的净现值增长率均大于收益折现率 10%。这说明，在这 4 年中，不仅投资每年结束的净现值增长幅度均大于成本增长幅度，而且其真正的收益净现值逐年上升。例如，投资第 1 年结束的净现值增长幅度为 50×(1+0.288)−50=14.4（千元），成本核算增长幅度只为 50×(1+0.10)−50=5（千元）；而且真正的收益净现值由前一年的 50 千元上升为 58.5 千元。同样，投资第 2、3、4 年结束的净现值增长幅度也大于成本增长幅度，其真正的收益净现值也呈上升趋势。然而，在投资的第 5 年，净现值增长率为 9.4%，小

① 为了与现值计算概念在逻辑上相互协调，因而本例中假设其获得净收益的第 1 年的年序为第 0 年。

于收益折现率的 10％，在该年结束时，投资的净现值增长幅度为 100×（1＋0.094）－100＝9.4（千元），而成本增长幅度却为 100×（1＋0.10）－100＝10（千元），而且其真正的收益净现值由前一年的 68.3 千元下降为 67.9 千元。

可见，本例中项目的经济寿命为 5 年，即开始获利后的第 5 年年末为项目结束的最佳时间，或最佳的营运时间。

三、单体设备或项目的更新改造决策

这里所说的单体项目或设备，指的是在项目整体中仅作为一个组成部分发挥作用，不能独立产生现金流入的项目或设备。一个整体投资项目，一般会包括若干相互依存又相对独立的单体项目或设备。

作为企业生产流程环节之一的单体项目或设备，其更新改造决策有着不同于一般的投资决策的特点。由于单体设备或项目一般不能独力增加企业的现金流入，即使有少量的残值变价收入，也是作为支出的抵减，而非实质上的现金流入增加，甚至可能不会改变企业的生产能力，因此，在其更新改造决策中要考虑的现金流量，主要是现金流出。所以，在单体设备或项目的更新改造决策分析过程中，主要是计算比较不同方案的现金流出，或是项目（设备）的使用成本。

对于单体设备或项目的更新改造，同样存在设备在什么时间更新，其最佳的使用时间应维持多长时间，在设备使用过程中，如果有同类新设备面市，是否进行更新等投资时间决策问题。

1. 设备最佳使用期限决策

一项固定资产如果在使用过程中不断修理，则其使用年限可能是很长的。但是，即使不考虑技术进步与市场变化及风险等因素，设备的过久使用，在经济上也不一定合理。随着使用期限的延长，设备的效率会越来越低，修理、维护等使用费会逐年增加，且废弃固定资产的售价也会越来越低，从而使得使用该设备的代价也逐年变大。因此，企业有必要采用成本效益分析的方法，选择一个最佳的设备使用期限，并确定合理的更新期。

在不考虑其他因素的条件下，企业要确定设备最佳使用期限或更新期，可通过计算年平均使用成本的方法进行决策设备年平均使用成本的年限，即为其最佳使用期限或更新时间。

设备的年平均使用成本一般可采用以下公式计算：

设备年平均使用成本＝

$$\frac{\text{原始价值}-[\text{第}\,n\,\text{年出售价}\times\text{第}\,n\,\text{年的现值系数}]+\sum[\text{第}\,n\,\text{年运行成本}\times\text{第}\,n\,\text{年的现值系数}]}{\text{第}\,n\,\text{年年金现值系数}}$$

固定资产使用成本主要由两部分组成：一部分是持有成本，它是资产的原值与该年设备的出售价之间的差额；另一部分是运行成本，包括设备在使用过程中的维护、修理费用及效率损失等。随着使用时间的延长，固定资产的年平均持有成本与运行成本呈反方向变化，如图 6-1 所示。

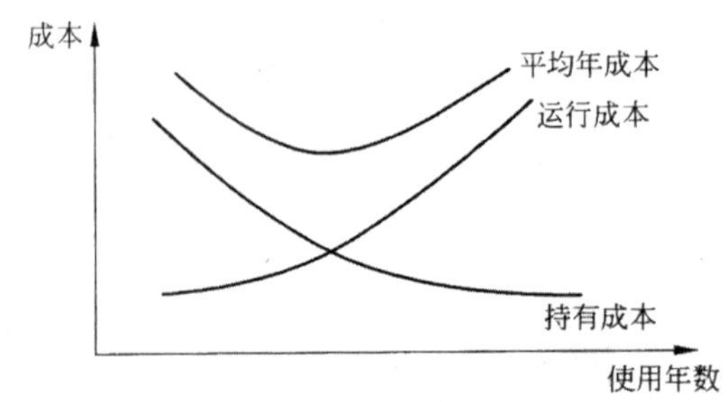

图 6-1　固定资产年平均持有成本与运行成本关系图

【例 6-17】 海明公司现有的 A 设备原值为 45 000 元，可使用 5 年，采用年限总和法计提折旧，第 1 年运行成本为 15 000 元，以后每年递增 4 500 元，贴现率为 10%。假定该设备在第 n 年年末的出售价，即为第 n 年该设备的净值，则其各年的出售价计算，如表 6-15 所示。

要求：分析该设备的经济寿命。

表 6-15　A 设备在第 n 年年末的出售价格计算表　　单位：元

年序	1	2	3	4	5
年末售价（计算）	$45\ 000-45\ 000\times\frac{5}{15}=30\ 000$	$30\ 000-45\ 000\times\frac{5}{15}=18\ 000$	$18\ 000-45\ 000\times\frac{3}{15}=9\ 000$	$9\ 000-45\ 000\times\frac{2}{15}=3\ 000$	$3\ 000-45\ 000\times\frac{1}{15}=0$

解：该设备的经济寿命计算分析如下：

$$\text{使用 1 年的年平均使用的成本}=\frac{45\ 000-30\ 000\times(P/F,10\%,1)+15\ 000\times(P/F,10\%,1)}{(P/A,10\%,1)}$$

$$=34\ 504(\text{元})$$

$$\text{使用 2 年的年平均使用的成本}=\frac{45\ 000-18\ 000\times(P/F,10\%,1)+15\ 000\times(P/F,10\%,1)}{(P/A,10\%,1)}$$

$$=34\ 490(\text{元})$$

使用第 3 年、第 4 年、第 5 年的年平均使用成本，依次计算为 34 583 元、34 758 元与 35 011元。

由此可见，如果该设备使用 2 年后更新，则年平均使用成本为 34 490 元，比其他时间更新的成本低，所以，2 年是该设备的经济寿命。

2. 设备使用过程中的更新决策

设备在使用一段时间后的使用过程中，经常会出现有功能相同或更强大，且使用成本更低的新设备面世的情况。此时，企业就会面临是否用新设备替代原有设备的问题。

下面将分别对新、旧设备的未来寿命期相同与寿命不相同两种情况举例说明。

1. 新、旧设备的未来寿命期相同。

【例 6-18】 琼明公司 5 年前以 10 万元的价格购买了一台设备，预计使用年限为 10 年，10 年后残值预计为 1 万元，采用直线法提折旧。该设备若出售，现在可以按 65 000 元卖掉。现在市场上有一种新设备，性能及技术指标均优于原有的设备。新设备价格为 15 万元（包括安装费),使用年限为5年,5年内它可以每年降低付现成本5万元,使用期满该设备报废,折旧方法仍为直线法。新设备投入后需增加净营运资金12 000元。假设该公司要求的最低报酬率为15%。请分析该公司现在是否应更新设备,即以新设备替换旧设备。

分析:在本例中,由于单体设备只是企业生产流程中的一个组成部分,它不能、也不需要考虑其独立的现金流入,因此,假定其现金流入相同。在收入相同时,通常采用差量分析法,选择成本较低的方案为优方案。计算分析步骤如下。

(1)以新设备为标准,计算两个方案的差量现金流出量。

Δ投资额=150 000－65 000=85 000(元)

Δ净营运资金=12 000(元)

Δ每年付现成本=－50 000(元)

Δ残值=10 000(元)(作为现金流出的减项)

差量现金流出量,如表6-16所示。

表6-16 差量现金流出量表 单位:元

项目＼年序	0	1	2	3	4	5
Δ投资额	85 000					
Δ净营运资金	12 000					－12 000
Δ每年付现成本		－50 000	－50 000	－50 000	－50 000	－50 000
Δ残值						10 000

(2)计算两方案的差量现金流出量现值。

$$\begin{aligned}\Delta \mathrm{NPV} &= 97\ 000-50\ 000\times(PV/A,15\%,5)-2\ 000\times(PV/FV,15\%,5)\\ &= 97\ 000-50\ 000\times 3.352-2\ 000\times 0.497\\ &= -71\ 594(\text{元})\end{aligned}$$

(3)决策建议:设备更新后,可节约成本现值71 594元,应更新。

2.新、旧设备的未来寿命期不同时的更新改造决策。

【例6-19】 某企业有一旧设备,工程技术人员提出更新要求,有关数据如表6-17所示。假设该企业的最低报酬率为15%。问:该企业是继续使用旧设备还是更新设备。

表6-17 新旧设备资料表

项目	旧 设 备	新 设 备
原值(元)	5 500	6 000
预计使用年限(年)	10	10
已经使用年限(年)	4	0
最终残值(元)	500	750
变现价值(元)	1 500	6 000
年运行成本(元)	1 750	1 000

决策分析：由于与上例相比，两种设备未来寿命不同，因此不能像上例那样，通过比较两方案的成本现值总额的方法进行择优。对于这类问题，普遍采用的分析方法是计算和比较新、旧设备的年平均成本，平均年成本较低者为优。

设备或固定资产的年平均成本，是指该资产引起的现金流出的年平均值。如果不考虑资金的时间价值，它是未来使用年限内的现金流出总额与使用年限的比值；如果考虑资金的时间价值，则它是未来使用年限内现金流出总现值与年金现值系数的比值，即平均每年的现金流出。

(1)如果不考虑资金时间价值，则

$$\text{旧设备平均年成本}=\frac{1\ 500+1\ 750\times6-500}{6}=1\ 917(\text{元})$$

$$\text{新设备平均年成本}=\frac{6\ 000+1\ 000\times10-750}{10}=1\ 525(\text{元})$$

决策建议：应更新设备。

(2)如果考虑资金的时间价值，可采用几种不同方法计算年平均成本。

①分别计算各方案现金流出的总现值，然后分摊到每一年，计算年平均成本。根据前述年平均成本计算公式，其计算及结果如下

$$\text{旧设备平均年成本}=\frac{1\ 500+1\ 750\times(P/A,15\%,6)-500\times(P/F,15\%,6)}{(P/A,15\%,6)}$$

$$=2\ 090(\text{元})$$

$$\text{新设备平均年成本}=\frac{6\ 000+1\ 000\times(P/A,15\%,10)-750\times(P/F,15\%,10)}{(P/A,15\%,10)}$$

$$=2\ 157(\text{元})$$

②由于各年的运行成本相等，因此，可将存在差异的原始投资与残值净现值摊销到每年，然后求和，计算年平均成本。其计算方法及结果如下

$$\text{年平均成本}=\text{投资摊销}+\text{运行成本}-\text{残值摊销}$$

$$\text{旧设备平均年成本}=\frac{1\ 500}{(P/A,15\%,6)}+1\ 750-\frac{750}{(P/A,15\%,6)}=2\ 090(\text{元})$$

$$\text{新设备平均年成本}=\frac{6\ 000}{(P/A,15\%,10)}+1\ 000-\frac{750}{(P/A,15\%,10)}=2\ 157(\text{元})$$

③将残值在原始投资中扣除，视同每年承担相应的利息，然后与净投资摊销及年运行成本合计，计算年平均成本。计算如下：

$$\text{旧设备平均年成本}=\frac{1\ 500-750}{(P/A,15\%,10)}+500\times15\%+1\ 700=2\ 090(\text{元})$$

$$\text{新设备平均年成本}=\frac{6\ 000-750}{(P/A,15\%,10)}+750\times15\%+1\ 000=2\ 157(\text{元})$$

决策建议：根据上述计算结果，使用旧设备的平均年成本较低，故不宜进行设备更新。

3. 使用年均成本法决策应注意的问题

(1)使用年限不同的方案适宜使用年均成本法。在实际工作中，净现值法、现值指数法和内含报酬率法不适宜于使用年限不同的固定资产更新改造决策。由于年均成本法把继续使用旧固定资产和购置新固定资产视为两个互斥的独立方案，两者的条件不能互相替代，旧设备的变现价值不能作为购置新设备的现金流入；因此，我们只能按照不同收益年限的年均

成本，来决定究竟是继续使用旧设备还是购置新设备。例如前例（例 6-18）继续用旧设备需投资 5 500 元，收益期为 6 年；购置新设备需投资 6 000 元，收益期为 10 年。前者的年均成本要按 6 年来平均计算，而后者的年平均成本要按 10 年来平均计算。

（2）年均成本法的假设前提是将来设备再更换时，可以按原来的年均成本找到可替代的设备。例如，旧设备 6 年后报废时仍然可以找到年均使用成本为 2 090 元的可替代设备。如果投资者根据市场分析，6 年后可替换设备的年均使用成本会高于当前新设备的年均使用成本 2 157 元。那么就需要把 7 年后购置新设备的成本纳入分析范围，合并计算当前继续使用旧设备及 6 年后购置新设备的综合平均成本，然后与当前购置新设备的年均成本进行比较。此时，单一阶段的决策问题，将变化为多阶段的决策问题。由于投资者对未来数据的分析估计有很大的主观随意性，时间越长，准确度越差，因此，年均成本法通常以旧生产线尚可使用年限为比较期，这样可以尽可能地减少误差。

四、投资项目的设备取得途径决策

在投资过程中，对于建设项目所需的设备，可以自行建造。可以外购，也可以租入。如果选择外购，则可以是从国内购入，也可以是从国外购入。如果是租入，则可以是融资租赁，也可以是经营租赁。如何根据收益最大的目的，选择确定投资项目的设备取得途径，下面将举例说明。

1. 买设备还是租设备的决策

【例 6-20】 某企业需增加一套设备，有购置与经营租赁两种不同途径可供选择。若购置，则设备成本为 5 万元，使用期 6 年，预计残值 0.5 万元；若经营租赁，则每年需支付租金 1.2 万元。假定采用直线法提取折旧；企业要求的投资报酬率为 14%；所得税税率为 25%。请对获取该设备的途径进行决策。

分析：由于本例中企业购买与租入设备的功能相同、年付现成本相同，因此，只需要计算买设备的年平均使用成本与租入设备的租金 1.2 万元进行对比，就可以做出决策。

（1）计算购入设备的年平均税后使用成本。

在不考虑设备使用的付现成本的情况下，购入设备的年平均税后使用成本，为设备买价（为现值）分摊到使用过程中每一年的价值，减去设备残值（为终值）分摊到使用过程中每一年的价值，再减去设备在使用过程中每一年的折旧可以抵扣的所得税额。具体计算如下：

$$\text{购入设备的年平均使用成本}=50\ 000\times\frac{14\%}{1-(1+14\%)^{-6}}-5\ 000\ \frac{14\%}{(1+14\%)^{6}-1}-\frac{50\ 000-5\ 000}{6}\times25\%$$

$$\approx12\ 858-586-1\ 875=10\ 397(\text{元})$$

式中，$\frac{14\%}{1-(1+14\%)^{-6}}$为投资回收系数，是年金现值系数的倒数；$\frac{14\%}{(1+14\%)^{6}-1}$为偿债基金系数，是年金终值系数的倒数，可以查表后计算得出。

（2）计算租入设备的年平均税后使用成本（租金）。

若不加分析而将上述所计算的购入设备年平均税后使用成本，与设备年租金（1.2 万元）进行简单地比较，可能会得出购入设备为优的错误结论。由于设备年租金可以计入产品成本，可在所得税前扣除，即属于可以抵除所得税的税前成本，与上述所计算的购入设备年平均税后使用成本不能直接比较。因此还需要将设备年租金折算成税后成本，然后比较择优。

对于租入设备的年平均税后使用成本(租金)可计算如下

$$租入设备的年平均税后使用成本(租金)=12\ 000\times(1-25\%)=9\ 000(元)$$

(3)决策建议

由于租入设备的年平均税后使用成本(租金)为 9 000 元，低于购入设备的年平均使用成本 10 397 元，因此，企业应该租入设备。

2.是否进口设备的投资决策

企业在投资决策时，经常会遇到设备进口的问题。在这种情况下，企业应该至少特别考虑以下因素后再进行决策：一个是要按照适当的汇率将外币投资额折算为本币；另一个是要适当考虑外汇风险。

【例 6-21】 某企业使用现有生产设备，每年销售收入 3 000 万元，付现成本 2 200 万元。该企业在对外商贸谈判中，获知我方可以购入一套设备，价格为 50 万美元。如购得此项设备对本企业进行技术改造以扩大生产，则每年销售收入预计可以增加到 4 000 万元，付现成本相应增加到 2 800 万元(含所得税)。根据市场趋势调查，该项目所产产品尚可在市场销售 8 年，8 年后拟转产；转产时，进口设备残值预计可以 23 万元在国内售出。如果企业现在决定实施此项技术改造方案，现有设备可以 80 万元作价出售。企业要求的投资报酬率为 10%。根据现时外汇市场走势，预估在设备进口时，美元对人民币汇率为 1∶8.5。请用净现值法分析评价此项技术改造方案是否有利。

解析：将是否进口更新设备视为两个不同项目，或将不进口更新设备视为沉没成本，可采用差量决策分析法进行决策分析。其计算、分析与决策如下。

(1)计算进口更新设备项目原始投资(即差量投资额)。

折合成人民币的设备买价$=50\times8.5=425$(万元)

减：旧设备变现价值 80 万元

净投资为 345 万元

(2)计算进口更新设备的差量营业现金流量。

每年营业现金流入量(收入增加)额$=4\ 000-3\ 000=1\ 000$(万元)

付现成本增加额$=2\ 800-2\ 200=600$(万元)

年现金流入净增加为 400 万元

(3)计算进口更新设备项目最后一年(第 8 年)年末的残值变现收入 23 万元。

(4)计算进口更新设备项目的净现值。其中，年营业现金净流入 400 万元按年金现值系数进行折现，残值 23 万元，按复利现值系数折现。

$$净现值=400\times(P/A,10\%,8)+23\times(P/S,10\%,8)-345=1\ 799.69(万元)$$

(5)决策建议：由于相对于不更新旧设备、进口更新设备的差量净现值大于零，因此企业应该进口更新设备。

第七章 营运资金管理

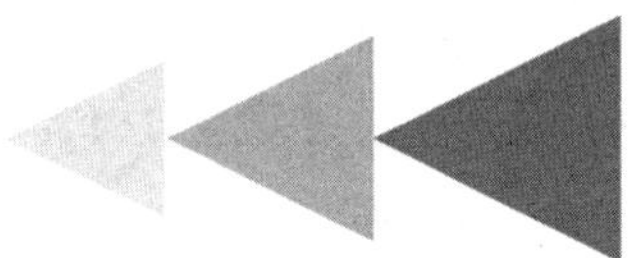

导入案例

中国企业的死亡原因①

做大、做强企业，直至做成世界500强，几乎是每一个企业家的梦想。可企业真正成功并不容易，能存活百年的老店更是寥若晨星。上月底，国家工商总局企业局信息中心绘制了一份企业“生命曲线图”：近五成企业生存时间不足5年，死掉的企业平均寿命仅6岁。在武汉，一年新生企业3.4万家，消亡1万家(2011年)。不光是武汉，经济发达的沿海省份也是如此。上周，浙江省工商局公布了一组数据，今年上半年浙江在册企业99万户，新增企业10万户，而同时有2.5万家自然消亡。上月底，工商总局发布的“全国内资企业生存时间分析报告”显示，根据2000年以来新设立企业退出市场情况来看，企业平均死亡率呈“前高后低、前快后慢”态势。企业成立当年的死亡率为1.6%、第2年为6.3%、第3年最高为9.5%。总体来看，企业成立后的3～7年，死亡率较高，随后渐趋平稳。值得一提的是，上述企业的生命周期现象并非我国所特有。美国《财富》杂志的统计数据显示，美国62%的企业寿命不超过5年，只有2%的企业能存活50年。另外，通过对10个经合组织国家的数据分析发现：20%～40%的企业在成立最初两年之内就会退出市场，40%～50%的企业生存7年以上，在1年之内有5%～10%的企业离开市场。

企业死亡原因比较复杂。据监测，对于我国中小企业而言，其居于首位的原因是自有资

---

① 佚名，中国企业死亡之分析报告.楚天金报，2013-08-12.

金缺乏，负债率太高，资金链长期紧张，还债压力大；其次是管理方式落后，治理结构不健全，家族式裙带人员占据大量重要岗位。

请围绕上述资料，思考营运资金管理对于企业的重要性。

第一节　营运资金管理概述

一、营运资金及其管理的内容与特点

1. 营运资金的概念及其管理内容

(1)营运资金的概念与内容

营运资金(working capital)，又称营运资本，是指企业为保证生产经营活动顺利开展，辅助固定资产充分发挥作用，而安排占用在流动资产方面的资金。通过进一步探究企业流动资产的资金是怎么形成的，是通过负债满足的，还是通过权益资金保证的从而产生了广义和狭义的营运资金概念。

毛营运资金(gross working capital)，为广义的营运资金，是指企业流动资产所占用的全部资金。

净营运资金(net working capital)，为狭义的营运资金，是指企业流动资产减去流动负债后的余额。它是企业为保证生产经营活动顺利开展，辅助固定资产充分发挥作用，而以(人为安排)权益资金或长期性负债等长期性资金，满足流动资产的资金需要，而形成的流动资金占用，即企业流动资产所占用的企业权益资金或长期性负债等长期性资金的数额。

从净营运资金概念的角度而言，营运资金是流动资产与流动负债的混杂。

(2)营运资金管理的内容

按照净营运资金的概念展开，营运资金管理的内容主要有三个方面：流动资产管理；流动负债管理；净营运资金——流动资产与流动负债间的配合关系与协调管理。

在现实社会中，企业营运资金，无论是流动资产、流动负债，还是净营运资金，其内容、构成及作用皆因企业的经营性质及规模而不同，从而营运资金管理的目标、任务及侧重点也相异。

限于篇幅，本章主要以生产性企业为对象，阐述营运资金及其管理的内容要点与方法。对于流动资产(资金)总量及资金的来源与结构管理，主要在本章第二节阐述；关于现金与有价证券、应收账款与存货的管理，则在本章第三、第四和第五节分别介绍。

应该特别注意的是，认识营运资金管理的任务与重点，必须以明确营运资金的特点为前提，适应其特点有针对性的实施管理，否则，是不可能实现企业营运资金管理目标的。

2. 流动资产的特点及管理启示

会计规范一般将流动资产定义为企业可以在1年，或超过1年的一个营业周期内变现

或耗用的资产，主要包括现金、应收账款、存货等。对此，在会计学相关课程中已经有全面、系统的阐述，在此不加赘述。

流动资产在存在形态、资金运动及收益功能等方面，皆有着不同于固定资金的特点，它们是开展流动资产管理的基本依据。

(1)流动资产的运动，具有流动快、变现能力较强的特点。占用在流动资产上的资金，周转一次所需时间较短，一般会在1年或超过1年的一个营业周期内收回或变现，对企业发展的影响较小、时间相对较短。当然，各种不同形态的流动资产，在流动与变现能力方面也不相同。

根据这一特点，对于流动资产所需的资金，企业应尽可能通过商业信用、银行短期借款等短期筹资方式加以解决，以节约资金成本。

(2)流动资产的存在形态，具有多样性、并存性、顺次转化与比例性。从动态上看，流动资金的各种不同存在形态，随着企业供、产、销各经营环节的循环周转，不断以"现金→原材料→在产品→产成品→应收账款→现金"的存在形态顺次转化，继起循环。

从静态上看，无论在任何一个时点上，各种不同形态的流动资产占用同时并存。

从数量关系上看，各种不同形态的流动资产，存在着一定的合理比例关系。

因此，企业进行流动资产管理，应该保证资金的运动流畅、顺次转化，并研究及保持其合理比例关系，实现效益最大的管理目标。在流动资产的周转过程中，每天不断有资金流入，也有资金流出，企业应加强动态的管理与协调。

(3)对于生产性企业，流动资产的收益功能，具有辅助性与边际性的特点。正确的认识企业流动资产在收益性方面的意义与特点，是做好营运资金管理工作的一个基本前提。

对于流通领域的企业，其经营规模与效益大小，对固定资产的依赖性较小，其流动资产或许可以相对脱离固定资产的约束，独立实现其收益功能。在流通领域企业中，由于没有生产环节，固定资产的规模相对较小，对收益的限制作用也不明显，流动资产的规模，直接影响到企业的收益。也就是说，在流通企业，流动资产在某种意义上具有直接的收益性。

对于生产性企业，流动资产的收益性，具有配合、辅助性与边际性的特点。流动资产只能辅助固定资产实现收益，不能脱离固定资产独立实现收益(这里不考虑短期投资的问题)。企业的整体效益，主要依赖于固定资产效能利用的程度，在固定资产效能利用一定的前提下，流动资产资金占用越少，企业的效益越高。

生产性企业的流动资产，主要是辅助固定资产以实现收益，其配合固定资产发挥作用，对收益产生的影响符合边际效用递减的规律。这是因为生产性企业要获得收益必须经过生产过程，而生产的数量(规模)与质量，最终是由固定资产的规模与效能所决定的，即企业的收益规模是以固定资产规模为基础，并由固定资产规模所决定的。但是，固定资产要发挥作用、产生收益，又离不开流动资产的配合或辅助。试想，若没有材料与劳动，如何生产、销售，又如何产生收益？同时，切不能将生产性企业流动资产收益性的配合性、辅助性特点，等同于收益性弱。假如不存在市场的限制，在企业因为受到流动资金的限制且固定资产未能充分发挥作用的情况下，增加流动资金，其收益作用是非常强的。此后，随着固定资产作用发挥的逐步充分，增加流动资金对收益增加的作用则相应逐步减弱，如果企业固定资产规模既定，当固定资产的生产能力已经被发挥到极致时还继续增加流动资金，则不能再增加收益，即此时增加流动资产对收益的作用是零或负数。因此，企业扩大流动资产，不能超出固定资产的限定范围扩大收益，否则只会降低效益。

根据这一特点，对于生产性企业，应在固定资产效能利用一定的前提下，尽可能减少流动资金占用，以节约资金成本、提高效益。

(4)流动资产的资金形成来源，具有随机性、灵活性、多样性。流动资产的资金形成来源，可以是企业的长期资金，包括权益资本或长期负债，也可以是短期负债，包括需要人为安排的短期借款，或是在经营过程中自发形成的负债(如应付账款、税金、工资等各种依约形成的应付款项)。企业在经营过程中自发形成的负债，根据协约的不同，有些(如部分应付票据)仍然需要支付一定的资金成本，有些(如多数应付账款、税金、工资等)则可以依约无偿使用，不需要承担任何的代价。

根据这一特点，企业应尽可能通过低成本的途径获取流动资金，以节约成本。

(5)流动资金占用的数量具有波动性。企业的生产经营活动一般具有节奏感与波动性。随着企业的经营节奏及供产销条件的变化，流动资产的占用数量会时高时低、起伏变化。无论是季节性生产企业，还是非季节性企业均是如此，当然，在季节性生产企业中的波动更为明显。随着流动资产占用量的变动，流动负债的数量也会相应变动。

根据这一特点，企业还应探究自身生产经营及流动资产的数量波动特点与规律，进行动态管理协调，在每一不同时点上都尽可能减少流动资金占用，以节约资金成本、提高效益。

3. 流动负债及其特点

流动负债是指企业需要在 1 年，或超过 1 年的一个营业周期偿还的债务。按流动负债的形成途径不同，可分为不需作人为安排而自然形成的自然性流动负债与需要通过安排形成的人为性流动负债两个部分；按应付金额是否确定，可分为应付金额确定的流动负债与应付金额不确定的流动负债两个部分。

流动负债具有使用期较短、筹资成本相对较低、发生与偿还频繁、偿还压力大、财务风险高等特点。

根据流动负债的特点，企业在营运资金管理实施中，一方面要尽可能相对增加流动负债，减少净营运资金占用，以节约资金成本、提高效益；另一方面，还要控制流动负债的规模与结构，以控制与降低风险。

二、营运资金管理的意义与目标

1. 营运资金管理的意义

营运资金既包括流动资产，也包括流动负债。虽然在生产性企业中流动资产的收益性会受到限制，但它却是企业实现收益所必不可少的资产。由于营运资金的规模、来源与结构不同，企业的总体效益也不同，因此，营运资金管理对于企业有着重大意义。

(1)营运资金涉及企业供、产、销等重要环节，营运资金管理直接关系到企业的生产经营活动能否顺利、有效地进行。

(2)由于营运资金是企业经营资金的基本组成部分,相关业务发生频繁,且与企业收入、成本、效益的高低直接相关,因此,营运资金管理直接关系到企业收入、成本、效益的高低。

(3)现金是营运资金的基本组成部分,是流动资金运动的起点与终端,也是债务偿还的最后保障。因此,营运资金管理工作直接关系到企业的偿债能力,特别是短期偿债能力,这对于有效控制公司融资风险、改善公司在社会中的信誉状况、增强公司的融资能力、稳定经营有着重要作用与意义。

2. 营运资金管理的目标

为了发挥营运资金管理的积极作用,企业必须明确其管理目标与任务。确定营运资金管理的目标与任务,既要考虑企业财务管理总目标的要求,还应根据企业营运资金的收益性特点来具体确定。

(1)营运资金管理的一般目标。根据财务分析原理的相关结论,及营运资金的特点、管理启示与管理意义,可以将营运资金管理的一般目标概括如下:基于企业的实际情况与财务管理总目标,合理确定营运资金的规模、结构,进行过程管理,从而保证企业资产总体效能的最大发挥、相对资金成本最低,且风险适度。

合理确定营运资金的规模、结构,进行过程管理,既是实现其管理目标的基本手段,也是营运资金管理的基本内容。

企业应基于企业的实际情况与财务管理总目标的不同而确定营运资金管理的具体目标。

财务分析原理告诉我们,如果企业的流动资产多、而流动负债少,则说明企业的短期偿债能力较强;反之,则说明短期偿债能力较弱。如果企业的流动资产太多、流动负债太少,则可能是流动资产闲置或流动负债利用不足所致,对企业也十分不利。不同类型的企业,流动资产与流动负债有不同的合适比例。

同时,营运资金特点及管理启示告诉我们,在企业资产总收益一定的前提下净营运资金的数量与成本、效益与风险之间的关系如下:如果减少净营运资金的数量,则其成本会降低、效益会增加,但风险也随之增加;反之,则会增加成本、降低效益,但也可以降低风险。

由于营运资金管理的具体目标应基于企业的实际情况与财务管理总目标的不同而具体确定,因此,下面进一步分析生产性企业与流通领域企业在营运资金管理目标上的差异性。

(2)生产性企业营运资金管理的目标。企业确定营运资金管理目标,既与财务管理的总体目标和发挥营运资金的积极作用有关,还应考虑营运资金在收益性上的不同特点。企业营运资金在收益性上的特点不同,其管理目标应具有差异性。生产性企业与流通领域企业营运资金的收益性有着不同的特点,其营运资金的管理目标也不完全等同。

对于生产性企业,其营运资金管理的目标可以概括为:在保证企业固定资产发挥最大效能、经营活动顺利开展、风险适度的前提下,将营运资金的规模控制到最小,以节约资金、降低成本、增加收益、提高效益。

提出上述生产性企业营运资金管理目标的直接依据,是其在收益性上的特点:生产性企业的流动资产只能配合或辅助固定资产获得收益;企业的经营能力是以固定资产的规模为基础而形成,并最终由其所决定的;如果超出既定固定资产规模增加营运资金,不仅不能再增加收益,相反的只会降低收益。因此,只要能够保证企业固定资产发挥最大效能、经营活动顺利开展、风险适度,将营运资金的规模控制到最小,就可以节约资金、降低成本,并相对增加收益、提高效益。这与企业的财务管理目标一脉相承。

(3)流通领域企业营运资金管理的目标。对于没有生产环节的流通领域企业,其业务内容较为灵活,固定资产规模对于企业营运能力的约束性较弱,因此,其营运资金的收益性原则不同于生产性企业,会直接决定企业的经营规模与盈利水平。由于对于各种不同类型的流通领域企业而言,其营运资金的营利性存在很多差异,因此,对流通领域企业营运资金管理的目标,要根据实际情况特别分析后再确定。

3.营运资金管理的任务

为保证营运资金管理目标的实现,生产性企业应围绕以下任务目标,组织营运资金的管理工作。

(1)认真分析生产经营状况,合理确定营运资金的需要量。企业营运资金的需要量与企业生产经营活动有直接关系,当企业产销两旺时,流动资金会不断增加,流动负债也会相应增加;而当企业产销量不断减少时,流动资产和流动负债也会相应减少。因此,企业财务人员应认真分析生产经营状况,采用一定的方法预测营运资金的需要数量,以便合理使用营运资金。

(2)在保证生产经营需要的前提下,节约使用资金。在营运资金管理中,企业必须正确处理保证生产经营需要和节约使用资金两者之间的关系,既要满足生产经营需要,又要勤俭节约,挖掘资金潜力,合理有效地使用资金。

(3)加速营运资金周转,提高资金的利用效率。营运资金周转是指企业的营运资金从现金投入生产经营开始,经过储备资金、生产资金、成品资金又回到现金的过程。在保证资金需要及其他因素不变的情况下,加速资金的周转可以达到降低资金占用量的目的,也就相应地提高了资金的利用效果,因此,企业应加速存货、应收账款等流动资产的周转,以使用有限的资金取得最优的经济效益。

(4)合理安排流动资产与流动负债的比例关系,保证企业足够的短期偿债能力。

第二节　营运资金政策及决策

营运资金政策是企业在固定资产规模既定的条件下,关于确定与之配合的流动资产(资金)总量水平及流动资金来源构成的基本政策或策略。营运资金政策包括营运资金持有政策与筹集政策两个层次,每一层次又各包括三种不同的政策类型。在进行营运资金政策决策时,企业应该将两个层次的资产结合起来,进行配合选择。

一、营运资金持有政策

营运资金持有政策，是关于相对于既定的固定资产规模或生产经营能力水平，确定以多大数量的营运资金或流动资产规模与之匹配的政策或策略。由于相对于既定的固定资产规模，确定了与之配合的流动资产规模，也就确定并形成了企业的资产结构，即资产总规模及固定资产与流动资产各自所占的比例。因此，营运资金持有政策也称资产组合策略。

资产组合策略的决策或政策制定，属于投资决策与营运资金管理决策中交叉衔接的管理活动。企业进行该政策的决策时，应基于一定的固定资产规模，进行收益与风险之间的权衡，以确定营运资金的持有数量。

1. 确定营运资金的持有数量的基本方法

相对于既定的固定资产规模，企业究竟应该安排多少流动资金与之配套？

确定营运资金的持有数量的基本方法是根据产品生产，即固定资产顺利运行的要求，估算材料、劳动力等的消耗情况，并结合市场及销售，考虑流动资金的周转情况，分别按现金、应收账款、存货及其他各种流动资产具体项目，来分项核定资金需要量，然后汇总，经过"上下结合"的程序来确定。

(1)"从上至下"，分别按现金、应收账款、存货及其他各种流动资产具体项目，分项核定其资金需要量。各个流动资产具体项目的资金需要量是以所估算的材料、劳动力等消耗情况，结合预计的流动资金周转情况确定的。

(2)"从下至上"，对现金、应收账款、存货及其他各种流动资产具体项目的资金需要量加以汇总。

(3)协调修正，确定企业的营运资金需求总量。由于在同一个企业中，各种流动资产具体项目的资金在实际运转中存在协调与配合关系，因此，营运资金需求总量并不是各种流动资产具体项目资金需要量的简单汇总相加。

对于确定与固定资产规模配套的流动资金数量的决策方法，在上一章"投资决策方法"的"现金流量估算"中，已经作了初步的介绍；在本章第三、第四、第五节中，还将进一步阐述。

2. 资产组合策略的类型

由于无论是核定各流动资产具体项目的资金需要量，还是核定流动资金需要总量，都存在一个营运资金供应保障程度或松、或紧的指导原则问题。因此，产生了三种不同的资产组合策略类型。

(1)适中的营运资金政策，或适中的资产组合策略。在适中的营运资金政策下，企业营运资金持有量不过高也不过低；现金恰好能应付支付之需；存货刚够满足生产和销售所用；除非利息高于资本成本(这种情况不大可能发生)，一般不保留有价证券。

(2)宽松的资产组合策略，是指相对于适中的资产组合策略，安排更多的营运资金，以保证生产经营活动的顺利开展。

(3)紧缩的资产组合策略，则是相对于适中的资产组合策略，只安排较少的营运资金与固定资产相配套，以求节约资金、降低成本、提高效益。

3.不同的资产组合策略对企业资金、成本、效益与风险的影响

在企业管理实践中,影响资产组合的因素极多,且资产组合,即相对于既定固定资产规模,所安排的配套流动资金数量多少的不同,又直接影响到企业的资金占用、成本、效益与风险。不同的资产组合对企业资金、成本、效益与风险的影响,是资产组合策略决策所要分析、考虑的主要因素。

根据前面的分析介绍,几乎可以直接得出上述三种不同资产组合策略对于企业资金、成本、效益与风险影响的结论。在企业的产销数量由固定资产规模所决定,且以能够保证生产经营活动顺利开展的前提条件下,三种不同资产组合策略对企业资金、成本、效益与风险的影响如下。

紧缩的资产组合策略,可以减少企业资金占用数量,从而降低成本、提高效益;但与之伴随的是,风险提高了。因为相对于既定的固定资产规模减少了配套的流动资金数量,所以在经营过程中,企业更难以应对如现金周转、材料供应、债务偿还、产品销售等方面的问题。

而宽松的资产组合策略,则会增加企业资金占用数量,也会提高成本、降低效益;但可以降低风险。

至于适中的资产组合策略,其资金占用、成本、效益与风险等,均居于宽松与紧缩的资产组合策略之间。

对于三种不同资产组合策略对于企业资金、成本、效益与风险的不同影响及决策,可以直接举例说明。

【例 7-1】 中雄公司是生产加工型企业,固定资产规模为 5 千万元。经测算,安排 5 千万元流动资金与之配套较为适中;若配套 6 千万元流动资金,能更好地保证生产经营活动的需要;如安排 4 千万元流动资金配套,也可勉强供应生产经营的需要。这就形成了适中、宽松与紧缩三种不同的营运资金持有政策方案。试比较说明三种不同政策对企业资金、成本、效益与风险的影响。

分析:采用 4 千万元营运资金配套的紧缩政策,相对于宽松政策,可以节约 2 千万元的资金,减少 2 千万元的资金成本,增加了 2 千万元资金成本的净效益,但要承担因为营运资金少 2 千万元而带来的风险。采用 6 千万元配套营运资金的宽松政策,相对于紧缩政策,会增加 2 千万元的资金占用与资金成本,减少 2 千万元资金成本的净效益,但因为营运资金增加 2 千万元,风险极大地降低。适中政策的影响,处于二者之间。

由于本例的资料只限于资产结构,尚未深化到资本或筹资结构决策层次,即没有确定所增加或减少的 2 千万元资金,是属于权益资本、长期债务,还是短期债务资本。因此,不能据以对它们影响效益与风险进行量化计算。确定资本的属性,是要通过筹资组合或资本结构决策解决的问题。

4.资产组合策略的影响因素及选择

资产组合策略或营运资金持有政策所要解决的关键问题,是在收益与风险之间进行权衡,合理确定流动资产的资金规模。从以上三种政策看,适中政策是一种既可保证一定的效益,又可适度降低风险,更贴近财务管理的总体目标的资产组合。然而,在现实经济生活中,

何为适中，要进行定量却很困难，这是因为营运资金水平是多种因素共同作用的结果。企业在进行营运资金政策选择时，应当根据自身情况和环境条件，除考虑资金、成本、效益与风险等影响因素外，还应考虑一些其他的重要因素。

除资金、成本、效益与风险等因素外，营运资金持有政策决策还需要考虑以下方面的因素。

(1)企业营业周期的长短。由于营业周期越长，企业在产品、产成品及应收账款等项目上占用的资金越多，因此不适宜采用紧缩的营运资金政策。

(2)企业销售收入和现金流量的波动性。若销售收入和现金流量的波动较大，则企业流动资产规模相对较大。

(3)偿债能力比率的行业标准。不同行业的偿债能力比率(如流动比率等)通常有较大差异，若企业所在行业的偿债能力比率标准较低，则通常应选择趋于紧缩的营运资金政策。

(4)存货政策。采用较高存货保险储备量的企业，显然与宽松的营运资金持有政策相适应。

(5)信用政策。由于采用较为宽松的信用政策必然导致较高的应收账款余额，因此会要求企业选择宽松的营运资金持有政策。

(6)企业流动资产管理效率。若企业流动资产管理效率较低，则不适合选择紧缩的营运资金持有政策。

(7)管理者对风险的态度。究竟选择哪种政策，最终需要由管理者做出选择。激进的管理者一般会选择紧缩的营运资金政策，而保守的管理者则通常可能选择宽松的营运资金政策。

(8)企业在业务经营、财务和其他方面的风险。对于在业务经营、财务和其他方面要承受较高风险，并希望限制任何营运资金方面风险的企业而言，宽松的营运资金持有政策是适宜之计。

虽然适中政策是一种理想的资产组合策略，但在现实经济生活中，考虑到上述各种因素的综合影响，企业也可以依据自身条件和外部环境选择或是宽松或是紧缩的资产结构类型。

二、营运资金筹集政策

营运资金筹集政策是在固定资产规模及营运资金规模既定(即资产组合或结构既定)的条件下，确定营运资金的来源性质与构成比例的政策或策略。由于营运资金来源的性质与构成比例完全由筹资活动所决定，且最终形成一定的企业资本结构；因此，营运资金筹集政策也称筹资组合策略。筹资组合策略的选择，也是资本结构决策的内容之一。筹资组合决策，属于筹资决策与营运资金管理决策相交叉衔接的管理活动。

营运资金筹集政策是资产组合策略的延伸，也是营运资金政策研究的重点。

1. 确定营运资金筹集政策(筹资组合策略)的基本方法

企业确定营运资金的筹资组合，一般应在对构成营运资金的两要素——流动资产和流动负债进行分析的基础上，根据两者之间的匹配关系来确定。

(1)流动资产分析。按照周转时间的长短对企业的资产进行分类：周转时间在1年(或超过1年的一个营业周期，下同)以内的为流动资产，包括货币资金、短期投资、应收账款、应收票据、存货等；周转时间在1年以上的为长期资产。

对于流动资产，则可按照它们对于企业生产经营的作用不同，进一步分为永久性流动资产和临时性流动资产。永久性流动资产是指那些即使企业处于经营低谷也仍然需要保留的、用于满足企业长期稳定需要的流动资产。永久性流动资产，虽然“流动”，但在实质上是长期资产的一个组成部分。临时性流动资产是指那些受季节性、周期性影响的流动资产，如季节性存货、销售和经营旺季的应收账款。临时性流动资产才是实质上的短期资产。

(2)流动负债分析。按照债务资本使用、偿还期限的长短，是企业负债分类的基本方法。以1年(或超过1年的一个营业周期，下同)为界，使用、偿还期限1年以内的短期负债，是为流动负债，主要包括短期借款、应付账款、应付票据等。

与流动资产进一步分类划分的方法相对应，流动负债也可按其形成途径不同，分为自发性负债和临时性负债。自发性负债是指企业在持续经营中随着生产经营活动的开展，不需人为安排而自发产生的负债，如商业信用筹资和日常运营中产生的其他应付款，以及应付职工薪酬、应付利息、应交税费等。由于自发性负债与企业经营相依存，可以自发产生且能续短为长，因此，在实质上可以视为长期负债的一个组成部分。临时性负债则是指为了满足临时性流动资金需要，通过人为安排(如借款筹资等)而产生的负债。例如，企业在销售旺季为满足销售需要而超量购入货物所举借的债务。临时性负债才是名副其实的短期负债。

(3)流动资产和流动负债的匹配关系。为保证企业生产经营活动的顺利进行，对于企业资产中包括永久性流动资产在内的全部长期资产，都应该用包括自发性负债在内的长期资金以保证供应；而对于临时性流动资产，则应通过临时性负债来灵活安排处理。流动资产和流动负债的分类及匹配关系如下图所示(图7-1)。

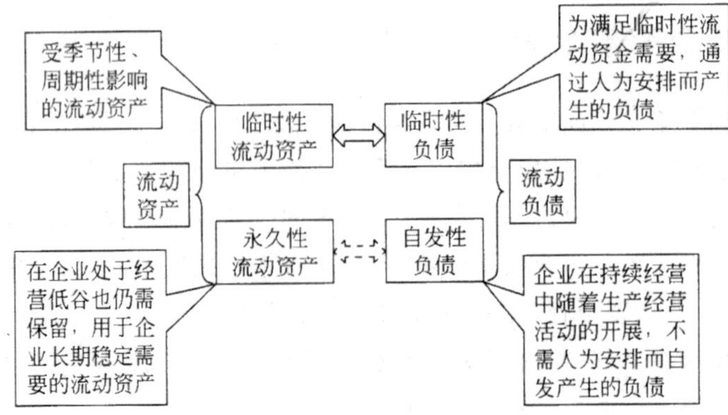

图7-1 流动资产和流动负债分类及匹配关系示意图

如果企业完全以上述流动资产与流动负债之间的对应关系为依据，来制定营运资金筹资策略；则其营运资金筹集政策，被称为配合型筹资政策。

2. 筹资组合策略的类型

配合型筹资组合是筹资组合策略的基本类型。由于在企业管理实践中影响筹资组合的因素较多，且筹资组合又直接影响到企业的成本、效益与风险，因此，在配合型组合策略的基础上，还产生了激进型与稳健型两种筹资组合策略类型。

(1)配合型筹资政策。其特点是：对于临时性流动资产，运用临时性负债筹集资金满足其资金需要；对于永久性流动资产和固定资产(统称为永久性资产，下同)，运用长期负债、自发性负债和权益资本等长期资金满足其需要。配合型筹资政策如图 7-2 所示。

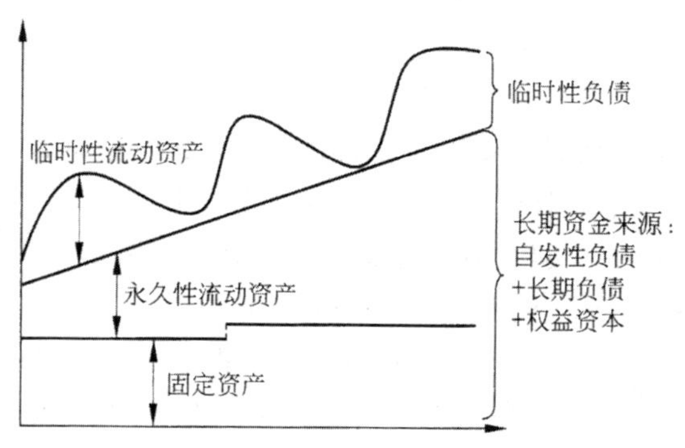

图 7-2　配合型筹资政策示意图

图中，临时性负债与长期资金来源的分界线，和永久性流动资产与临时性流动资产的分界线相互重合。

(2)激进型筹资政策。其特点是：临时性负债不但融通临时性流动资产的资金需要，还解决部分永久性资产的资金需要。激进型筹资政策如图 7-3 所示。

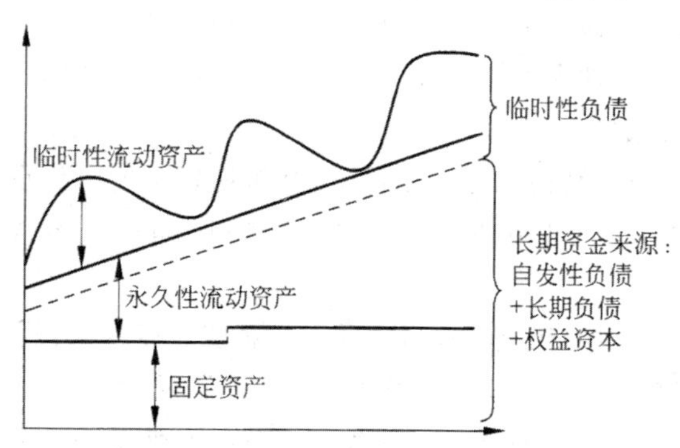

图 7-3　激进型筹资政策示意图

图中，临时性负债与长期资金来源的分界线，处于永久性流动资产与临时性流动资产的分界线下方。这表明部分永久性流动资产是通过临时性负债供应资金的。在激进型筹资政策中，临时性负债在企业全部资金来源中所占比重大于配合型筹资政策。

(3)稳健型筹资政策。其特点是：临时性负债只融通部分临时性流动资产的资金需要，另一部分临时性流动资产和永久性资产，则以长期负债、自发性负债和权益资本作为资金来源。稳健型筹资政策如图 7-4 所示。

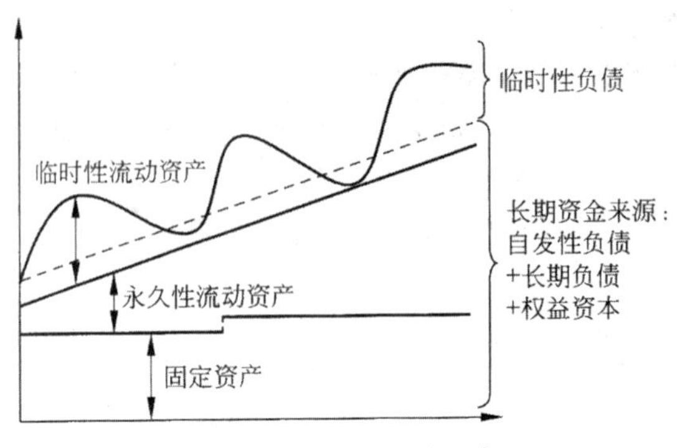

图 7-4　稳健型筹资政策示意图

图中，临时性负债与长期资金来源的分界线，处于永久性流动资产与临时性流动资产的分界线上方。这表明部分临时性流动资产是通过长期资金供应获得的。与配合型筹资政策相比，稳健型筹资政策中临时负债占企业全部资金来源的比重较小。

3. 不同筹资组合对企业资金、成本、效益与风险的影响

从上面的介绍分析可见，三种不同筹资组合的区别主要在于临时性负债在总资本中所占比重不同。不同筹资结构对于企业资金、成本、效益及风险的影响不同，也主要是由于临时性负债在总资本中所占比重不同所导致。

这是由于与长期资金来源相比，临时性负债的资金成本与使用属性存在差别：临时性负债（如短期银行借款）的资金成本一般低于长期负债和权益资本，扩大临时性负债的比重，就可以降低成本、提高效益；但另一方面，流动负债毕竟是一种短期资本，如在总资本中所占比重过大，则不利于企业的稳定经营。例如，将临时性负债用于满足永久性资产的长期资金需要，企业必然要在临时性负债到期后重新举债或申请债务展期。这样企业财务就会陷入经常举债和还债的事务中，会加大筹资难度和风险；并且，可能面临由于短期负债利率的变动而增加企业资金成本的风险。

在企业资产规模与组合结构既定的条件下，其短期资本所占比重越大，资金成本越低、效益越高，但风险越大；相反，其短期资本所占比重越小，资金成本越高、效益越低，但风险越小。

可见，在三种筹资组合中，激进型筹资政策是一种资金成本低、效益高，但风险大的筹资组合策略；稳健型筹资政策是一种资金成本高、效益较低，但风险较小的筹资组合策略。企业采用稳健型政策，不仅会因长期负债资金成本高于临时性负债的资金成本而提高成本水平，还会因为企业在经营淡季时，仍需负担长期负债利息而拉升成本水平，降低效益。配合型筹资组合策略对成本、收益与风险的影响，介于激进型筹资政策与稳健型筹集政策两者之间。

对于三种不同筹资组合策略对于企业资金、成本、效益与风险的不同影响及决策，我们也可以直接举例说明。

【例 7-2】 续上例 7-1,中雄公司为生产加工型企业,固定资产规模为 5 千万元,安排配套的流动资金为 5 千万元,资产总规模为 10 千万元。采用配合型筹资组合,长期资金与短期负债之比为 7∶3;采用激进型筹资组合,长期资金与短期负债之比为 4∶6;采用稳健型筹资组合,长期资金与短期负债之比为 9∶1。试计算比较三种不同筹资组合对企业成本、效益与风险的影响。(假定长期资金平均成本为 12%,流动负债资金成本为 5%。)

解:(1)对于三种不同筹资组合对企业成本、效益与风险的影响结果,可以计算如表 7-1 所示。

表 7-1 不同筹资组合策略对效益与风险影响计算比较表

<table>
<tr><td colspan="2">组合类型</td><td colspan="3">“适中”组合</td></tr>
<tr><td colspan="2">资产组合(流动资产/固定资产)(千万元)</td><td colspan="3">5/5</td></tr>
<tr><td colspan="2">总资产(千万元)</td><td colspan="3">10</td></tr>
<tr><td colspan="2">产销额(千万元)</td><td colspan="3">20</td></tr>
<tr><td colspan="2">筹资组合</td><td>激进</td><td>配合</td><td>稳健</td></tr>
<tr><td colspan="2">流动负债(千万元)</td><td>6</td><td>3</td><td>1</td></tr>
<tr><td colspan="2">长期资金(千万元)</td><td>4</td><td>7</td><td>9</td></tr>
<tr><td colspan="2">筹资合计(千万元)</td><td>10</td><td>10</td><td>10</td></tr>
<tr><td rowspan="3">成本费用</td><td>其他成本费用合计(千万元)</td><td>17.01</td><td>17.01</td><td>17.01</td></tr>
<tr><td>资金成本(千万元)</td><td>0.78</td><td>0.99</td><td>1.13</td></tr>
<tr><td>成本费用合计(千万元)</td><td>17.79</td><td>18</td><td>18.14</td></tr>
<tr><td rowspan="2">效益</td><td>净利润(千万元)</td><td>2.21</td><td>2</td><td>1.86</td></tr>
<tr><td>投资报酬率(%)</td><td>22.10</td><td>20</td><td>18.60</td></tr>
<tr><td rowspan="2">风险</td><td>流动负债/总资产(%)</td><td>60</td><td>30</td><td>10</td></tr>
<tr><td>流动比率</td><td>0.833</td><td>1.667</td><td>5</td></tr>
</table>

说明:为突出筹资组合选择对企业成本、效益与风险的影响作用,例题及计算作了两个假定:①产销量主要由固定资产规模决定,且资产组合能够满足发挥生产能力的需要;因此,改变筹资组合,不会改变销售额,即尽管筹资组合在一定范围内发生变化,但销售额则是一个相同的数额,为 20 千万元。②所有成本、费用与税收项目中,只有资金成本会随着筹资组合的变化而变化;因此,在各种不同资产与筹资组合的配合类型中,资金成本之外的所有其他成本、费用与税金的合计数额相同,为 17.01 千万元。

对表 7-1 中筹资组合对成本、效益与风险影响的有关指标的计算,以适中的资产组合与配合型筹资组合的组合模型中的数据为例,计算说明如下。

资金成本=长期资本成本+短期资本成本

=长期资本数额×长期资本平均成本+短期资本数额×短期资本平均成本

=7×12%+3×5%=0.99(千万元)

成本费用合计=其他成本费用合计+资金成本

=17.01+0.99=18(千万元)

所得税前利润＝销售额－成本费用合计

＝20－18＝2(千万元)

投资报酬率＝所得税前利润÷资本总额×100％

＝2÷10×100％＝20％

流动负债/总资产＝流动负债÷总资产×100％

＝3÷10×100％＝30％

流动比率＝流动资产÷流动负债

＝5÷3≈1.667

其他配合模型的相同指标，可以参照计算。

(2)不同筹资组合对企业成本、效益与风险的影响分析。

从表7-1的计算可见，在采用适中资产组合的前提下，实行激进、配合或稳健性的不同筹资政策，会对本企业的成本、效益与风险产生以下不同影响。

①对成本费用的影响。在不考虑其他成本变化的前提下，相对于采用配合性筹资政策，采用激进的筹资组合，会使企业成本降低2 100 000元(7 800 000－9 900 000)；如果采用稳健的筹资组合，则会使企业成本增加1 400 000元(11 300 000－9 900 000)。

②对企业效益的影响。在不考虑其他成本变化的前提下，相对于采用配合性筹资政策，采用激进的筹资组合，在所得税前利润层面，会增加210 000元(22 100 000－20 000 000)；如果采用稳健的筹资组合，所得税前利润则会减少140 000元(18 600 000－20 000 000)。在投资报酬率层面，采用稳健的筹资组合，会提高2.1％(22.1％－20％)，采用配合性筹资政策，投资报酬率会下降1.4％(18.6％－20％)。

③对企业风险的影响。在不考虑其他风险因素的前提下，相对于采用配合性筹资政策，采用激进的筹资组合，流动资产对流动负债的保证程度，由1.667倍下降为0.833倍；总资产对流动负债的保证程度，由3.333倍下降为1.667倍，无论是短期偿债能力，还是长期偿债能力都大幅度下降，风险增大。采用稳健的筹资组合，流动资产对流动负债的保证程度，由1.667倍上升为5倍；总资产对流动负债的保证程度，由3.333倍上升为10倍，无论是短期偿债能力，还是长期偿债能力都大幅度提高下降，抗风险能力得到较大提高。

4.筹资组合策略的选择及影响决策的其他因素

根据前面对三种不同筹资组合的介绍分析，不难看出，配合型筹资政策是一种较为理想的营运资金筹集政策。

但是，配合型筹资政策对企业有着较高的资金使用管理要求。它要求企业临时负债筹资计划严密，实现现金流动与预期安排相一致。在季节性低谷时，企业应当除了自发性负债外没有其他流动负债，只有在临时性流动资产的需求高峰期，企业才举借各种临时性债务。该筹资策略的基本思想是将资产与负债的期间相配合，以降低企业不能偿还到期债务的风险，并尽可能降低债务的资本成本。但事实上，由于诸多不确定因素的存在，因此使资产与负债很难达到完全的配合。例如，一旦企业生产经营高峰期内的销售不理想，未能取得现金销售收入，便会发生偿还临时性负债的困难。

此外，以下一些因素，也对筹资结构决策有着重要影响。

(1)利率的期限结构。管理者在决定借款期限时应考虑收益曲线的形状。若收益曲线向上倾斜，则表明未来利率将上升，此时获得短期浮动利率借款或固定利率的长期借款可能较为适宜，应避免借入浮动利率的长期借款。若收益曲线向下倾斜，则表明未来利率将下降(这种情况较少，但并非绝对没有)，此时应避免借入固定利率的长期借款。

(2)企业的资本结构。报表分析者在考虑企业借入资金与自有资金的比例时，经常关注企业的长期借入资金。因此，若企业欲保持较低的资产负债率(当负债部分按长期负债计算时)，则可采用激进型的营运资金筹集政策。当然，若分析人员注意到企业有部分短期负债持续用于支持长期性资产项目时，则应考虑资产负债率的计算方法是否合适。

(3)企业取得长期资金的难易程度。一般来说，信用级别高的大企业更易获得权益资本、长期债券等长期资金，而小企业则较难获得这些来源的资金，银行短期贷款可能是较为现实的途径。

(4)企业管理层对待风险的态度。保守的管理者自然倾向选择稳健型的营运资金筹集政策，相反，具有冒险精神的管理者则倾向于选择激进的营运资金筹集政策。

虽然配合型筹资政策是一种理想的营运资金筹集政策，但在现实经济生活中考虑到上述各种因素的综合影响，企业也可以依据自身条件和外部环境来选择趋于激进或趋于稳健的营运资金筹集政策类型。

三、资产组合策略与筹资组合策略的配合

1. 资产组合策略与筹资组合策略的关系

资产组合策略与筹资组合策略，共同构成企业的营运资金政策，但又分属于营运资金政策中的两个不同层次的问题。二者既相联系，又相区别。

(1)二者间的联系。

①二者共同构成企业的营运资金政策，营运资金政策的总体政策效果是两个层次的政策发生作用的共同结果。

②确定资产结构是进行筹资组合决策的前提，筹资组合决策又是资产组合决策的延伸。

③二者虽然分属于营运资金政策中两个不同政策层次的问题，但均以相同的固定资产规模或生产能力为基本决策前提，在决策时，都要看资金市场的“脸色”，都必须考虑企业资金构成状况等因素。

④两种政策各有三种不同政策类型，可以灵活组合、配合使用，以实现特定的政策目标。例如，紧缩的资产组合策略与激进型筹资政策，对企业效益与风险的影响具有同向性，企业在选择紧缩的资产组合策略的条件下，若再采用激进型筹资政策，则会进一步提高效益，扩大风险，宽松资产组合策略与稳健型筹资结构也具有同向性，企业在采用宽松资产组合策略的条件下，若再选择稳健型筹资结构，则会进一步降低效益，抑制风险。再如，紧缩的资产组

合策略与稳健型筹资结构、宽松资产组合与激进型筹资政策，都属于作用力相反的政策，企业若在选择紧缩的资产组合策略的条件下，选择稳健型筹资结构与之配合，或在采用宽松资产组合策略的条件下，采用激进型筹资政策与之配合，则会以综合、平抑政策组合策略对效益与风险产生影响。

所以，进行营运资金政策决策，最好是将两个层次的政策结合起来，配合协同，整体决策。

(2)二者间的区别。

①层次不同。资产组合属于基础层次；筹资组合基于资产组合的作用而发生作用。

②作用领域不同。确定资产结构，可以指导现金、存货、应收账款等流动资产具体项目的决策与管理。筹资组合决策辅助资本结构决策，与现金、存货、应收账款等流动资产具体项目的决策和管理基本无关。

③影响因素存异。虽然均以相同的固定资产规模或生产能力为基本决策前提，在决策时都要看资金市场的“脸色”，都必须考虑企业资金构成状况等因素。但如前所述，资产结构的影响因素更多、更复杂。

④对效益与风险的作用力度不同。资产组合影响的力度更大。

所以，企业进行营运资金政策决策，应该充分考虑这两个不同层次决策问题的特殊性，切不能将二者混为一谈。

2.资产组合策略与筹资组合策略的配合与选择

两个不同层次的营运资金政策经过排列组合，可以形成九个不同的营运资金整体政策备选方案。究竟怎样将两个不同层次的营运资金政策决策问题结合起来，配合协同，整体决策呢？

一个可供参考的方法或途径是：首先，以企业既定的固定资产规模，以及固定资产能够充分发挥作用条件下的收益与成本费用水平为基础，列出全部九个不同营运资金政策备选方案；然后，计算并分析比较各不同方案对企业效益及风险的影响；最后，分别考虑两个不同层次政策各自影响因素的现实状况，做出整体的营运资金政策决策。下面直接举例说明。

【例 7-3】 续例 7-1 和例 7-2，中雄公司为生产加工型企业，固定资产规模为 5 千万元。若固定资产效能得以充分发挥，年产销为 20 千万元，不包括直接成本在内的其他全部成本、费用与税金总计 17.01 千万元。其资产组合层面的三种组合参见例 7-1。在三种不同资产组合基础上，考虑筹资组合因素，所可能形成的九种营运资金政策组合类型，如表 7-2 所示。(为节省篇幅，不再另外列出)。企业测算的长期资金平均成本为 12%，流动负债资金成本为 5%。

试计算、比较分析九种不同营运资金政策组合对于企业资金、成本、效益与风险的影响，并提出相关决策建议。

分析：(1)计算各政策组合对于企业资金、成本、效益与风险的影响。

计算结果如表 7-2 所示。

表 7-2　不同资产与筹资组合配合对效益与风险影响计算比较表

资产组合类型		紧缩			适中			宽松		
资产组合： 流动资产/固定资产		4/5			5/5			6/5		
总资产(千万元)		9			10			11		
销售额(千万元)		20			20			20		
筹资组合类型		激进	配合	稳健	激进	配合	稳健	激进	配合	稳健
整体政策组合编号		1	2	3	4	5	6	7	8	9
筹资组合	流动负债(千万元)	5	3	1	6	3	1	5	3	1
	长期资金(千万元)	4	6	8	4	7	9	6	8	10
	筹资合计(千万元)	9	9	9	10	10	10	11	11	11
成本费用	其他成本费用合计(千万元)	17.01	17.01	17.01	17.01	17.01	17.01	17.01	17.01	17.01
	资金成本(千万元)	0.73	0.87	1.01	0.78	0.99	1.13	0.97	1.11	1.25
	成本费用合计(千万元)	17.74	17.88	18.02	17.79	18	18.14	17.98	18.12	18.26
效益	净利润(千万元)	2.26	2.12	1.98	2.21	2	1.86	2.02	1.88	1.74
	投资报酬率(%)	25.10	23.60	22	22.10	20	18.60	18.30	17.10	15.80
风险	流动负债/总资产(%)	55.60	33.30	11.10	60	30	10	45.50	27.20	9
	流动比率	0.8	1.333	4	0.833	1.667	5	1.2	2	6

表 7-2 中，整体政策组合编号从 1～9，分别代表紧缩资产组合与激进型筹资组合的配合、紧缩资产组合与配合型筹资组合的配合、紧缩资产组合与稳健型筹资组合的配合；适中资产组合与激进型筹资组合的配合、适中资产组合与配合型筹资组合的配合、适中资产组合与稳健型筹资组合的配合；宽松资产组合与激进型筹资组合的配合、宽松资产组合与配合型筹资组合的配合与宽松资产组合与稳健型筹资组合的配合，共九种不同类型。

需要特别说明的是，在本套例题资料设计及计算分析过程中，为了突出营运资金政策选择对企业成本、效益与风险的影响，例题及计算作了两个假定。

①产销量主要由固定资产规模决定，且资产组合能够满足生产能力发挥的需要。因此，改变资产与筹资组合，不会改变销售额，即资产与筹资组合在一定范围内发生变化，但销售额则是一个相同的数额，为 20 千万元。而由于资产与筹资组合不同，成本与效益会发生变化，因此风险也不同。

②所有成本、费用与税收项目中，只有资金成本会随着资产与筹资组合的变化而变化；因此，在各种不同资产与筹资组合的配合类型中，资金成本之外的所有其他成本、费用与税金的合计数额相同，为 17.01 千万元。

(2)各不同政策组合对企业资金、成本、效益与风险的影响的比较分析。

从收益的角度而言。

①在 1～9 号的各种不同整体政策组合中，以 1 号组合，即紧缩资产组合与激进型筹资

组合的配合性组合的效益最高(收益率 25.10%);以 9 号组合,即宽松资产组合与稳健型筹资组合的配合性组合的效益最低(收益率 15.80%);其他不同组合的收益率随着编号的上升而顺次下降。

②由于编号顺序是首先依据资产组合类型排列的,这表明资产组合的类型是决定收益高低的主要因素:尽管筹资组合会对收益产生一定影响,但紧缩资产组合的收益一般高于适中资产组合的收益,宽松资产组合的收益则更低。

③在资产组合类型既定的前提下,筹资组合会对收益产生一定影响:激进型筹资组合的收益一般高于配合型筹资组合的收益,而稳健型筹资组合的收益更低。但筹资组合对收益的影响是在资产组合的基础上发生的,而且一般小于资产组合的作用。

④激进型筹资组合,可以在一定程度上提高宽松资产组合的收益。

从风险的角度而言。

①1～9 号的各种不同整体政策组合,按照风险从低到高的顺序加以排列,依次分别为:9、6、3、8、5、2、7、4、1;其中,以 9 号组合的风险最低,而 1 号组合的风险最高。

②从低到高的 9、6、3、8、5、2、7、4、1 的风险排列顺序,表明了筹资组合的类型是影响风险高低的重要因素:激进型筹资组合的风险一般高于配合型筹资组合;稳健型筹资组合的风险更低,但其可能会导致营运资金不能得到有效的利用,使企业整体效益下降。

筹资组合对风险的影响,同样也是在资产组合的基础上发生的。

③稳健的筹资组合,可以在一定程度上缓解紧缩型资产组合的风险压力。

(3)决策建议。虽然决策者一般是根据自己对企业现实情况的理解,以及自身的管理能力信念与收益风险偏好,来从上述不同政策组合中选择某种组合,但是,财务人员一般可从稳健的角度综合考虑收益与风险因素,并提出政策建议。

①最好选择第 5 种政策类型,即适中的资产组合与配合型筹资组合相配合的营运资金政策组合。首先,该组合保持了一个较为适中的收益率(20%);其次,该组合对风险进行了适当的控制,其流动负债/总资产的比率为 30%;流动比率为 1.667,接近于国际上所公认的合理水平。这样选择,即使企业在经营过程中产生资金困难,也易于筹资。

②若选择紧缩型资产组合,最好以稳健的筹资组合与之配合,以在一定程度上缓解其风险压力,即采用第 3 种政策类型。

③若选择宽松的资产组合,最好以激进型的筹资组合与之配合,以在一定程度上降低成本,保证收益。

在营运资金政策确定后,企业还应该根据自身的实际情况,将所确定的营运资金总量,在现金、应收账款、存货等具体流动资金项目之间进行分解,以对各个营运资金项目的管理发挥指导作用。

此外,营运资金政策在制定实施之后,虽然应该保持相对稳定,但一定要根据外部环境与企业自身条件的变化及时调整。在进行营运资金政策调整时,也要按照前面所介绍的方法程序,计算比较各种不同政策方案的效益与风险,综合考虑各种影响因素,然后慎重决策。

下面具体介绍营运资金的主要内容项目管理的基本理论与方法。

第三节　现金与有价证券管理

这里的现金，是指在企业中以货币资金形态存在，可以直接用于支付的各种资产，包括库存现金、银行存款及其他货币资金。在资本市场便利的条件下，有价证券也常被视为现金的替代品，或一种转换形式。

一、现金管理的目的与内容

现金是企业顺利开展经营活动所不可或缺的资产，也是财务管理的原始对象。由于现金对于企业经营与财务目标的实现，有着其自身的作用和特点，因此，企业必须在明确现金所具有的作用和特点的基础上，有针对性的实施管理。

1. 企业持有现金的效能与成本

企业所持有的现金，构成企业的现金资产。

对于企业而言，现金资产是一种不可或缺，又不能太多的资产。因为对于企业而言，现金是一柄双刃剑。现金一般具有以下特点：流动性强、使用便捷；收益性差；成本复杂多样。一方面，由于现金流动性强、使用便捷，有利于企业抓住盈利机会，还可以构建企业的信用保障与风险防线，因此，现金对于企业具有不可缺少性。另一方面，又因为现金具有成本复杂、收益性差的特点，所以，企业中占有在现金形态上的资金又不能太多，必须尽可能减少占有。

(1)企业现金资产的效用。现金是企业流动性最强的资产，它不仅可以满足生产经营开支的各种支付需要，还是最后的偿债手段与保证。拥有足够的现金，对降低企业财务风险、增强企业资金的流动性具有十分重要的意义。凯恩斯关于企业持有现金动机的分析①，在一定程度上概括了现金对于企业的重要意义与作用。经过长期发展，现在人们一般将企业持有现金的动机概括为以下几个方面。

①交易性动机(transactions motive)，即企业为保持正常生产经营活动(即交易)的支付需要而持有现金。企业在日常生产经营活动中，购买原材料、支付工资、缴纳税款、偿付到期债务、派发现金股利等，都需要现金。企业现金支付需要数量，与其销售水平、正常营业活动所产生的现金收入和支出及它们的差额相关，一般同销售量呈正比例变化。

②预防性动机(precautionary motive)，是指企业为应付意外事件而持有现金。市场情形瞬息万变，各种不可预测因素是客观存在的，企业通常难以对未来现金流入量与流出量做出准确的估计和预测。一旦企业对未来现金流量的预测与实际情况发生偏离，必然对企业的正常经营秩序产生极为不利的影响。因此，在正常业务活动现金需要量的基础上，追加一定数量的现金余额以应付现金流入和流出的随机波动，是企业在确定必要现金持有量时应

① 凯恩斯 J M. 就业、利息和货币通论. 高鸿业，译[M]. 北京：商务印书馆，1999.

考虑的因素。企业为应付紧急情况所持有的现金余额主要取决于以下三个方面：现金收支预测的可靠程度；企业临时借款的能力；企业愿意承担风险的程度。

③投机性动机(speculative motive)，是指企业为满足某种投机行为的需要而持有现金。现代社会机会很多，但稍纵即逝。企业为了抓住各种瞬息即逝的市场机会，获得更大的利益，也有必要准备一定的现金。例如，如果企业预期未来利率上升，证券价格下降，那么，投机动机将驱使企业保留现金直至预期利率不再上升为止。另外，当其他企业因破产而低价拍卖其资产时，如果企业有足够的现金，就可以充分利用这样的低价购买机会。一般来说，除了金融和投资公司外，其他企业专为投机性需要而特殊置存现金的不多。

④财务动机(finanee motive)，是指企业为满足在股利、股票回购或者资本投资上的大量开支需要而持有现金。因为这样的大笔支出可能需要企业在较长的时间内进行筹集，从而在这段时间形成大量现金余额。另外，商业银行通常会要求企业保留一部分最低存款额，这也构成了企业的现金余额。

⑤其他动机。除了上述动机之外，企业可能因为一些特殊原因而持有现金。例如，获取现金折扣。如企业的付款条件为"2/10，n/30"，它表示如果企业在10天内付款，可有2%的折扣；如果在30天内付款，则需全额支付。此时持有现金，企业就可以消除放弃现金折扣的高成本。又如，获取较高的信用等级。对于企业来说，较高的流动比率和速动比率是获得较高信用等级的必要条件。公司持有较多的现金余额，就可以提高其流动比率和速动比率，从而获得更高的信用等级。较高的信用等级意味着可以从供应商处获得更优惠的付款条件，以及从银行获得更高的信用额度。

(2)现金资产的收益。相对于企业其他资产而言，现金本身具有收益性差的特点。狭义的现金为库存现金，它完全不能产生收益，各种存款虽然可能获得一定收益，但收益极低，对比其资本成本，收益肯定为负值，至于其他货币资产，则是可能获得较低收益，也可能完全不能产生收益。而作为现金等价物的有价证券，虽然其收益性可能较高，但却是难以确定与保证的。

此外，对于企业持有现金的收益，不能仅从现金本身所产生收益的层面考虑问题，而应该从现金所具有的流动性对企业整体效益所做贡献的角度全面、综合的考虑，这是极为困难的。

(3)现金资产的成本。现金持有成本具有复杂多样性，一般由持有成本、管理成本与短缺成本所构成，此外，还可能会产生转换成本与特殊损失成本。

①持有成本，是因持有现金而丧失的再投资收益，又称为机会成本。在实际工作中，持有成本可以用企业的资金成本替代。假如，某企业的资金成本为10%，每年平均持有现金100万元，则该企业每年持有现金的机会成本为10万元。企业的现金持有量越大，其持有成本越高。

②管理成本。企业持有现金将会发生管理费用，如管理人员的工资福利费和安全措施费用等，这些费用是现金的管理成本。管理成本是一种固定成本，与现金持有量之间无明显的数量关系。

③短缺成本，是企业因缺乏必要的现金，不能应付业务开支所需而使企业蒙受损失或为此付出的代价。现金的短缺成本与企业现金持有量成反比，现金持有量增加，短缺成本下降；持有量减少，短缺成本上升。

④现金转换成本，即进行现金与有价证券间的相互转换而发生的费用，如经纪人费用、相关税金及其他管理成本等。该成本一般与持有现金的金额关系不大，但与交易次数关系更为密切，即在一定时期内，转换次数越多，成本越高。如果企业将有价证券作为现金等价物，与现金一并协调管理，就会产生转换成本。

⑤特殊损失成本。现金作为一般等价物，没有特殊标记且易于携带，是贪污盗窃的主要标的，更容易发生损失，若要减少这一损失，又会增加管理费用。与之相关的损失与增加的管理费用，是现金持有成本的一个特殊组成部分。

(4)企业现金资产的效能与成本的关系。企业现金资产的效能与成本的变化方向相同，企业持有的现金数量越大，其可能发挥的效能越大，但成本与代价也越高；反之，持有的现金数量越小，其可能发挥的效能越小，但成本与代价也越低。

企业现金资产的效能与成本虽然变化方向相同，但不存在正比例关系。

2.现金管理的目标

与财务管理的主体目标相承接，企业的现金管理目标也有着不同的层次。

(1)现金管理的一般或最终目标。由于企业现金资产的效能与成本虽然变化方向相同，但又不存在正比例关系，因此，必然存在一个能够使企业现金持有的净收益(现金持有的全部收益－持有成本)最大的最佳现金持有数量。所以，现金管理的一般或最终目标，是在其收益与成本之间进行权衡，确定并维持其最佳数量或水平。

但是，由于无论是现金资产的效能，还是成本的计量都极为复杂，且相互交错，因此，真正的最佳现金持有数量难以确定，目前尚无计量决策模型。在实际工作中，企业只能追求现实的管理目标。

(2)现金管理的现实目标。现金管理的现实目标是在保证企业生产经营活动现金需求的基础上，尽量减少现金的持有量，提高现金的利用效率。该现实目标，假定企业的正常运营就是持有现金的最大效能，从而简化净效益的计算分析，其主要考虑现金持有成本，仅将现金持有成本最低、现金利用效率最高时的现金持有数量，作为最佳现金持有量进行分析决策。目前，已经存在多个可用的计量决策分析模型。

3.现金管理的内容与重点

根据现金管理的目标，企业现金管理的内容应该主要包括以下几个方面。

(1)合理估计现金需求，合理确定现金持有数量(或现金余额)。这是现金管理的基本内容，也是让现金在企业中发挥最大效用的重要途径。合理的现金持有数量，是企业净收益为最大时的现金持有数量。如果现金余额过多，则会造成资金的浪费；反之，余额过少，则会增加财务风险。因此，现金管理的一项重要内容就是利用特定的模型和方法估计出理想的现金余额，并在实际的现金余额偏离理想现金余额时，采用短期融资策略或采用归还借款、投资于有价证券等策略调整实际现金余额，使其回归到理想状态。

(2)编制现金预算,进行动态管理,确实保证企业正常的生产经营对现金的需要。现金预算是企业为保证生产经营的现金需求,对未来的现金流入和流出情况进行的规划。

(3)对日常的现金收支活动进行控制,保证现金流的正常周转,并尽可能防止发生特殊损失。为防止特殊损失的发生,企业应严格控制现金流出,尽量做到收支相匹配,加强对现金资产及其流动过程的控制。

二、最佳现金持有量的确定

现实的最佳现金持有量计量分析模型,主要有现金周转模式、成本分析模式、存货模式、随机模型和因素分析模式五种。企业可以结合自身特点选择使用。

1. 现金周转模式

现金周转模型是通过现金周转天数确定最佳现金持有量的模型。现金周转天数是指从现金投入生产经营开始,到产成品出售再转化为现金的整个过程所经历的天数。现金周转天数的长短取决于存货周转天数、应收账款周转天数及应付账款周转天数,它们之间的关系如图 7-5 所示。

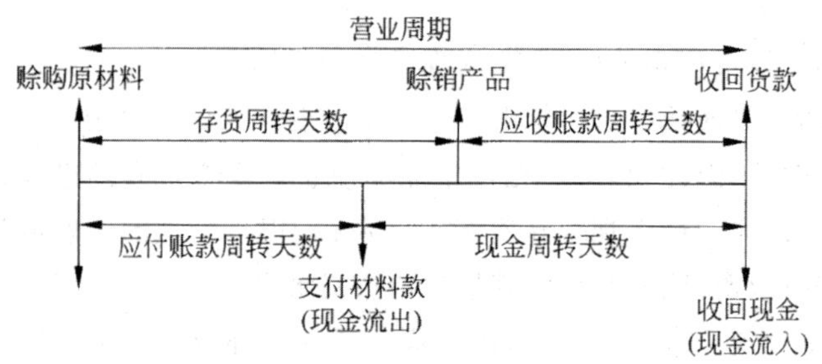

图 7-5 存货周转天数、应收账款周转天数与应付账款周转天数关系图

由图 7-5 中可以看到,企业营业周期的长度(天数)等于存货周转天数加上应收账款周转天数,而一个营业周期所经历的天数减去应付账款周转天数才是现金周转天数。因此可得:

$$现金周转天数=存货周转天数+应收账款周转天数-应付账款周转天数$$

现金的周转次数是指现金在 1 年内周转的次数。

$$现金周转次数=\frac{360}{现金周转天数}$$

假定企业一定时期(如 1 年)内的现金需求量已知,且企业经营是持续均衡的,即存货、应收账款与应付账款的周转速度保持稳定,则该企业的最佳现金持有量可通过下式求得。

$$最佳现金持有量=\frac{预计现金总需求量}{现金周转次数}$$

【例 7-4】 某公司预计存货周转天数为 80 天,应收账款周转天数为 40 天,应付账款周转天数为 30 天,预计全年需要现金 720 万元,求最佳现金持有量。

解：

$$现金周转天数=80+40-30=90(天)$$

$$最佳现金持有量=\frac{720}{360}\times 90=180(万元)$$

现金周转模式的操作虽然比较简单，但该模式要求有一定的前提条件：首先，企业未来年度的现金总需求应该能够根据产销计划比较准确的预计；其次，必须能够根据企业以往年度的历史资料测算出未来年度的现金周转次数。

2.成本分析模式

成本分析模式是指寻求持有现金的相关总成本最低的现金余额的模式。企业持有现金的成本构成可以表示为：

持有现金的总成本=持有成本+管理成本+短缺成本

上述三项成本之和最小的现金持有量，就是最佳现金持有量。如果把以上三种成本线放到图7-6，就能找出总成本最低的最佳现金持有量。

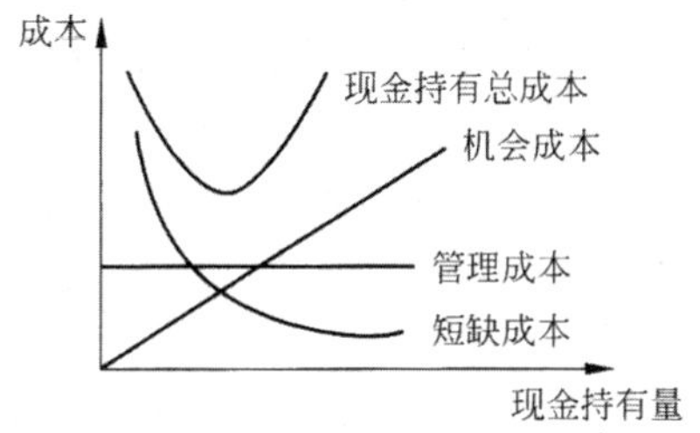

图7-6　最佳现金持有量的成本分析模式图

从图7-6可见，现金持有成本向右上方倾斜、持有现金不足的短缺成本向右下方倾斜、持有现金的管理成本为一水平线，因此，持有现金的总成本线便是一条向下凹的抛物线，该抛物线的最低点即为持有现金的最低总成本点。超过这一点，持有成本上升的代价就会大于短缺成本下降的好处，在这一点之前，短缺成本上升的代价又会大于持有成本下降的好处。这一点在横轴上的量，即是最佳现金持有量。

【例7-5】　某企业有A、B、C三种现金持有方案，各方案的持有成本按现金持有量的10%计算，其管理成本和短缺成本，如表7-3所示。请分析该企业的最佳现金持有方案。

表7-3　现金持有方案　　单位：元

项目＼方案	A	B	C
现金持有量	25 000	50 000	75 000
管理成本	3 000	3 000	3 000
短缺成本	4 000	1 000	0
持有成本	2 500	5 000	7 500
总成本	9 500	9 000	10 500

分析:将表 7-3 中各方案的总成本进行比较,显然 B 方案的总成本最低,故该企业应选择 B 方案,即持有 50 000 元现金。

上述最佳现金持有数量,亦可以用求最小值的公式法直接计算确定。

3. 存货模式

存货模式又称鲍莫模式,它是由美国经济学家威廉·J. 鲍莫(William J. Baumol)首先提出的。他认为公司现金持有量在许多方面与存货相似,存货经济订货批量模型可用于确定目标现金持有量,并以此为出发点,建立了鲍莫模式。

存货模式的基本原理是将企业现金持有量和短期有价证券联系起来进行衡量,即将企业现金的持有成本同现金与短期有价证券的转换成本进行权衡,以求得两者相加总成本最低时的现金余额,从而得出最佳现金持有量。由于在存货模式下,我们将企业的现金持有量和短期有价证券联系起来考虑,因此,在现金的持有成本中可以不考虑现金短缺成本和现金管理成本。因为,在持有现金不足交易性需要时,企业可以出售有价证券,故不存在现金的短缺成本。而对于现金管理成本,因为它是企业持有现金的固定成本,所以不是现金持有量的一个决策变量。相反,在存货模式下,企业需考虑短期有价证券和现金之间的转换成本。

存货模式假定企业将多余现金全部投资于短期有价证券,短期有价证券的投资组合可以随时转换为现金,并且企业未来年度的现金流量可以比较准确地加以预测,其现金流转也是有规律的,每次转换可以生成大量的现金流入,然后逐渐流出,当现金余额接近零时再同样重复。其现金流转模式如图 7-7 所示。

如图 7-7 所示,当企业持有的现金趋于零时,就需要将有价证券转换为现金,以用于日常开支。但是,现金转换为有价证券及持有现金均要发生成本。

持有现金的机会成本与有价证券和现金之间的转换成本的关系,可用图 7-8 表示。

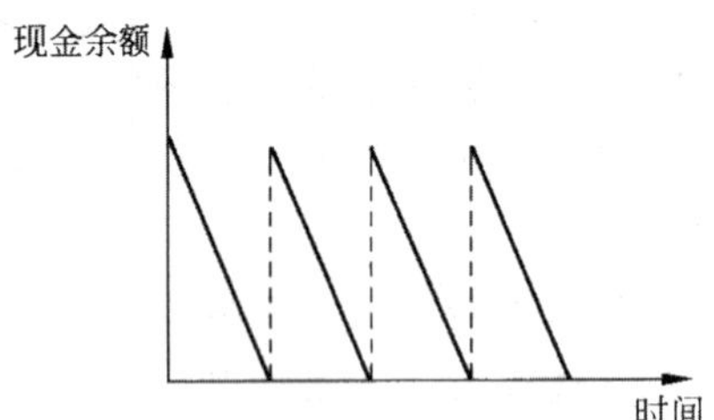

图 7-7　存货模型现金流量图

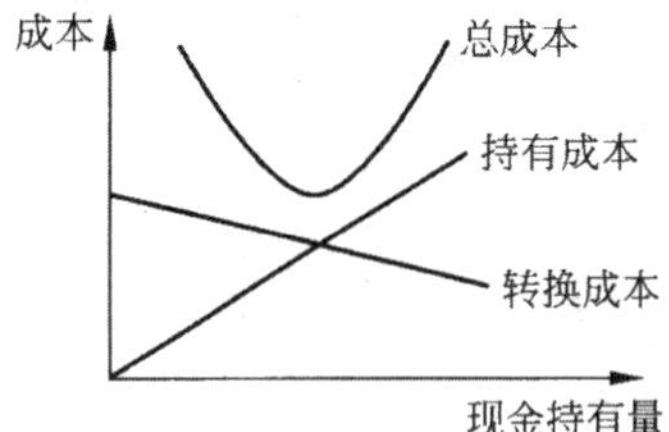

图 7-8　最佳现金持有量的存货模式

持有现金的机会成本和短期有价证券与现金之间的转换成本之和可用如下公式表示:

$$总成本 = 持有现金成本 + 转换成本$$

$$TC = \frac{Q}{2}K + \frac{T}{Q}F$$

式中:Q——最佳现金持有量;

$Q/2$——该时期的平均现金余额;

K——短期有价证券的投资报酬率;

T——一定时期的现金总需求量;

T/Q——该时期内证券的买卖次数；

F——每次转换的单位成本。

运用微积分求最小值的原理，可将总成本函数对 Q 求导并令其结果为零。即可推出：

$$\frac{d(TC)}{dQ}=\frac{Q}{2}-\frac{TF}{Q^2}=0\Rightarrow Q^{*}\ \sqrt{\frac{2TF}{K}}\Rightarrow TC=\sqrt{2TFK}$$

【例 7-6】 某公司预计每月现金需求量为 200 000 元，现金与有价证券的每次转换成本为 250 元，有价证券的收益率为 12%，则该企业最佳现金持有量为多少？

解：

$$Q^{*}=\sqrt{\frac{2\times200\ 000\times250}{12\%\div2}}=100\ 000(\text{元})$$

$$TC=\sqrt{2\times200\ 000\times250\times12\%\div12}=1\ 000(\text{元})$$

每月公司从有价证券转换为现金的次数：

$$N=200\ 000\div100\ 000=2(\text{次})$$

存货模型在许多方面是比较简单的，但这一模型具有以下局限性：

①该模型假设企业的现金流量稳定，没有考虑季节性和周期性，这与现实有所不符；

②未考虑安全库存现金，为了防止现金短缺，企业通常会设置安全库存现金。这些局限性限制了它的应用。

4. 随机模型

随机模型，也称米勒—奥尔模型，是在现金需求量难以预知的情况下进行现金持有量控制的方法。对企业来讲，现金需求量通常波动较大且难以预知，但企业可以根据历史经验和现实需要，测算出一个现金持有的控制范围，即制定出现金持有量的上限和下限，然后，将现金量控制在上下限的区域内。当现金持有量达到该区域上限时，企业以现金购入有价证券从而使现金持有量下降；当现金持有量降至该区域下限时，企业抛售有价证券换回现金从而使现金持有量回升；若现金持有量在上下限之内，则不必进行现金与有价证券的转换，如图 7-9 所示。

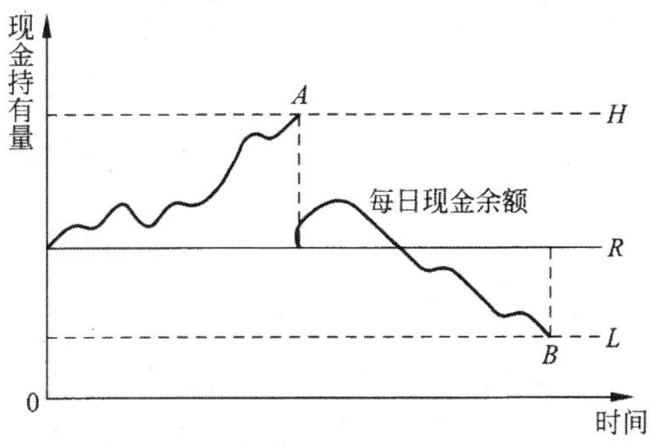

图 7-9　随机模型图

在图 7-9 中，虚线 H 为现金持有量的上限，虚线 L 为现金持有量的下限，实线 R 为最优现金返回线。从图中可以看到，企业的现金持有量（表现为每日现金余额）是随机波动的，当其达到 A 点时，即达到现金持有量的控制上限，企业应用现金购买有价证券，使现金持有量回落至现金返回线（R 线）的水平；当现金持有量降至 B 点时，即达到现金持有量的控制下限，企业应转让有价证券换回现金，使现金持有量回升至现金返回线的水平，而现金持有量在上下限之间的波动属于控制区域内的合理变化，可以不予理会。

关于上下限的确定，有许多解决方法，其中以米勒—奥尔模型的应用最为广泛。根据该模型，现金返回线 R、上限 H 可分别按下列公式计算：

$$R = \sqrt[3]{\frac{3F\delta^2}{4i}} + L$$

$$H = 3R - 2L$$

式中：F——有价证券每次转换的固定成本；

i——有价证券的日利息率；

δ——预期每日现金余额变化的标准差（根据历史资料测算）。

而下限 L 的确定，则受到企业每日最低现金需要及管理者对风险态度等因素的影响。

【例 7-7】 设某企业的最低现金余额为 5 000 元，日现金流量的标准差 2 700，利息率为 8%，每次购买或销售证券的固定交易成本为 100 元。

则：

$$R=\sqrt[3]{\frac{3\times100\times2\ 700^2}{4\times8\%\div2}}+5\ 000=18\ 500(\text{元})$$

$$H=3\times18\ 500-2\times5\ 000=45\ 500(\text{元})$$

当现金余额达到 45 500 元时，企业应投资 27 000 元（45 500－18 500）于有价证券；当现金余额达到 5 000 元时，企业应销售 13 500 元（18 500－5 000）的有价证券以增加现金余额。

5. 因素分析模式

因素分析模式是根据上年现金占用额和有关因素的变动情况，来确定最佳现金余额的一种方法。其计算公式为：

$$\begin{matrix}\text{最佳现}\\\text{金余额}\end{matrix}=\left(\begin{matrix}\text{上年现金}\\\text{平均占用额}\end{matrix}-\begin{matrix}\text{不合理}\\\text{占用额}\end{matrix}\right)\times\left(1\pm\begin{matrix}\text{预计销售收入}\\\text{变化的百分比}\end{matrix}\right)\times\left(1-\begin{matrix}\text{预计资金周转}\\\text{加速百分比}\end{matrix}\right)$$

【例 7-8】 某公司 2003 年平均占用现金为 1 000 万元，经分析其中有 50 万元为不合理占用额，2014 年预计销售收入比 2013 年增加 20%，现金周转加速 5%。求 2014 年最佳现金余额。

解：

$$(1\ 000-50)\times(1+20\%)\times(1-5\%)=1\ 083(\text{万元})$$

因素分析模式考虑了影响现金余额多少的最基本因素，计算也比较简单；但是，这种模式假设现金需求量与营业量成正比例增长，现实情况并非完全如此。

以上各种计算模式分别从不同角度计算最佳现金余额，各有优缺点，在实际工作中，企业可结合起来加以运用。另外，因为现金余额的多少是多种因素作用的结果，数学模型并不能把各种因素的变化都考虑进去，所以，在多数情况下，还需要财务管理人员根据经验加以确定。

三、现金的日常管理

企业在确定了最佳现金持有量后，还应采取各种措施加强现金的日常管理，以保证提高现金的管理效率。提高现金管理效率的方法一般包括加速现金回收、延迟现金支付和力争做到现金流入与现金流出同步。

1. 做好现金管理工作

现金是企业流动性最强的资产，通常要制定严格的现金管理制度对其进行日常管理。现金管理制度应尽量考虑企业生产经营的需要，同时遵守国家的有关规定。目前，我国企业的现金管理，必须依照国家颁布的现金管理条例办事，主要应做到以下几点。

(1)严肃现金使用范围规定。企业应该执行各项现金管理的法律、制度与规定，不得坐支现金。

(2)核定并控制库存限额。企业库存的现钞，由其开户银行根据企业的实际需要核定限额，超过限额的现金，出纳员要及时送存银行。

(3)严格现金存取手续，钱账分管，实行内部牵制制度。现金收入应于当日终了时送存开户银行，会计与出纳分开并定期替换，严防舞弊行为。

(4)及时进行库存现金的盘点清查，及时与银行进行对账。

2. 加速现金回收

为了提高现金的使用效率，加速现金周转，企业应尽量加速账款的收回。企业账款的收回一般需要经过四个时点，即客户开出付款票据、企业收到票据、票据交存银行和企业收到现金。

企业账款收回的时间包括票据邮寄时间、票据在企业停留时间以及票据结算时间。前两个阶段所需时间的长短不但与客户、企业、银行之间的距离有关，而且与收款的效率有关。在实际工作中，缩短这两段时间的方法一般有邮政信箱法和银行业务集中法等。

(1)邮政信箱法。邮政信箱法又称锁箱法(lock boxes)，是西方企业加速现金流转的一种常用方法，即通过承租多个邮政信箱来缩短从收到顾客付款到存入当地银行的时间的一种现金管理办法。在锁箱法下，客户将票据直接寄给客户所在地的邮箱，而不是企业总部，这样不但缩短了票据的邮寄时间，而且还免除了公司办理收账、货款存入银行等手续，从而缩短了票据邮寄以及在企业的停留时间。但采用这种方法成本较高，因为被授权开启邮政信箱的当地银行除了要求扣除相应的补偿性余额外，还要收取办理额外服务的劳务费，从而导致了企业现金成本的增加。因此，是否采用邮政信箱法，企业需视提前回笼现金产生的收益与增加的成本的大小而定。

(2)银行业务集中法。银行业务集中法(concentration banking)，是指通过设立多个策略性的收款中心来代替通常在公司总部设立的单一收款中心，以加速账款回收的一种方法。其目的是缩短从顾客寄出账款到现金收入企业账户这一过程的时间。然而，设立收款中心的地方银行都要求有一定补偿性余额，而补偿性余额是一种闲置的不能使用的资金，企业设立的收款中心越多，补偿性余额越多，闲置的资金也越多。同时，企业设立收款中心也需要一定的人力和物力，花费较多。在决策时，企业应视收益与成本的情况而定。

可见，无论是对于邮政信箱法，还是对银行业务集中法，企业都需视提前回笼现金产生的收益与增加的成本的大小而权衡确定。下面举例说明决策方法。

【例 7-9】 某企业原采用公司总部单一收款中心收账的方法，平均占用现金 300 万元，企业资金成本率为 12%。企业现拟改变收账办法，采用锁箱法或银行业务集中法收账。经测算，采用锁箱法每年多增加 10 万元费用，但可节约现金 100 万元，增加收款中心预计每年多增加 7 万元费用，但可节约现金 80 万元。试提出相关决策建议。

解：(1)采用锁箱法：

因减少现金占用节约的资金成本＝100×12%＝12(万元)

因节约资金成本产生的净收益＝12－10＝2(万元)

(2)采用银行业务集中法，可以从节约的资金中获得收益为：

$$80\times 12\%=9.6(\text{万元})$$

$$\text{净收益}=9.6-7=2.6(\text{万元})$$

(3)决策建议：①企业改变收账办法，无论是采用锁箱法或银行业务集中法收账，都可以通过降低资金成本而增加净收益，因此企业应该改变收款方法；②采用银行业务集中法，每年可增加净收益 2.6 万元，大于锁箱法所产生的净收益 2 万元，为最佳的收款方法。

3. 合理延迟现金支付

延迟现金支付是指企业在不影响其商业信誉的前提下，尽可能推迟应付款项的支付期，充分运用供货方所提供的信用优惠的方法。企业延迟现金支付的手段主要包括以下几方面。

(1)合理利用现金浮游量(float)。现金浮游量是指企业账户上现金余额与银行账户上所示的存款余额之间的差额。有时，企业账户上的现金余额已为零，而该企业的银行账上还有现金余额，其原因是企业已经开出的付款票据尚处在传递过程中，银行尚未付款出账。如果企业能正确预测浮游量并加以利用，则可节约大量现金。

(2)合理推迟应付款的支付。在不影响信誉的情况下，企业应尽可能推迟支付应付款。

(3)采用汇票付款。在使用支票付款时，只要收票人将支票存入银行，付款人就要无条件的付款。但汇票不是“见票即付”的付款方式，在收票人将汇票送达银行后，银行要将汇票送交付款人承兑，并由付款人将一笔相当于汇票金额的资金存入银行，银行才会付款给收票人，这样就有可能合理的延期付款。

(4)零余额账户法是指企业通过建立零余额账户(zero-balance account，ZBA)来处理企业的支付活动。零余额账户是一种特殊的余额为零的可开支票支付的账户。一般来说，企业为工资或股利的支付可专门在中心银行建立若干此类账户，再开立一个提供资金的总账户。企业可根据经验，建立一个工资或股利支付的时间分布，以尽可能减少该账户的余额。企业支票付款时，零余额账户为负，它在一定的融通额度内以总账户资金、银行贷款或商业票据补充。企业采用这种账户既简化了对现金支出的控制，也减少了闲散资金量。

(5)充分利用闲置资金进行短期有价证券投资。企业在经营过程中，经常会出现资金的暂时闲置。例如，由于季节性生产造成的资金闲置，逐步积累偿债资金过程中形成的闲置现金或长期筹资所得资金暂时未用完的部分等。因为这部分资金在不远的未来有特定的用途，所以不能将其用于长期投资。但如果仅以现金形式持有，则收益率极低，此时，企业可将闲置资金用于购买有价证券，这样一方面不会影响企业未来的资金需求，另一方面也会提高资金的收益率。

4. 力争现金流入与现金流出同步

为减少现金的闲置浪费，企业可以采取有效措施力争现金流入与现金流出同步，这样可以大幅提高现金的利用效率。

力争现金流入与现金流出的同步协调，要求企业要能合理地安排供货和其他现金支出、有效地组织销售和其他现金流入，使现金流入和现金流出的波动基本一致。

为达到现金流入与现金流出的同步，企业应合理编制现金预算，并依照现金预算中的计划安排来筹划现金流入和安排现金流出，只有这样，才能使现金流入与现金流出同步有保障。

四、有价证券管理

有价证券的种类，主要是国债、短期融资券、可转让存单、企业股票和债券等。企业应根据证券投资的目的，合理选择投资对象，并将所持有的有价证券，视同现金进行日常管理。

1. 企业短期证券投资的原因与目的

企业进行短期证券投资的原因，主要是将有价证券作为现金的替代品，在保持现金的流动性优点的基础上，实现提高其收益性的目的。由于有价证券变现能力强，因此可以作为现金的储备品、替代品或调节手段，同时，如果投资得当，还可以获得一定的利息或转让差价收益，不像现金那样完全不能创造收益。因此，企业往往在有多余现金时，将现金兑换成有价证券，而在现金流出大于流入量，需要补充现金时，再出让有价证券换回现金。

不仅如此，企业进行短期证券投资，还可以适应季节性的资金需求，或与长期资金的运用相配合，进一步提高现金资产的收益与流动性。当企业的经营具有季节性特征时，可能会在某几个月出现多余的现金流量，而在其他的几个月出现现金短缺，因此，企业可以在现金有余时购入有价证券，而在现金短缺时出售它们以增加收益。而当企业面临即将到期的长期债务，或计划进行新项目投资时，需要大量的资金为之提供准备，企业将这部分准备资金投资于有价证券，在实际需要资金时，可立即变现提供所需资金。在现时出售有价证券可以获得高收益时，也可立即变现以获取高收益；若现实不需动用该项资金，且持有有价证券可期望高的未来收益，还可以将短期投资转化为长期投资，追求未来的高收益。

2. 合理选择短期有价证券

为达到短期证券投资的基本目的，企业应考虑违约风险、利率风险、通货膨胀与购买力风险与变现力风险等风险因素，结合自身实际情况，权衡风险与投资收益，合理选择投资对象与组合。

(1)不同种类有价证券在风险方面的差异

一般说来，有价证券的风险水平与其发行人的信用等级相关：国债的违约风险最低；国有银行的金融债券风险次之，一般也较低；国有银行的金融债券风险再次之，也不会很高；其他国有金融机构金融债券的风险一般会高于国有银行与金融机构，但低于个数企业；工商企业债券的风险因其信用等级的不同而不同；信用等级越高的公司，风险也就越低。

不同种类的有价证券，在风险方面具体主要有以下不同。

①违约风险，是指债务人到期不能偿还本金和利息的风险。违约风险因其信用等级的不同而不同，信用等级越高的公司，违约风险也就越低。如在社会安定的条件下，国库券的违约风险几乎为零。

②利率风险，是由于利率变动而使投资者遭受损失的风险。证券的价格会随市场利率的变化而变化；如果市场利率上升，证券价格就会下跌，从而造成投资者的损失。长期证券的利率风险要高于短期证券，分散债券的到期日可以在一定程度上降低利率风险。

③通货膨胀与购买力风险，是由于发生通货膨胀，而使同样数量货币的购买能力降低的风险。通货膨胀会使投资的实际收益率下降。因为收益率随通货膨胀上升而上升的资产比固定收益的资产购买力风险要低，所以，预期将发生通货膨胀时，普通股比收益固定的政府债券和长期债券保值效果更好。

④变现力风险，是指投资品不能在短期内按其市场价格转化为现金的能力风险。显然，一个不太有名的非上市公司的债券比著名公司的上市债券的变现力风险要高得多。

(2)有价证券投资及组合的选择确定

在考虑风险因素的基础上，企业还要注意结合自身实际情况，在风险与收益之间进行权衡，选择恰当的投资对象与组合。收益和风险正相关，不同的企业抗风险的能力筹资差异，企业必须结合自身的情况来选择适当的风险和收益组合。一般说来，对于资金紧缺、实力较弱的企业，短期投资应以低风险、高流动性为主要指标，如国债或信用等级高的公司债券，而资金充裕的公司，可以在短期投资组合中适当加入风险和收益水平都较高的证券。

关于有价证券的日常管理，可视同现金进行。

第四节　应收账款管理

应收账款是企业因对外赊销产品、材料、供应劳务等，而应向购货或接受劳务的单位收取，但尚未收回的款项，包括狭义的应收账款、应收票据与其他各种应收款。应收账款是被顾客所占用的资金。

一、应收账款管理的目的与内容

应收账款是企业在经营活动所难以避免的资产，它对于企业经营与财务目标的实现，有着其独特的效能，当然也存在成本问题。我们必须在明确应收账款的效能与成本各自特点的基础上，有针对性的实施管理。

1. 应收账款的功能

应收账款的功能，主要是扩大销售与减少存货。

(1)扩大销售。应收账款的发生，是企业采用赊销方式的必然结果。相对于现销方式，通过赊销方式可以吸引顾客，扩大销售规模。

(2)减少存货。应收账款的增加意味着存货的减少。存货的减少可以降低存货的储存费用、保险费用和管理费用等，并且，存货的减少将增大企业的速动资产，提高企业的短期偿债能力，修饰企业的财务指标。

2. 应收账款的成本及其计算

企业在采用赊销方式促进销售的同时，会因持有应收账款而付出一定的代价。这种代价就是应收账款的成本，主要包括以下内容。

(1)机会成本是企业因资金被应收账款占用，而丧失的将资金投资于其他方面所可能获得的收益。应收账款的机会成本，一般可采用以下公式计算：

$$\text{应收账款机会成本}=\text{维持赊销业务所需要的资金}\times\text{资金成本率}$$

公式中的资本成本率，一般可按有价证券的利息率计算。

企业维持赊销业务所需要的资金数量，与应收账款金额和赊销额相关，但不是相同的概念，一般可按下列步骤计算。

①计算应收账款平均余额：

$$\begin{aligned}\text{应收账款平均余额}&=\frac{\text{年赊销额}}{360}\times\text{平均收账天数}\\&=\text{平均每日赊销额}\times\text{平均收账天数}\end{aligned}$$

②计算维持赊销业务所需要的资金

$$\begin{aligned}\text{维持赊销业务所需要的资金}&=\text{应收账款平均余额}\times\frac{\text{变动成本}}{\text{销售收入}}\\&=\text{平均日赊销额}\times\text{平均收账期}\times\text{变动成本率}\end{aligned}$$

③计算应收账款机会成本。

上述分析公式的基本假设，一个是销售额中包括有利润，但利润不会形成对企业资金的占用，只有其中的销售成本，才形成对企业资金的占用；另一个是企业的成本水平保持不变(即单位变动成本不变，固定成本总额不变)，此时随着赊销业务的扩大，只有变动成本随之上升。

【例 7-10】 假设某企业预测的年度赊销额为 3 600 万元，应收账款平均收账天数为 60 天，变动成本率为 60%，资金成本率为 10%。求应收账款机会成本。

解：

$$\text{应收账款平均余额}=3\ 600\div360\times60=600(\text{万元})$$

$$\text{维持赊销业务所需资金}=600\times60\%=360(\text{万元})$$

上述计算表明，企业投放 360 万元的资金可维持 3 600 万元的赊销业务，相当于垫支资金的 10 倍之多，这一较高的倍数在很大程度上取决于应收账款的收账速度。在正常情况下，企业应收账款收账天数越少，一定数量资金所维持的赊销额就越大，相反，应收账款天数越多,维持相同赊销额所需要的资金数量就越大。

应收账款机会成本＝360×10％＝36(万元)

应收账款机会成本在很大程度上取决于企业维持赊销业务所需要资金的多少。

(2)管理成本,是指企业对应收账款进行管理而耗费开支,主要包括对客户的资信调查费用、收账费用和其他费用。

(3)坏账成本,是由于应收账款沦为坏账所造成的损失。应收账款基于商业信用而产生,存在无法收回的可能性,由此给应收账款持有者带来的损失即为坏账成本。坏账成本一般与应收账款数量同方向变动,与管理成本呈现反方向变动,即应收账款越多,坏账成本也越大;管理成本越高,坏账成本越小。因此,为规避发生坏账成本给企业生产经营活动的稳定性带来的不利影响,企业应合理提取坏账准备。

3.应收账款管理的目标

由于应收账款的功能与成本特点,与财务管理的主体目标相承接,因此,应收账款的管理目标是在权衡应收账款收益与成本的基础上,制定最佳信用政策,实现企业效益的最大化。

4.现金管理的内容与重点

根据现金管理的目标,企业应收账款的管理应主要围绕以下方面展开。

(1)正确制定企业信用政策,有效控制赊销规模。

(2)及时进行客户的信用评估,科学确定赊销范围。

(3)实施应收账款日常管理控制,有效防止坏账损失的发生。

二、信用政策及其选择

制定合理的信用政策,是企业进行应收账款管理的关键所在。

1.信用政策及其内容

信用政策是企业对应收账款进行规划及管理控制所依据的基本政策。它主要包括信用标准、信用条件和收账政策三方面的内容。

(1)信用标准,习惯上称为“信用门槛”,是对能够获取赊购本企业产品的客户的资质的基本要求。达到标准的客户,能够按照一定信用条件,获得购买本企业产品的延期付款权,否则,则不能。

信用标准一般由若干与客户信用相关的资质条件所构成,主要包括客户品质(character),能力(capacity),资本(capital),抵押(collateral)与条件(condition)五个方面[①]。

信用标准可高可低、可松可紧,但无论其高低松紧,对于企业都是一柄双刃剑:高或紧的信用标准,对销售的功能有限,但能够更好地降低坏账成本;低和松的信用标准,促进销售的功效大,但坏账成本却会相应增加。企业应该基于所确定的销售目标,在信用标准的促销功

① 基于客户品质、能力、资本、抵押与条件五个方面所进行的信用评价,称为“5C 信用评估模型”,在现实中运用极为广泛。

能与其成本之间进行权衡,按照净效益最大的原则,确定恰当的信用门槛。

对于申请要获得本企业信用的客户,在其提出申请时,企业应对照所制定的信用标准,逐一的进行审查与评价;在做出评价、批准并提供赊销信用后,如有必要,企业还需要进行跟踪,实施动态控制。因此,企业应切实做好信息收集类的基础性工作。

应该注意的是,信用标准的促销功能,是与信用条件一并发挥作用的。

(2)信用条件,是指企业要求顾客支付赊销款项的条件。

信用条件一般采用以下形式表示:

$$x_1/q_1,\cdots x_i/q_i,\cdots n/q_n$$

式中,i 为提供不同现金优惠条件的序列排序数;x_i 为序列中第 i 次优惠条件中的现金折扣率;q_i 为与 x_i 对应的折扣期限;n 表示免责信用的解除,在表达式中无实际意义;q_n 最后的免责信用期限。

例如,"2/10,1/20,n/30"的信用条件,它规定客户如果在发票开出后 10 天内付款,可享受 2%的现金折扣;开票后 20 天内付款,可享受 1%的现金折扣;超过 20 天付款则全部丧失折扣;客户总共有 30 天的免责付款延期,即货款必须在 30 天内付清,否则企业可以追究客户的信用责任。

效益条件在的现金折扣率越高,对应的折扣期限与最后的免责信用期限越长,信用级次越多,表明企业给予客户的优惠越大,其促销功能也越明显。但企业的信用成本,如增加应收账款机会成本、坏账成本、现金折扣成本等,也随着优惠的提高而增加。

(3)收账政策,是在信用条件被违反时,企业采取的收账策略。企业如果采用较积极的收账策略,则可能会减少应收账款投资、减少坏账损失,但会增加收账成本。企业如果采用较消极的收账策略,则可能会增加应收账款投资、增加坏账损失,但会减少收账费用。一般而言,收账费用支出越多,坏账损失越少,但这两者并不一定存在线性关系,即:

①开始花费一些收账费用,应收账款和坏账损失有小部分降低;

②收账费用继续增加,应收账款和坏账损失明显减少;

③收账费用达到某一限度以后,应收账款和坏账损失的减少就不再明显了,这个限度称为饱和点。在制定信用政策时,企业应权衡增加收账费用与减少应收账款机会成本和坏账损失之间的得失。

2. 信用政策的制定

企业应该将信用标准、信用条件和收账政策三方面的内容视为一个整体,并基于销售目标,综合性的进行成本与效益的权衡,然后,按照信用成本后净收益最大的原则,选择确定综合信用政策。下面直接举例说明综合信用政策择优方法的运用。

【例 7-11】 某公司变动成本率为 70%,资金成本率为 20%。2013 年在销售预测的基础上,其制定出了三套不同的综合信用政策方案,有关情况如下。

A 方案:实行较为严格的信用标准,信用条件为"n/30",收账费用为 20 万元。预计年度赊销额可达到 3 600 万元,且不会发生坏账损失。

B 方案:在 A 方案的基础上适度放松信用标准,同时,将信用条件放宽到"2/10,1/20,n/

60”，收账费用增加为 40 万元。预计其销售收入在 A 方案的基础上增加 20%，估计约有 60%的客户（按赊销额计算）会利用 2%的折扣，20%的客户将利用 1%的折扣，且增加的销售收入中将发生坏账损失 2%。

C 方案：进一步放松信用标准，将信用条件放宽至“3/10，1/30，*n*/90”，收账费用为 70 万元。采用该方案，预计销售收入将在 A 方案的基础上增加 40%，估计约有 75%的客户（按赊销额计算）会利用 3%的折扣，15%的客户将利用 1%的折扣。同时，销售收入中估计会发生 3%坏账。

试根据信用成本后净收益最大的原则，进行综合信用政策择优。

解：首先分析计算各方案的信用成本后收益。计算过程及结果如表 7-4 所示。

表 7-4　赊销方案计算比较表

项目 \ 信用条件 \ 方案	A	B	C
	n/30	2/10，1/20，n/60	3/10，1/30，n/90
年赊销额（万元）	3 600	3 600×（1+20%）=4 320	3 600×（1+40%）=5 040
减：现金折扣（万元）	0	4 320×（2%×60%+1%×20%）=60.48	5 040×（3%×75%+1%×15%）−120.96
年赊销净额（万元）	3 600	4 320−60.48=4 259.52	5 040−120.96=4 919.04
变动成本（万元）	3 600×70%=2 520	4 320×70%=3 024	5 040×70%=3 528
信用成本前收益（万元）	3 600−2 520=1 080	4 259.52−3 024=1 235.52	4 919.04−3 528=1 391.04
信用成本（万元）			
应收账款平均收款天数（天）	30	10×60%+20×20%+60×20%=22	10×75%+30×15%+90×10%=21
应收账款平均余额（万元）	3 600/360×30=300	4 320/360×22=264	5 040×360×21=294
维持赊销业务所需资金（万元）	300×70%=210	264×70%=184.8	294×70%=205.8
账款机会成本（万元）	210×20%=42	184.8×20%=36.96	205.8×20%=41.16
坏账损失（万元）	0	3 600×20%×2%=14.4	5 040×3%=151.2
收账费用（万元）	20	40	70
小计（万元）	42+20=62	36.96+14.4+40=91.36	41.16+151.2+70=262.36
信用成本后收益（万元）	1 080−62=1 018	1 235.52−91.36=1 144.16	1 391.04−262.36=1 128.68

根据表 7-4 中的计算，可见在三个方案中，B 方案的获利（信用成本后收益）最大，比 A 方案增加了 126.16 万元，比 C 方案增加了 15.48 万元，因此，在其他条件不变的情况下，建议企业选择 B 方案。

三、应收账款日常管理

在科学制定、严格执行综合信用政策的基础上，财务人员还应强化应收账款的日常管理工作，以尽可能避免发生问题，及时发现并解决问题。日常管理主要有收集和整理客户信用资料、进行客户信用水平分析与获信资格认定、进行应收账款账龄分析、追踪分析、收现保证率分析、实施应收账款收账措施，与建立应收账款坏账准备制度等一系列工作，这些都属于应收账款过程管理方面的工作。

1. 客户信用资料的收集整理

企业在对客户进行信用分析时，离不开基本的信息资料。其信息源主要有以下几种。

(1)财务报表。按惯例，企业可以要求重要的客户提供其财务报表。

(2)某些中介服务机构，特别是商业评级机构有关客户的信用等级和历史信用记录方面的信息。

(3)银行。在合法并获许的情况下，企业可从客户开户银行处了解相关情况。

(4)其他与客户有过交往历史的公司。企业可通过调查和访问，向与客户有过经济往来的其他企业，了解客户的信用状况。

对于所获取的客户相关信用信息，企业应系统整理、按户建档，分类保存，还要注意不断地进行补充与更新。

2. 客户信用水平分析与获信资格认定

企业要确定是否给予客户信用，主要是以其信用水平为依据，需要根据所了解的客户有关信息，分析客户的信用能力，确定是否给予客户信用资格。进行客户信用分析的方法有很多。例如，有些企业还借助计算机辅助系统，采用统计方法进行分析，这种方法较为准确，但成本较高。信用的"5C"系统在实践中更为常用。

"5C"系统是通过对客户的品德(character)、能力(capacity)、资本(capital)、抵押(collateral)和条件(condition)五个方面的信用品质进行评估，然后给出综合分值并据以认定客户信用等级，决定如何给客户授信的一种方法。

(1)品德。品德是指客户履行债务责任的态度。由于信用交易意味着付款承诺，债务人能否诚心履约尤为重要，因此，品德是评价客户信用品质的首要因素。所以，企业应特别注意了解客户以往在困境时期的付款表现。

(2)能力。能力是指客户偿还债务的财务能力。企业应着重了解客户的流动资产数量、质量以及流动负债的性质；要计算其流动比率、速动比率和现金比率；同时，还应辅之以对客户日常运营情况的实地观察，以便做出正确的评价。

(3)资本。资本是指客户的经济实力。资本是客户偿还债务的物资基础保证。其中，企业应特别注意其资本金的数量与质量。

(4)抵押。抵押是指客户提供作为守信安全保证的资产。对于不知底细或信用状况有争议的客户尤为重要。客户提供的抵押品越充足，信用安全保障就越大。

(5)条件。条件是指可能影响客户付款能力的经济环境。当社会经济环境发生变化时，客户的经济状况和偿债能力可能受到影响。

采用"5C"分析系统,企业可以参照财务分析中的综合评分方法,按照以下步骤进行对客户的授信决策:从上述5个方面分别对客户进行评分;加权汇总客户所得的综合信用总分值;将计算出的客户综合信用总分值,与企业所预先确定的各不同信用等级的分数段进行对照,认定客户的信用等级;根据客户的信用等级,依据企业的信用政策,对客户做出授信结论。该结论主要包括,是否给予该客户以获信资格;给予其什么样的信用优惠条件;在对客户授信后,是否实施某种特别的管理控制手段等。

3. 应收账款账龄分析与追踪分析

由于应收账款一旦为客户所欠,赊销企业就必须考虑如何按期足额收回的问题,因此,企业必须对现实存在的账款进行过程管理。要实现这一目的,赊销企业就有必要在收账之前,对该项应收账款的运行过程进行管理。账龄分析与追踪分析,是应收账款的运行过程管理的两种重要方法。

(1)应收账款账龄分析。企业已发生的应收账款时间长短不一,有的可能尚未超过信用期,有的则可能已逾期拖欠。一般来讲,逾期拖欠时间越长,账款催收的难度越大,成为坏账的可能性就越高。因此,进行账龄分析,密切注意应收账款的回收情况,是企业提高应收账款收现率的重要环节。

应收账款账龄分析可通过编制应收账款账龄分析表的方法进行。

【例 7-12】 已知某公司应收账款的账龄分析,如表7-5所示。

表 7-5 应收账款账龄分析表

应收账款账龄	账户数量	金额(万元)	比重(%)
信用期内(设平均为3个月)	100	60	60
超过信用期1个月内	50	10	10
超过信用期2个月内	20	6	6
超过信用期3个月内	10	4	4
超过信用期4个月内	15	7	7
超过信用期5个月内	12	5	5
超过信用期6个月内	8	2	2
超过信用期6个月以上	16	6	6
应收账款余额总计		100	100

表7-5表明,该公司应收账款余额中,有60万元尚在信用期内,占全部应收账款的60%。过期数额40万元,占全部应收账款的40%,其中,逾期在1、2、3、4、5、6个月内的,分别为10%、6%、4%、7%、5%、2%,另外有6%的应收账款已经逾期半年以上。

在应收账款的账龄分析的基础上,企业可以有针对性地确定一些重点客户以进行追踪分析,有一些还要实施收账措施。

(2)应收账款追踪分析。应收账款追踪分析,应以以下的逾期客户为重点:款额大的;逾期时间长的;企业或相关人员存在不良信用记录的;近期经营与财务能力受到不良影响的客户。

企业进行应收账款追踪分析时，可主要围绕以下方面进行：逾期账款具体属于哪些客户，发生拖欠的原因何在；客户的信用品质如何，是否经常发生拖欠情况；客户所赊购的商品是否存在销售与变现方面的问题；客户的现金持有量与资金调剂能力如何；客户是否存在抵押等。其中，客户的信用品质尤为重要；如果客户的信用品质良好，一般会想方设法偿还欠款，不愿以损失市场信誉为代价而拖欠赊销企业的账款；如果客户信用品质不佳，那么赊销企业的账款遭受拖欠也就在所难免。

4.应收账款的收账措施

账款的逾期时间越短，收回的可能性越大，即发生坏账损失的程度相对越小；反之，收账的难度及发生坏账损失的可能性也就越大。因此，对不同信用品质客户、不同拖欠时间的逾期账款，企业应采取不同的收账方法催收。常用的收账方式主要有以下几种。

①定期向客户邮寄账单，核对数据准确无误。

②寄发催款信。信中措辞，可视情况或严厉、或婉转。

③电话催收。应由训练有素的催款员进行。

④派催款员上门催款。

⑤对随后的发货采用预收货款或货到立即付款的方式结算。

⑥取消客户的获信资格。

⑦委托收账公司办理逾期账款。这样通常费用很高，约为应收账款的15%～40%，甚至更高。

⑧对逾期严重的客户提起法律诉讼，通过法院裁决强制收回账款。

采用最后两种方式收账的行为较为严厉，通常会导致企业与客户间的商业关系破裂。

5.应收账款收现保证率分析

应收账款收现保证率分析是对当期应收账款的实际收现款额，能否满足同期必需的现金支付要求所进行的分析。应收账款收现保证率是企业根据现金收支匹配关系而确定的，当前应该有效收现的账款，占全部应收账款的最低比例。由于企业的现金支付与当期应收账款收现之间，存在着时间上的预付性与滞后性的非对称性矛盾，因此，企业必须对应收账款收现水平制定一个必要的控制标准，即应收账款收现保证率，以确实保证支付的现金需要。

应收账款收现保证率一般按照以下公式计算确定：

$$\text{应收账款收现保证率}=\frac{\text{当期必要现金支付总额}-\text{当期其他稳定可靠的现会流入总额}}{\text{当期应收账款总计金额}}$$

式中，其他稳定可靠现金流入总额是指企业从应收账款收现以外的途径，可以取得的各种稳定可靠的现金流入数额，包括短期有价证券变现净额、可随时取得的银行贷款额等。

相对于应收款项在未来是否可能发生坏账损失而言，应收账款所实际收现的款额能否满足其同期必需的现金支付要求，特别是那些具有刚性约束的（如偿付不得展期或调换的到期债务等）支付需要，更为关键、意义更为重大。因此，企业应定期计算应收账款实际收现率，看其是否达到了既定的控制标准，如果发现实际收现率低于应收账款收现保证率，则应及时分析原因并采取切实措施，以确保企业有足够的现金满足同期必需的现金支付要求。

除上述管理措施外，企业还应建立应收账款坏账准备制度。由于无论企业采取怎样严格的信用政策，只要存在着商业信用行为，坏账损失的发生总是不可避免的。因此，企业应遵循谨慎性原则对坏账损失的可能性预先进行估计，并建立弥补坏账损失的准备制度（即提取坏账准备金）就显得极为必要。

第五节 存货管理

存货是指企业在生产经营过程中为生产或销售而储备的物资，主要有原材料、燃料、包装物、低值易耗品、委托加工材料、在产品、产成品和库存商品等。

一、存货管理的目的与内容

对于生产及流通企业，存货是企业顺利开展经营活动所不可或缺的资产。但对于不同的企业，存货对企业经营与财务目标的实现，其作用和特点存在差异。因此，企业必须在明确存货具有的作用和特点的基础上，有针对性的实施管理。

1. 存货的效能与持有动因

对于企业而言，存货资产是一种不可或缺，但应该适量持有的资产。这是因为存货是一柄双刃剑，一方面，存货可以为企业生产经营活动的资产进行、为企业获取盈利提供基本的物质条件，对企业具有不可缺少性；另一方面，因为存货的收益对于生产与经营有依赖性且成本复杂多样，所以企业又必须适量控制存货，即在能够生产与经营所需的条件下尽可能减少存货资产。

（1）企业存货资产的效用。对于不同类型的企业，其存货资产在效用上存在差异。

在生产与流通领域外的企业，如商品流通企业，由于没有生产环节，存货可能独立实现收益功能，并与其经营规模与效益有着直接关系。相对于固定资产，其对企业的意义可能更为重大。

对于生产性企业，存货的收益功能具有配合性、辅助性与边际性的特点。存货一般只能辅助固定资产实现收益，而不能脱离固定资产独立实现收益（存货价格上升例外）。企业的整体效益主要依赖于固定资产效能利用的程度，在固定资产效能利用一定的前提下，存货资金占用越少，企业的效益越高。

（2）企业储备存货的动因。企业持有充足的存货，不仅有利于生产过程的顺利进行，而且能为企业的生产与销售提供较大的机动性，从而避免因存货不足带来的机会损失。概括而言，企业存货主要是基于以下几种原因。

①保证生产或销售对存货的需要。企业很少能够做到即时购入生产或销售所需的各种物资，即使是市场供应充足、计划控制十分严密的物资也是如此。因为，市场供应有可能间

断、计划也有可能会失误、运输途中也可能会出现故障等，所以，为保证在出现上述情况时的物资供应，企业就要储备存货。

②增加生产经营弹性。例如，原材料存货可以增加企业采购弹性，如果没有存货，则企业的原材料采购必须严格的与生产保持高度一致。处于不同生产阶段之间的存货有助于企业的生产协调与资源利用；产成品存货可以使企业在生产安排和市场营销方面具有弹性。

③获取价格优惠，相对降低成本费用。物资的销售价格通常与其数量相关，如大批购买在价格上常有优惠。但是，过多的存货需要占用较多的资金和承担较多的资金成本，并且会增加仓储费、保险费、维护费和管理人员工资在内的各项开支。如果企业大批购买物资所获得的优惠高于增加的储存成本，则企业可以相对降低成本费用，提高整体效益。

④获取投机收益或降低存货采购成本，特别是在存货价格持续上涨的情况下，更是如此。

2.存货资产的成本

存货成本是企业因获取、储存存货所发生的成本，以及由于缺货而导致的损失。

(1)取得成本(通常用 TC_a 来表示)。取得成本是指企业为取得某种存货而发生的成本，又可进一步分为订货成本和购置(买)成本。

①订货成本，是指企业因订购存货(取得订单)而发生的成本，如办公费、差旅费、邮资、电报、电话等费用支出。订货成本中有一部分与订货次数无关，属于固定成本，如常设采购机构的基本支出等；另一部分与订货的次数有关，为变动成本，如差旅费、邮资等。

对于存货的订货成本，一般可用影响计算公式表示：

$$\text{订货成本}=F_1+\frac{D}{Q}K$$

式中：F_1 表示固定成本；K 表示每次订货的变动成本；D 表示存货年需求量；Q 表示每次订货的数量；D/Q 则表示年订货次数。

②购置成本是存货本身的账面价值，一般用数量与单价的乘积来确定。对存货的购置成本，一般用以下公式表示并计算：

$$\text{购买成本}=Dp$$

式中：D 表示存货的年需要量；p 表示单价。

综合起来，有：

$$\text{存货取得成本}(TC_a)=F_1+\frac{D}{Q}K+Dp$$

(2)储存成本(TC_c)。存货在取得后，要保存它，也需要有一定的耗费。储存成本是指企业为保存存货而发生的成本，主要包括存货占用资金应计的利息、仓库费用、保险费用、存货破损和变质损失等。储存成本也可分为固定成本和变动成本。固定成本与存货数量的多少无关，如仓库折旧、仓库职工的固定工资等；变动成本与存货的数量相关，如存货资金占用的应计利息、存货破损和变质损失、存货保险费用等。

对存货的储存成本，一般用以下公式表示并计算：

$$TC_C=F_2+\frac{Q}{2}C$$

式中：F_2 表示储存存货的固定成本；C 表示单位存货的年变动成本。

(3)缺货成本(TC_s)。缺货成本是指企业由于存货供应中断而造成的损失。例如，因材料供应中断造成的停工损失、再开机所发生的试车费用；产成品库存缺货造成的拖欠发货损失及丧失销售机会的损失等。如果生产企业紧急采购代用材料解决库存材料中断之急，那么，缺货成本表现为紧急采购代用材料多增加的购入成本。

缺货成本与存货的持有数量相关，但变化方向相反：存货的持有数量越大，越不会发生缺货，所发生的缺货成本越少；存货的持有数量越小，越容易发生缺货，缺货成本越高。但是，二者的变化不是反比例关系。

(4)存货总成本(TC)。存货总成本为上述各项成本之和。其计算公式为：

$$TC = TC_a + TC_C + TC_s = F_1 + \frac{D}{Q}K + Dp + F_2 + \frac{Q}{2}C + TC_s$$

在存货需求总量一定、各固定成本数额一定的条件下，存贷总成本主要取决于每次采购材料的数量。

3. 存货的功能与成本之间的关系

存货的功能或带来的效益，与其成本之间的关系，均与其持有数量相关，但变化方向相反。存货的增加必然会使其功能发挥得到更好的保证，从而能够增加企业收益，但却会导致更多的资金占用，使企业付出更大的存货成本(包括机会成本、储存成本与管理成本)，影响企业的整体获利能力。但是，二者的变化不是反比例关系。

4. 存货管理的目标与内容

(1)存货管理的一般或最终目标。基于存货的功能与成本之间的关系，承接财务管理的总体目标，我们可以将存货管理的基本目标确定为：在存货的功能(收益)与成本之间进行利弊权衡，确定其功能与成本间最佳组合的存货数量，并在保证存货的功能在一定水平上发挥的基础上，尽可能降低成本、增加收益，实现存货持有的净收益(功能收益—成本损失)最大。

由于无论是存货资产的效能，还是成本的计量都极为复杂，且相互交错，因此，真正的最佳存货持有数量难以确定，而且当前也没有完整考虑存货的全部功能收益与成本的计量分析决策模型。在实际工作中，企业只能追求现实的存货管理目标。

(2)存货管理的现实目标。存货管理的现实目标是在保证企业正常生产经营活动存货需求的基础上，适量持有存货、加速存货周转，并尽可能减少存货损失。

与一般目标相比，存货管理的现实目标主要是增加了两个假定：一个是将存货的功能限定为保证企业的正常运营，不考虑存货所可能带来的机会收益；另一个是缺货成本为零或为一固定值，即企业不容许出现，或在管理中不考虑复杂多变、计量困难的缺货成本。增加了两个假定后，不但简化了存货最佳持有数量的计算决策工作，而且也使企业存货管理工作的重点更为明确。目前，基于上述假定的最佳存货数量的计量决策分析模型的运用已极为广泛。

5. 存货管理的内容与重点

根据存货管理的现实目标，企业存货管理的内容主要有以下几个方面。

(1)合理估计存货需求总量与存货采购数量(或经济批量)，进行存货数量控制。这是当前存货管理的核心内容。

(2)加强对存货收、发与保管的管理控制,尽可能防止发生特殊损失。

(3)合理协调存货的采购供应与生产耗用或销售发货之间的关系,创造条件,追求除在产品之外的“零存货”①管理目标。

二、存货的数量控制(订货的经济批量决策)

1. 经济订货批量的基本模型

由于企业存货的最优化,就是要使存货成本 TC 值最小,因此,企业需确定合理的订货批量和订货时间,以使存货的总成本最低。使存货总成本最低的订货量叫作经济订货批量。有了经济订货批量,企业可以很容易地找出最适宜的订货时间。

要确定经济订货批量的基本模型,需有以下几个假设条件。

(1)企业能够及时补充存货,即需要订货时便可立即取得存货。

(2)能集中到货,而不是陆续到货。

(3)不允许缺货,即无缺货成本,TC_s 为零,因为良好的存货管理本身就不应该出现缺货成本。

(4)需求量稳定,并且能预测,即 D 为已知常量。

(5)存货单价不变,不考虑现金折扣,即 p 为已知常量。

(6)企业现金充足,不会因现金短缺而影响订货。

(7)所需存货市场供应充足,不会因买不到需要的存货而影响其他。

存货的变化情况,如图 7-10 所示。

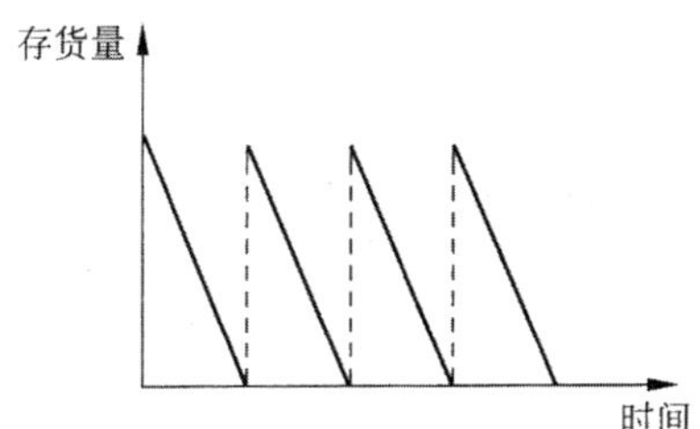

图 7-10　存货变化示意图

设立上述假设条件后,存货总成本的公式可以简化为:

$$TC = F_1 + \frac{D}{Q}K + Dp + F_2 + \frac{Q}{2}C$$

当 F_1、K、D、p、F_2、C 为常量时,TC 的大小取决于 Q。求 TC 对 Q 的导数,导数为零时

① “零存货”管理目标源于即时制的成本管理理念。即时制(just-in-time system)简称 JIT,也称适时制或准时生产方式,是一种全新的存货管理方法。在这种方式下,原材料和其他生产部件等存货仅在需要时才购买或生产,并且生产过程中的每一步都必须即时进行。采用适时制存货管理的目标是使库存存货达到最小化甚至为零。适时制在 20 世纪 60 年代最初由日本丰田公司提出,是被西方企业称之为“日本化模式”管理理念中的基本内容。

的 Q 就是经济订货量 Q^*。可以推出 Q^* 的公式为：

$$经济订货批量\ Q^* = \sqrt{\frac{2KD}{C}}$$

该公式称为经济订货批量的基本模型，用此模型求出的每次订货批量，可使 TC 值达到最小。

这个基本模型还可以演变为其他形式：

$$每年最佳订货次数\ N = \frac{D}{Q^*} = \sqrt{\frac{DC}{2K}}$$

$$存货相关总成本\ TC = \sqrt{2KDC}$$

【例 7-13】 某公司每年耗用 A 种材料 7 200 千克，该种材料单位(每千克)成本 50 元，年单位储存成本 2 元，一次订货成本为 200 元。

则：

$$经济订货批量\ Q^* = \sqrt{\frac{2\times 7\ 200\times 200}{2}} = 1\ 200(千克)$$

$$每年最佳订货次数\ N = \frac{7\ 200}{1\ 200} = 6(次)$$

$$存货相关总成本\ TC = \sqrt{2\times 7\ 200\times 200\times 2} = 2\ 400(元)$$

2. 经济订货批量基本模型的扩展

经济订货批量的基本模型是在各种假设条件下建立的，但现实中能够满足这些假设条件的企业很少。为了使模型更接近于实际情况，具有较高的可用性，现放宽部分假设，以探讨下列问题。

(1)有数量折扣时的经济订货批量模型。为了鼓励客户购买更多的商品，销售企业通常会给予不同程序的价格优惠，即实行折扣或称价格折扣。客户购买越多，所获得的价格优惠越大。此时，订货企业对经济订货批量的确定，除了要考虑订货费用与储存成本外，还应考虑存货的进价成本，因为，此时的存货进价成本已经与订货数量的大小有了直接的联系，属于决策的相关成本。

在经济订货批量基本模型其他各种假设条件均具备的前提下，存在数量折扣时的存货相关总成本可按下式计算。

存货相关总成本＝存货进价＋相关订货费用＋相关存储成本

实行数量折扣的经济订货批量具体确定步骤如下：按照基本经济订货批量模型确定经济订货批量；计算按经济订货批量订货时的存货相关总成本；计算按给予数量折扣的订货批量订货时的存货相关总成本；比较不同订货批量的存货相关总成本，最低存货相关总成本对应的订货批量，就是实行数量折扣的最佳经济订货批量。

【例 7-14】 某公司甲材料的年需要量为 16 000 千克，每千克标准价为 20 元。销售企业规定：客户每批购买量不足 1 000 千克的，按照标准价格计算；每批购买量在 1 000 千克以上，2 000 千克以下的，价格优惠 2%；每批购买量在 2 000 千克以上的，价格优惠 3%。已知每批订货费用 600 元，单位材料的年储存成本 30 元。请分析该公司的最佳经济订货批量。

$$\text{总成本} = \text{持有现金成本} + \text{转换成本}$$

数的增加，而使其价格上升，进而增加股东财富。

④股票分割后，公司价值与股东收益可能变化。在股票分割后，因其价格究竟会发生什么变化与市场对股票分割的反映有关，而不尽相同。若在股票分割后，若股价下降的幅度低于股票分割的比例，则公司价值会相对增加；反之，若股价下降的幅度高于股票分割的比例，则公司价值会相对萎缩。对股东而言也是如此。例如，在上例 8-5 中，迷尼公司的股票按一分为二的比例进行了分割，但其市场股价仅下降为 3.5 元/股；公司价值，即股东所持全部股份的总价值，则会增加为 42 000 万元，比分割前的总价值增加了 40%。股东若选择现时出售股票，则会增加 40%的收益。若公司股价下降为 2 元/股，则情况如何，请自己分析。

(2)股票分割的动机。根据上面的分析可见，股票分割虽然不影响公司的财务及资本结构，但是可能会影响公司价值与股东收益。而且，公司股票分割的动机尚不仅如此，概括起来，主要还有如下动机。

①降低公司股票市价，吸引更广泛的散户投资者。对于公司来讲，实行股票分割的主要目的在于，通过增加股票股数来降低每股市价，从而吸引更多的投资者。如果企业管理当局相信企业的股票价格过高，散户投资者的参与兴趣小，长此以往不利于股票的交易活动，那么管理当局就有可能采取股票分割的方法。通过股票分割，股票的价格下降，企业发行在外的普通股股票将广泛地分散到散户投资者手中，从而可以有利于防止少数小集团股东通过委托代理权，实现对企业的控制。

②先导传递公司盈利能力增强的信号。股票分割通常会出现在现金股利和盈利增加之前，在股票分割的消息公布前后，股票价格将做出重大而积极的反应。市场通常会把股票分割看成现金股利增加或盈利增加的先导信号。由于股票分割可能传递公司盈利能力增强的信号，因此在股票分割后，公司价值及股东利益上升的可能性相对较大。

③配合企业兼并、合并政策的实施。当一个企业兼并或合并另一个企业时，股票分割会增加对被并购方股东的吸引力。例如，甲企业准备通过股票交换实施对乙企业的并购，假设甲、乙企业的股票价格分别为 50 元和 5 元。如果以一股甲企业股票换取 10 股乙企业股票，则可能会使乙企业的股东在心理上难以承受；相反，如果甲企业先按 5 股新股换取 1 股旧股的方式进行股票分割，然后用 1∶2 的比例换取乙企业的股票，则乙企业的股东在心理上可能会好受一些。这种心理上的差异，有利于企业兼并与企业合并。

(3)股票合并(反分割)。相对于增加流通在外的普通股数量的股票分割政策，企业在某个时期如果希望减少流通在外的普通股的数量，可通过股票合并来实现。股票合并作为股票分割的反向操作行为，又称为反分割。它造成的影响可以归纳为：①由于普通股数量的减少，而导致普通股面值相应提高；②与股票分割一样，股票合并后，普通股股本总额、资本公积、留存收益都保持不变，股东权益总额也保持不变；③由于普通股数量减少，而本年税后净利润不变，将会导致普通股每股收益增加。

在股票反向分割(合并)后，股价的变化与合并的比例也不一定相同。若在股票合并后，股价上升的幅度高于股票合并的比例，则公司价值会相对增加；反之，若股价上升的幅度低于股票合并的比例，则公司价值会相对萎缩。对股东而言亦是如此。例如，在例 8-5 中，迷尼公司的股票按三合并为二的比例进行了合并。若其市场股价仅上升为 6.5 元/股，则公司价值，即股东所持全部股份的总价值，会减少为 24 000 万元，与合并前相比减少了 20%。如果股东选择现时出售股票，则会损失 20%的收益。因而，股票合并造成损失的风险较大。

二、配股

配股是公司常用的结合利润分配以增发股票融资的一种手段。

1. 配股及其实质

配股是公司将增发股票与股利发放融为一体，以低于公司股票市价的价格赋予企业现有股东对新发股票的优先取舍权，从而实现既对投资者配发股利，又同时增发股票。是在不改变股权结构的前提下扩大融资的一种手段。

配股与真正的分红存在差异，但经常被股民混同为分红。

(1)配股与分红的区别。分红是上市公司对股东投资的回报，其特征为：上市公司是付出者，股东是收获者，且股东收获的是上市公司以资产形式支付的经营利润，所以分红是建立在上市公司经营盈利的基础之上的，没有利润就没有红利可分。因此，分红可以是现金红利，也可以是派送红股或其他资产，且股东一定可以获得现实的收益。然而，股东在配股时不能获得任何现实的收益，反而要付出现金。

(2)股民将配股混为分红的原因分析。这主要是由于中国股市和股民尚不成熟，且政府监管不到位所致。现代中国股市创立的时间较短，正处在发展和成熟期，股市的规模较小、股票严重短缺，经常是只要买到股票就赚钱。这种现实极大地刺激着百姓入市投机的热情，而上市公司正是利用了这一点，低价向老股东配售新股，在壮大公司的资金实力的同时，也满足了股民对股票的渴求。另外，政府对股市监管也经验不足。

2. 配股的影响分析

在此，将通过列举实例，为分析配股的影响提供引导。

【例 8-6】 旭发公司现有净资产 10 亿元，股本之外的权益资本(资本公积及未分配利润)数额为 5 亿元，股票总数为 1 亿股，市场股价为 100 元/股。现公司为扩大资本 5 亿元，决定以配股的方式，每股 50 元的价格增发 1 亿股。试计算并分析该配股政策的影响。

(1)配股政策对公司影响的计算分析。显然，在上例中，该配股方案的实施，对公司财务的影响主要为正能量——公司没有任何实质性的付出，却增加了 5 亿元的现金资产。支付、营运、投资能力都大幅增强，而风险则大幅降低。

(2)配股政策对公司股票市场价格影响的计算分析。纯粹从理论上讲，公司股票市价会因为配股而降低。

假如公司股票市场价格完全取决于市净率发生变化，则在上例中，公司股票市场价格会发生以下变化。

$$配股前的市净率=10/1=10$$

$$配股后的市净率=10/2=5$$

配股后的公司股票市场价格＝100/10×5＝50(元/股)

(3)配股政策对股东收益影响的计算分析。配股不能增加股东的现实收益,但会转嫁股东的现金流出,会影响股东的未来收益,并将公司风险扩大后转嫁给股东。

【例 8-7】 续上例 8-6,旭发公司股本之外的权益资本数额为 5 亿元。某投资者 Z 持有旭发公司股份 1 万股,投资者 Z 支付现金 50 万元,购进了旭发公司增发的股票股份 1 万股。试分析该配股方案对投资者 Z 的影响。

(1)配股不能增加股东的现实收益。在该例中,投资者 Z 虽然增持了旭发公司 1 万股股份,但没有获得任何的现实收益。

(2)配股不能影响股东对公司的权益。在该例中,投资者 Z 虽然增持了旭发公司 1 万股股份,但对于公司的权益并未发生变化。

投资者 Z 在公司的股份比例未发生变化:投资者 Z 在配股前的持有公司股份的比例为 1/10 000,而配股后的股份比例,同样为 1/10 000,配股前、后的股份比例相同。

投资者 Z 在公司的权益未发生变化。该公司股本之外的权益资本(资本公积及未分配利润)数额为 5 亿元,投资者 Z 在配股前享有的公司资本公积及未分配利润数额为 5 亿元的 1/10 000,在配股后,其享有的公司资本公积及未分配利润数额同样为 5 亿元的 1/10 000。

(3)配股导致投资者的现实现金支出。投资者 Z 支付现金 50 万元,购进旭发公司增发的股票股份 1 万股,其现实现金支出为 50 万元。

(4)配股可能会导致原有投资者的收益损失。

【例 8-8】 续例 8-7,投资者 W 持有旭发公司股份 1 万股,但放弃了支付现金 50 万元,即放弃了购进旭发公司增发的股票股份 1 万股的权利。试分析该行为对投资者 W 的影响。

为节省篇幅,在此仅作简单的计算分析:由于投资者 W 放弃了其低价购进旭发公司增发的 1 万股股票的权利,投资者 W 对于公司权益将发生以下变化。

①对公司的持股比例会发生变化

配股前,投资者 W 的持股比例为公司总股份的 1/10 000;在配股后,由于放弃了配发的股份,投资者 W 在公司的持股比例下降为 1/5 000。

②其享有的公司资本公积及未分配利润数额会发生变化

配股前,投资者 W 享有的公司资本公积及未分配利润数额为 5 千万元的 1/10 000,即 5 000元;在配股后,由于投资者 W 放弃了配发的股份,投资者 W 享有的公司资本公积及未分配利润数额下降为 5 千万元的 1/5 000,即 2 500 元。

(5)两股增加了投资者的投资风险。

配股给予了投资者一个增加未来收益的希望,但公司的未来具有不确定性,配股减少了投资者的现金资产,降低了投资者理财的灵活性。

(6)配股增加了投资者投资决策的难度。

综合上述(1)～(5)项的分析,不难得出如此结论。配股对于投资者如同鸡肋,弃之可惜,食之无味。

3.关于上市公司配股融资的法律规定

由于配股对于公司与投资者存在上述不同影响,因此,其常被公司管理层用来侵犯投资者利益，以作为扩大规模与转移风险的手段。为了避免这种情况发生，政府有关监管部门以法规的形式对公司包括配股在内的股票发行融资增资行为进行限制。

关于公司扩股融资的一般规定。

(1)上市公司的组织机构健全、运行良好，且符合下列规定。

①公司章程合法有效，股东大会、董事会、监事会和独立董事制度健全，能够依法有效履行职责。公司内部控制制度健全，能够有效保证公司运行的效率、合法合规性和财务报告的可靠性。

②公司内部控制制度的完整性、合理性、有效性不存在重大缺陷。公司与控股股东或实际控制者的人员、资产、财务分开，机构、业务独立，能够自主经营管理。

③现任董事、监事和高级管理人员具备任职资格，能够忠实和勤勉地履行职务。不存在违反《公司法》第一百四十七条、第一百四十八条规定的行为，且最近三十六个月(与三年有区别)内未受到过中国证监会的行政处罚，以及最近十二个月内未受到过证券交易所的公开谴责。

《公司法》第一百四十七条规定，董事、监事、高级管理人员应当遵守法律、行政法规和公司章程，对公司负有忠实义务和勤勉义务，不得利用职权收受贿赂或者其他非法收入，不得侵占公司的财产。

《公司法》第一百四十八条规定，董事、高级管理人员不得有下列行为：挪用公司资金；将公司资金以其个人名义或者以其他个人名义开立账户存储；违反公司章程的规定，未经股东会、股东大会或者董事会同意，将公司资金借贷给他人或者以公司财产为他人提供担保；违反公司章程的规定或者未经股东会、股东大会同意，与该公司订立合同或者进行交易；未经股东会或者股东大会同意，利用职务便利为自己或者他人谋取属于公司的商业机会，自营或者为他人经营与所任职公司同类的业务；接受他人与公司交易的佣金归为己有；擅自披露公司秘密；违反对公司忠实义务的其他行为。

④公司最近十二个月内不存在违规对外提供担保的行为。

(2)公司经营与收益稳定。具体要求有：最近三个会计年度连续盈利；公司业务和盈利来源相对稳定，不存在严重依赖于控股股东、实际控制人的情形；现有主营业务或投资方向能够可持续发展，经营模式和投资计划稳健，主要产品或服务的市场前景良好，行业经营环境和市场需求不存在现实或可预见的重大不利变化；高级管理人员和核心技术人员稳定，最近十二个月内未发生重大不利变化；公司重要资产、核心技术或其他重大权益的取得合法，能够持续使用，不存在现实或可预见的重大不利变化；不存在可能严重影响公司持续经营的担保、诉讼、仲裁或其他重大事项；最近二十四个月内曾公开发行证券的，不存在发行当年营业利润比上年下降50%以上的情形。

(3)上市公司的财务状况良好，且符合下列规定。公司的会计基础工作规范，严格遵循国家统一会计制度的规定；最近三年及一期财务报表未被注册会计师出具保留意见、否定意见或无法表示意见的审计报告；被注册会计师出具带强调事项段的无保留意见审计报告的，所涉及的事项对发行人无重大不利影响或者在发行前重大不利影响已经消除；资产质量良好，不良资产不足以对公司财务状况造成重大不利影响；经营成果真实，现金流量正常；营业收入和成本费用的确认严格遵循国家有关企业会计准则的规定；最近三年资产减值准备计提充分合理，不存在操纵经营业绩的情形；最近三年以现金或股票方式累计分配的利润不少于最近三年实现的年均可分配利润的30％。

（4）上市公司最近三十六个月内财务会计文件无虚假记载，且不存在下列重大违法行为：违反证券法律、行政法规或规章，受到中国证监会的行政处罚，或者受到刑事处罚；违反工商、税收、土地、环保、海关法律、行政法规或规章，受到行政处罚且情节严重，或者受到刑事处罚；违反国家其他法律、行政法规且情节严重的行为。

（5）上市公司存在下列情形之一的，不得公开发行证券。本次发行申请文件有虚假记载、误导性陈述或重大遗漏；擅自改变前次公开发行证券募集资金的用途而未作纠正；上市公司最近十二个月内受到过证券交易所的公开谴责；上市公司及其控股股东或实际控制人最近十二个月内存在未履行向投资者做出的公开承诺的行为；上市公司或其现任董事、高级管理人员因涉嫌犯罪被司法机关立案侦查或涉嫌违法违规被中国证监会立案调查；严重损害投资者的合法权益和社会公共利益的其他情形。

关于配股的特别规定。

公司向原股东配售股份（即配股），除符合前述一般规定外，还应当符合下列规定：①拟配售股份数量不超过本次配售股份前股本总额的30％；②控股股东应当在股东大会召开前公开承诺认配股份的数量；③采用证券法规定的代销方式发行，控股股东不履行认配股份的承诺，或者代销期限届满时原股东认购股票的数量未达到拟配售数量70％的，发行人应当按照发行价并加算银行同期存款利息返还已经认购的股东；④通过中国证监会做出核准发行的认定，若不予核准，则不能配股增资。

第九章 纳税管理与筹划

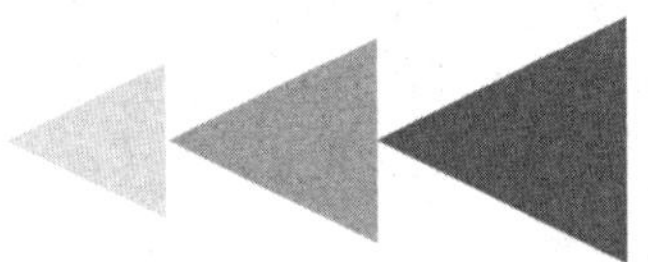

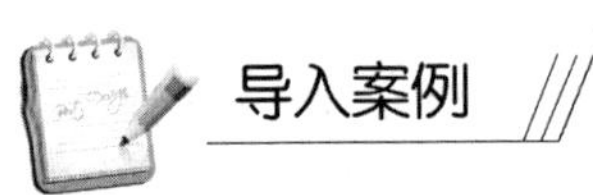

甲、乙、丙三位同学在某高校毕业后，准备投资开设一企业，预计年实现利润为120万元，并将全部利润均分给三位投资者。现有两种方案可以选择：一个是设立为有限责任公司；另一个是设立合伙企业。

假如你是其中一位同学，请思考并讨论以下问题。

1. 目前，我国企业有哪些不同组织形式？其在所得税缴纳上有何不同？

2. 计算两个方案中不同组织形式企业的税负，并选择最优方案。

第一节 纳税管理概述

纳税管理是企业基于相关税收法规制度规定，联系自身的生产经营及纳税情况，对企业纳税的全过程进行筹划、组织、控制、监督、沟通与协调，追求税后效益最大化的管理活动。进行纳税管理，应了解企业纳税管理的意义作用、管理目标与基本内容。

一、企业纳税管理的意义与作用

对于企业纳税管理的意义与作用，可以从企业与社会经济整体的不同层面分析。

1. 从企业层面分析

(1)降低企业纳税成本,提高企业盈利水平。利润最大化是作为市场经济的主体的企业所追求的最终目标。国家凭借其政治权力,按照税法规定,强制、无偿地对企业征收的税收,是企业总成本的重要组成部分。有效的纳税管理,可以降低企业纳税成本,提高获利能力;并能优化组合各项资源,降低外在成本,提高企业盈利水平。

(2)增强企业纳税意识,提高企业规避与防范纳税风险的能力。纳税风险主要来自三个方面:①企业管理人员因不能全面、及时掌握税收法规,从而失去了运用该税收法规的最佳时机,造成了经济损失;②企业管理人员因不能正确理解和运用税收法规,受到税务管理机构处罚,造成了经济及名誉损失;③企业管理人员因不懂得充分运用国内外税收政策的技巧,造成了经济损失。

企业财务管理人员学法、懂法,具有一定的国内外税收政策的运用能力,是有效实施纳税管理的前提。这无形中也增强了企业纳税意识与防范风险的能力。

(3)促进企业财务基础建设,提高企业财务管理水平。首先,纳税管理的有效性要靠规范的财务会计资料加以反映,企业必须建立、健全财务会计制度,规范财务核算资料与过程。其次,纳税管理活动有利于促进企业精打细算、节约支出、减少浪费、提高经营管理及财务核算水平。最后,纳税管理的实施可以促使企业管理人员学习掌握纳税管理的基本理论与方法,培养锻炼一支高素质的财务管理队伍。

(4)引导企业优化资源配置,提升企业市场竞争与可持续发展的能力。进行纳税管理,可以使企业按照政府税收优惠政策指引,优化资源配置;可以降低企业运营成本,增强其产品或服务的竞争力;可以提高企业效益,提升企业的综合实力,推动企业的可持续发展。

2. 从社会经济整体的宏观层面分析

就宏观层面而言,企业纳税管理在促进政府实现宏观经济调控目标、完善税制、保证政府财政收入的持续增长等方面起着十分积极的作用,具体表现在以下四个方面。

(1)有助于提高国家宏观调控的效率。税收是国家调控宏观经济结构和国民收入分配的重要工具。企业进行纳税管理的过程,实际上是接受国家宏观调控政策的过程。当纳税人依据税法中各项优惠政策进行投资、筹资、企业制度改革、产品结构调整时,尽管在主观上是为了减轻自己的税收负担,但客观上却使自己的生产、消费活动符合国家宏观经济调控的方向,逐步走向了优化生产及产品结构的道路。企业纳税管理越周密,国家税收调控越到位,其对社会经济发展的积极作用要远大于纳税人所获得的减税效益。

(2)有利于促进税制的完善。企业纳税管理,特别是其税收筹划活动,所采取的一些措施是对现行税法不完善性、不成熟性的挑战,同时,也是纳税人对国家税法及有关税收经济政策的积极反馈,是对政府政策导向的正确性、有效性和现行税法完善性的检验。因此,纳税管理可从另一个侧面揭示税法的不完善之处及税制的改革方向。根据这些信息,国家可改进有关税收政策和完善现行税法,从而促使税制建设向更高层次迈进。

(3)有利于国家财政收入长期、持续增长。从短期看,纳税管理可能会使纳税人减轻税收负担,导致国家财政收入的减少。但从长期来看,由于国家宏观调控政策的落实、经济结构的优化，可以促进国民经济健康持续发展，税收法律制度的完善可以提高税收征管效率，因此，国家财政收入会随着经济的发展、企业效益的提高而持续增长。

(4)有利于增强税收征管的权威性、严肃性、透明度与公正性。纳税管理是以税法为依据展开的，凡推行纳税管理的企业，一般都是纳税意识较强的企业。因此，企业纳税管理活动，无形地突出了税法的权威性、严肃性，增强了税收征管的透明度。同时，在企业纳税管理过程中，由于第三方税务代理等中介机构的介入，可以形成对企业和政府行为的双向监督，促进双方明智地采取合作态度，使两者在法律规定范围内，恪守各自的权利和义务，促进了税法公开、公正的执行。

(5)有助于我国税务代理事业的发展。随着现代咨询业的发展，税收咨询作为中介机构一种全新的业务应运而生。由于纳税筹划有很强的专业性，因此要求筹划人员既懂财务，又懂税法，而税收事务所和注册税收师，则能够更好地满足企业的上述要求。税收筹划业务的开展，为税收事务所和注册税收师带来了稳定的收入来源与广阔的发展空间。

二、企业纳税管理的目标与内容

1. 企业纳税管理的目标

企业纳税成本管理的最终目标，是降低企业纳税成本、减轻纳税负担，取得最大的税后收益，包括以下三个层面的具体目标。

(1)进行纳税筹划，根据企业实际情况进行纳税的成本收益分析，追求企业最佳的税后经济效益。其主要途径，一方面是绝对或相对减少企业所缴纳税款的数额，降低企业纳税成本；另一方面是尽可能实现延缓纳税，获取资金的时间价值收益。

(2)实施纳税过程管理，确保纳税申报正确、及时，控制纳税风险，避免因操作不当遭受处罚，产生经济或名誉上的损失。

(3)依法维护企业自身权益，确保企业利益不受侵犯。

2. 企业纳税管理的内容

企业为充分发挥税收管理的作用、实现税收管理的目标，应围绕税收筹划的中心工作，主要从税收政策管理、纳税筹划管理、纳税过程管理、纳税风险管理与纳税争诉管理五个方面，开展税收管理工作。

(1)税收政策管理。税收政策管理是企业对自身纳税管理活动中所涉及的税收法律法规及其他经济政策法规的收集、整理、分析，以及应用于纳税管理实践的一系列管理活动。虽然税收法律、法规在整体上具有相对的稳定性，但是，随着社会主义市场经济的发展、社会技术的进步和社会经济改革的深入，税收法律、法规会有一些调整与修改，以适应经济环境的改变和未来社会的发展。如果企业不能及时按新法规的要求调整自己的纳税管理策略与方案，则可能会导致纳税风险的出现和纳税成本的提高。

纳税政策管理是纳税管理的基础环节，在具体操作时应注意：①要结合本企业实际有针对性地进行税收政策的收集、整理与分析；②不要忽略地方性税收政策及相关法规；③对于有出口贸易或跨国经营行为的企业，应注意收集贸易国或经营所在国的税收政策及法规；④

要及时了解税法及相关法律法规的调整与修改。对于所收集到的法律、法规，企业应及时整理归档，以便随时查询使用。

(2)纳税筹划管理。纳税筹划是企业依据税法的相关规定，对企业未来的生产经营活动及相关的纳税事务事先进行的规划与安排。

由于税收筹划的有效性直接关系到企业纳税管理目标的实现，因此，纳税筹划管理是企业纳税管理的中心环节与关键性内容。

(3)纳税过程管理。纳税过程管理是按照税收征收管理法规定的程序，对企业纳税过程进行组织、协调、监督、控制的一系列活动的总称。纳税过程一般由纳税登记、发票管理、纳税减免申请、纳税账册管理、税款缴纳等五个方面的内容所组成。其中，税款缴纳管理又包括税款的实际计算、税额的缴纳与支付，以及与纳税管理活动相关的各种费用的控制管理等一些具体内容。

纳税过程管理是纳税管理有效性的重要保障，沟通与协调是进行纳税过程管理的重要方法。在管理时，企业应尽可能在按照税收征收管理法规要求展开工作的基础上，努力寻求纳税操作程序的简单化和低成本化。

(4)纳税风险管理。企业纳税风险是企业在纳税过程中由于产生了违背税收法规的行为而受到惩戒，给企业带来的实际或潜在的经济及名誉上的损失的可能性。纳税风险是每个企业纳税活动中必须面对的问题。其产生的前提是税收所客观存在的强制性特征；其产生的主要原因，若不考虑企业有意投机违规的原因，则是征纳双方获得税收政策信息的不对称性，以及对税收政策理解上的偏差。

(5)纳税争诉管理。纳税争诉管理是指企业对纳税过程中发生的纳税争议进行调查、分析、解决的一系列管理活动。主要包括调查分析争诉问题、制定解决争诉问题的方案、组织实施争诉问题解决方案、分析与评估争诉问题解决结果。税收征纳双方代表着不同利益主体的利益，在对企业纳税行为和结果的认识上时常会出现不一致，从而导致纳税争议。如果企业不能正确、及时地处理并解决这些问题，将给企业生产经营活动造成不良的影响，甚至导致企业经济或名誉上的损失。因此，企业应对纳税过程中发生的争诉问题进行管理，以保证纳税管理总体目标的实现。

企业在实际纳税管理过程中，上述五个方面的纳税管理内容，相互渗透、相互支撑，贯穿于企业纳税管理全过程。对于具有一定纳税规模的企业，最好是专门设置纳税会计岗位，具体负责相关各项管理工作。

第二节　纳税筹划概述

税务筹划、纳税筹划、税收筹划等称谓，都是源于英文 tax planning 的意译，它是一个在不断发展的管理理念。相对而言，“纳税筹划”一词，或许更能体现在现代社会经济条件下，该筹划活动所具有的纳税人结合自身经济活动对包括纳税的全部涉税事务进行提前、整体筹划或安排的特点，故本书采用“纳税筹划”的表述。

一、纳税筹划的概念与特点

纳税筹划的思想源远流长，与税收有着同样悠久的历史。一般来说，它泛指人们着眼于税收缴纳，以保有或增加自身利益为目的而进行的各种筹划活动。但它作为一种现代理财手段受到社会的广泛关注，则是在近代节税思想的基础之上演化来的。

1. 纳税筹划的经济动因及早期行为

纳税筹划的思想与行为，源于人们对于利益或价值的本能追求。经济学中的“人”，是总是在追求自身利益最大的经济人。由于纳税会导致利益的流出，因此，没有一个人愿意多缴税，他总是希望在收益一定时能够尽量少缴税。这是人的一种本能需求，因此，纳税筹划的思想与行为是随着税收的产生而产生的。

为达到通过少纳税而增加自身利益的目的，有些人不愿意冒违法风险而采用合法的手段，有的人则干脆采用非法途径，从而产生了众多的早期纳税筹划行为，如欠税、漏税、偷(逃)税、骗税、抗税，还有转嫁、避税、节税等。

(1)欠税是指纳税人在税款纳税期限已满的情况下，仍然采取各种非暴力手段，延迟纳税、拖欠税款，以获得资金时间价值的行为。

(2)偷(逃)税与漏税。偷税是指纳税人通过财务造假(如隐瞒收入、财产，虚构费用支出)的手段，以实现少纳税款的行为。逃税是指纳税人在明知存在欠缴应纳税款的情况下，采取逃避或转移、隐匿资产的手段，致使税收机关无法追缴税款的行为。

漏税是指纳税人无意识而发生的漏缴或少缴应纳税款的行为。例如，纳税人业务不熟、管理混乱、账目不清而导致少计应税数量等原因而少缴税款的。漏税与偷税相比，其违规少交税款的后果相同，其差别在于纳税人是否存在主观上的故意。在司法实践中，纳税主体在主观上是否存在故意逃税很难判别，因而二者经常被相同看待。

(3)骗税是伴随着跨国经济活动的日益活跃和国家出口退税措施的实施而新产生的一种税收违法行为，主要是指纳税人采取假报、虚报商品出口等欺骗手段，骗取国家出口退税的行为。

(4)抗税是指纳税人以暴力或威胁等方法，抗拒履行纳税义务的行为。

(5)转嫁，指税负转嫁，是纳税人通过调整和变动销售价格等手段，将自身因纳税而形成的税收负担部分或全部转移给他人，以减轻税负的经济行为。税负转嫁一般只适用于流转税。在税负转嫁过程中，纳税人仅充当政府与实际税负人的中介桥梁，税负转嫁不影响国家的税收收入，也不违法。

(6)避税是纳税人在熟知相关税收法规的基础上，在不触犯税法的前提下，利用税法等有关法律的差异、疏漏、模糊之处，通过对各种涉税事项进行策划和安排，达到规避或减轻税负的行为。

避税筹划不违背法律本身，但实质上违背了法律的立法精神。遵循“法无明文不罚”“法无明文不为罪”的原则去寻求纳税人的利益，不符合政府的政策导向和意图，是政府所不提倡的。但成功避税意味着其行为主体对法律漏洞与缺陷找得准确，能促使政府弥补漏洞与缺陷，客观上促使税法逐步得到完善。因此，在某种意义上也有助于社会经济的进步与发展。

(7)节税是在纳税人面临纳税义务时，在国家法律及税收法规许可的范围内，为实现少纳税的目的，而对涉税事项所进行的策划和安排。节税既不违背法律、也不违背法律的立法精神，是政府为提高税收宏观调控的效力，而倡导的纳税人行为。

上述偷税、漏税、逃税、骗税和抗税行为，虽然其情节存在轻重，但都属于税收违法行为，一旦被发现，其行为的实施者都要受到法律制裁。而转嫁、避税、节税活动，虽然不违反法律，有些还受到国家提倡，但也都不是现代意义上的纳税筹划概念。

2. 现代意义上纳税筹划的含义

关于现代纳税筹划的概念，在国内外都有着一些不同的表述。

美国南加州大学 W. B. 梅格斯博士在其著作《会计学》中提出，“人们合理而又合法地安排自己的经营活动，使之缴纳可能最低的税收……可称之为纳税筹划。”

荷兰国际财政文献局(IBFD)发表的《国际税收词汇》，将纳税筹划表述为，“纳税筹划是指通过纳税人经营活动或个人税务活动的安排，实现缴纳最低的税收。”

印度税务专家 N. J. 雅萨斯威在其《个人投资和税务筹划》中认为，“纳税筹划是纳税人通过财务活动的安排，以充分利用税收法规所提供的包括减免税在内的一切优惠，从而享受最大的税收利益。”

方卫平在《税收筹划》中提出：税收筹划是一门涉及法学、管理学和经济学三个领域中的税收学、税法学、财务管理学、会计学等多门学科和知识的新兴的现代边缘学科。税收筹划是指制定可以尽量减少纳税人税收的纳税人的纳税计划，即制定可以尽量减少纳税人税收的投资、经营或其他活动的方式、方法和步骤①。

盖地在《企业税务筹划理论与实务》中提出：税务筹划是纳税人依据所涉及的税境，在遵守税法、尊重税法的前提下，规避涉税风险、控制或减轻税负、进行有利于实现企业财务目标的谋划、对策与安排。

综合上述思想，我们将现代纳税筹划的概念表达为：纳税筹划是纳税人在不违反税法的前提下，通过对纳税主体的筹资活动、经营活动或投资行为等涉税事项进行事先策划和安排，以缴纳适当税收，实现自身利益最大化目的一种财务管理活动。

由于纳税筹划以合法性为基本前提，因而，它显然不同于欠税、漏税、偷(逃)税等行为。

纳税筹划是转嫁、避税、节税等思想与行为的延续与发展，在实际工作中，纳税筹划常被狭义的视为节税，但与之相比，纳税筹划显然在管理目标、筹划范围、操作技术等方面有着更高层次的要求。

3. 纳税筹划的特点

现代社会中的纳税筹划，具有以下特征。

---

① 方卫平. 税收筹划. 上海：上海财经大学出版社，2001:3.

(1)行为上的不违法性。这是纳税筹划的基本前提与特点。不违法性与合法性似乎还不能完全等同,它有着两个层次的含义:①纳税筹划的研究和实践活动,起码是不为法律所明令禁止,或受到国家法律上的默许,甚至是公开认可的。在现实纳税筹划过程中,纳税人从维护自身利益的角度,在理解、遵循政府税法的基础上对有关法规的自觉利用可能会得到政府及税务机构的支持。②纳税人围绕其筹划所开展的全部所有的工作,包括其中的每一项具体行动,都不违反法律规定,最起码不是法律所明令禁止的行为。

(2)目标上的税后收益最大性。实现最大的税后收益是企业进行纳税筹划的根本目的,而不是单纯地减少应纳税额。税后收益是纳税人的税前收益减去其所缴纳的税款及所发生的其他各种相关费用后的净收益。

纳税筹划必须结合生产经营活动进行。这是因为纳税不能创造收益,只会产生费用与支出。经营活动不同,其收入与税前收益、纳税成本与费用及税后收益也不同;纳税人改变或调整经营活动,其收入、纳税成本与费用、税前与税后都会发生改变。上述与纳税相关的经营活动、收入、纳税成本与费用、税前与税后的变动不存在明显的(如同向、反向、正比例、反比例等)规律性。纳税筹划只能是结合企业的生产经营活动,来进行具体问题具体分析。

(3)纳税义务的预筹择优性。筹划是纳税筹划的核心与关键。

首先,纳税筹划在生产经营活动开始之前,起码是在现实纳税义务产生之前进行的。

其次,纳税筹划包括一个择优决策过程。进行纳税筹划,企业应结合经营活动,设计出一些不同的生产经营与纳税方案,然后进行测算、比较和择优,进而组织实施。

最后,纳税筹划具有技术性。筹划的核心是计算。企业要进行成功的纳税筹划,除了需要精通税法和其他相关法律外,还必须系统地掌握财务会计和经营管理方面的知识,尤其是财务管理方面的知识。随着世界经济一体化的逐渐形成和迅速发展,经济要素在国际的流动日益频繁和广泛,对纳税筹划的技术性的要求也越来越高。在美国,为公司提供税务筹划服务,已成为一种专业性的咨询服务职业。

(4)实施过程与最终结果的风险性。税收征纳双方获得税收政策信息的不对称性,且对税收政策的理解可能出现偏差,税收政策与法律,尤其是各税种的实施细则等,会随着政治、经济形势的变化会经常发生变化,各种内、外部环境因素会发生变化,会导致企业的经营活动、业绩与纳税发生变化等情况的存在,都会导致实际纳税结果不符合企业预定筹划目标,或不能达到税后收益最大的根本目标要求,甚至会导致税务机关追究其违法责任。此外,纳税筹划的预期收益是一个估算值,时期越长,不确定性越大,长期性筹划蕴含着更大的不确定性。因此,纳税筹划具有一定的风险性。企业进行纳税筹划,应注重防范风险。

二、进行纳税筹划的条件

纳税筹划并非是可以随意进行的,它需要具备一定的外部环境、知识技术与对企业关联信息的掌握三个方面的条件。

1. 纳税筹划应具备的外部环境

纳税筹划的存在与发展,一般会依赖于以下外部环境条件。

(1)法律制度认可或默许纳税人的纳税筹划行为。如果国家的法律对纳税筹划不认可，认定其属于违法行为而予以惩戒，这样就会阻碍纳税筹划实践；相反，如果该国对纳税筹划的这种行为表示认可，则纳税筹划的步伐就会加快。

20世纪30年代，在英国发生了一个因税务筹划所引发的著名案例——税务局长斥温斯特大公案①。该案例很好地说明了法制环境对于纳税筹划的意义。针对“税务局长斥温斯特大公”的案件，英国上议院议员汤姆林爵士指出，“任何一个人都有权安排自己的事业，依据法律这样做可以少减税。为了保证从这些安排中得到利益……不能强迫他多减税。”其观点的实质是，纳税筹划是合理而且不违法的。该观点很快就得到人们的广泛赞同并被当时的英国法律界所认可，后被美、英等西方国家在涉税案件的审理中普遍援引。这标志着纳税人的纳税筹划行为，逐步得到了各国法律制度的认可或默许，此后，从理论到实践的角度对纳税筹划所进行的研究和探索，才能得以不断深化。

可见，纳税筹划首次得到法律上的公开认可，只不过是20世纪30年代的事情。在现代社会中，由于企业进行纳税筹划有助于国家实现调节社会经济的政策目的，因此政府通常会鼓励企业纳税筹划，很少会出现法律禁止纳税筹划的情况。

(2)税收法制健全，税法透明，执法公开、公正。税法不透明，纳税人不能全面获得相关的法律依据，难以进行有效的纳税筹划；相关执法不能公开、公正的进行，纳税人不能依法充分保证自身的合法权益，也不能合理规避纳税筹划的风险，进行纳税筹划意义不大；税收法制不健全，采取偷税等违法行为，可能会使纳税人得到更好的纳税效果，会抑制合法的纳税筹划活动。

随着商品经济的发展和税收制度的不断健全，税收法制会越来越健全，税法会越来越透明，税收执法也会越来越公开、公正。

(3)税收制度在设计上存在纳税筹划空间。纳税筹划空间是指人们依据税法的规范，在客观上存在可以通过选择较优的经济活动方式和纳税方案，以实现税后效益最大化目标的空间或可能性。

纳税筹划空间是伴随税收制度的必然存在。这一方面是由于税收作为一种制度安排，它在设计上不可能毫无漏洞、完美无缺，且当前越来越复杂的社会经济生活，也使得税收制度设计的难度不断加大；另一方面，由于调节社会经济也是财政税收的重要政策目标之一，为此税收法规中也必须对不同的纳税事项做出不同规定，同时，企业还可以通过调整经济活动而改变纳税义务。因此，在熟知税法的前提下，人们可以选择较优的经济活动方式和纳税方案，实现相对减少纳税、提高财务效益的目的。

2.纳税筹划人员应具备的知识技术条件

纳税筹划不是什么人都可以进行的，筹划人员必须具备或掌握以下专门知识。

(1)熟知税法，精通税务。纳税筹划人员能够正确计算税额，知道各种税收优惠政策，能够敏锐地捕捉因为税法规定上的差异性或优惠政策而导致的纳税筹划空间。

---

① 罗音.公司纳税实务操作与案例解析.北京：企业管理出版社，2002，9：411.

(2)掌握财务管理原理,具有进行收益、成本等价值计算的技术能力。纳税筹划人员能够根据企业生产经营的不同情况,对其相关的收益、成本及费用等作出合理的估算。

(3)具有一定的会计专业知识与动手能力。纳税筹划人员能够判断并明确会计核算上的不同的会计政策选择,所可能导致的不同财务及纳税后果。

3.纳税筹划应充分掌握的企业关联信息

纳税者具体进行纳税筹划,不仅要懂税务、财务,还应充分掌握企业与纳税相关联的各种生产经营信息。纳税方案是将企业的生产经营活动及其所产生的收益与成本费用,与税法的规定相互对照,经过分析计算而形成的。因此,纳税筹划还必须充分获得企业与纳税相关的,如活动地域、经营领域、经营规模、收入成本水平等关联信息,以及改变上述各种相关条件的可能性及其改变对纳税可能产生的影响,然后,纳税者据此寻找纳税筹划空间,设计并选择纳税方案,有针对性地进行纳税筹划。

三、纳税筹划的方法

企业进行纳税筹划,应该在熟悉税法、明确节税的基本途径及其适应情况的基础之上,合理运用纳税筹划的技术与方法,按照一定的逻辑程序进行筹划。

在现代经济生活中,企业生产经营的规模越来越大,业务活动越来越频繁和复杂,税收对其经营成果的影响也越来越明显,迫使人们越来越重视纳税筹划问题。现代科学技术的发展和信息社会的到来,也为人们更好地开展纳税筹划提供了手段。

1.节税的基本途径

节税是绝对的减少所缴纳的税款数额,即少交税。显然,节税的目的不等同于现代企业纳税筹划的目标。但节税却是初期税务所追求的最基本目标,也是实现现代企业纳税筹划目标的最为基本、有效的途径与手段之一。

由于应纳税额一般等于税基(计税依据)乘以税率,因此,缩小税基、降低税率是纳税人实现节税目标最为基本的途径。此外,延期纳税与获取税收优惠,也是节税的两个基本的途径:延期纳税可以减少即期缴纳的税额;获取税收优惠,则可以同时产生上述缩小税基、降低税率与延期纳税中的一项或多项效能。

(1)缩小税基。税基也称为课税对象或计税依据。缩小税基是指纳税人在法律许可的范围内,对缩小计算应纳税额的基数。若税率不变、缩小税基,则必然导致少交税。

(2)降低税率。降低税率是指纳税人在法律许可的范围内,相对降低实际计算应纳税额时所适用的税率。若税基不变、税率降低,则必然导致少交税。尽管税率有着一些不同的种类,但当前我国税收制度的多数税种中,均存在有针对纳税事项的不同情况,对其实际适用的计税税率做出不同规定的情况。这些不同税率,包括一般税率(如增值税为17%)、优惠税率(较低)与调控性税率(较高)三种类别。企业如果能使自己的纳税事项符合低税率的适用条件,就能实现降低税率而节税的目的。

(3)延期纳税。延期纳税是纳税人在法律许可的范围内,延期缴纳税款。延期纳税能够使纳税人获得因无偿使用税款资金而产生的时间价值收益,即变相少交税。还可以减少纳税人即期支付的税额，缓解其债务压力，降低流动性风险。

(4)谋求税收优惠。税收优惠是基于纳税的一般规定，对纳税人纳税的各种照顾性政策措施的统称。可能是税基的减少、税率的降低、纳税时间的延迟，也可能是多种照顾性政策的联合实施。税收的减、免、抵、退等，都是其具体存在形式。

在现实社会中，按照纳税人获取优惠的途径与方式不同，税收优惠有三种不同类型：法定优惠、申报优惠与特别优惠。法定优惠是对一切符合优惠条件的纳税事项，都由税务机关在计税时自动给予的优惠。对于法定优惠而言，即使纳税人按照较高的标准进行了纳税申报，税务机关也会主动对纳税人按照优惠条件进行计税。申报优惠则仅是在原则上对一切符合优惠条件的纳税事项都给予优惠，且必须以纳税人按照优惠标准进行纳税申报为获得优惠的前提条件。若纳税人不知道该政策，没有按照优惠标准进行纳税申报，则视为纳税人自动放弃优惠，税务机关仍然按照纳税人所申报的一般标准进行计税。特别优惠是经过特别的专门申请审批程序，给予某些特定的纳税人或事项的优惠。例如，税务机关发文："××地区(企业)在××期间的×税，减按××的标准进行征收"，就是特别优惠的典型形式。特别优惠不适用于行文范围外的任何纳税人与事项。

谋求税收优惠，要求纳税人在法定优惠的引导下安排经营活动，进行纳税筹划；熟知各种相关的申报优惠政策，且不能自动放弃自动优惠的利益；更要创造条件，积极申请并获取特别优惠，以提高企业效益。

2.纳税筹划的方法

纳税筹划的方法有很多，而且实践中也可多种方法结合起来使用。常用的方法主要有利用税收优惠政策法、纳税期的递延法、转让定价筹划法、税法漏洞筹划法、会计处理方法筹划法等。①

(1)利用税收优惠政策筹划法。该方法是指纳税人凭借国家税法规定的优惠政策进行纳税筹划的方法。税收优惠政策是指税法对某些纳税人和征税对象给予鼓励和照顾的一种特殊规定。国家为了扶持某些特定产业、行业、地区、企业和产品的发展，或者对某些有实际困难的纳税人给予照顾，通常会在税法中做出某些特殊规定。比如，免除其应缴的全部或部分税款，或者按照其缴纳税款的一定比例给予返还，从而减轻其税收负担。

利用税收优惠进行纳税筹划，主要可以利用以下一些优惠要素。

①利用免税。利用免税筹划是指在合法、合理的情况下，使纳税人成为免税人，或使纳税人从事免税活动，或使征税对象成为免纳税收的纳税筹划方法。

纳税人利用免税方法筹划应以尽量争取更多的免税待遇和尽量延长免税期为要点。例如，如果国家对一般企业按普通税率征收所得税，对在A地的企业制定有从开始经营之日起3年免税的规定，对B地的企业制定有从开始经营之日起5年免税的规定。那么，如果条件基本相同或利弊基本相抵，一个公司完全可以搬到B地去经营，以获得免税待遇，并使免税期最长化，从而在合法、合理的情况下节减更多的税收。

---

① 中国注册会计师协会.2013年度注册会计师全国统一考试辅导教材——税法.北京：经济科学出版社，2013，3：472-479.

②利用减税。利用减税筹划是在合法、合理的情况下,尽量争取减税待遇并使减税最大化和减税期最长化,以使纳税人减少应纳税额而直接节税的纳税筹划方法。例如A、B、C三个国家,公司所得税的普通税率基本相同,其他条件基本相似或利弊基本相抵。一个企业生产的商品90%以上出口到世界各地,A国对该企业所得按普通税率征税;B国为鼓励外向型经济发展,对此类企业减征30%的所得税,减税期为5年;C国对此类企业减征40%所得税,而且没有减税期的限制。打算长期经营此项业务的企业,可以考虑把公司或者子公司办到C国去,从而在合法的情况下使节减的税款最大化。

③利用税率差异。利用税率差异筹划是指在合法、合理的情况下,利用税率的差异而直接节税的纳税筹划方法,是尽量利用税率的差异使节税最大化。例如,如果A国的公司所得税税率是30%,B国为35%,C国为40%,那么,在其他条件基本相似或利弊基本相抵的条件下,投资者到A国开办公司可使节税最大化。

④利用分劈技术。分劈技术是指在合法、合理的情况下,将所得或财产等在两个或更多个纳税人之间进行分割,从而直接减少纳税的一种纳税筹划技术。出于调节收入等社会政策的考虑,许多国家的所得税和一般财产税通常都会采用累进税率,而使所得、财产在两个或更多个纳税人之间进行分劈,可以使计税基数降至低税率级次,达到降低最高边际适用税率、节减税收的目的。例如,某地规定应税所得额在30万元以下的适用税率是20%,应税所得额超过30万元的,适用税率为25%。如果某企业应税所得额50万元,则按25%的税率,应纳所得税为12.5万元。但是,如果企业在不影响生产经营的情况下,一分为二,平均分为两个企业,则应纳所得税为10万元(25万元×20%×2),节减所得税2.5万元。

⑤利用税收扣除。利用税收扣除筹划是指在合法、合理的情况下,使扣除额增加而实现直接节税,或调整各个计税期的扣除额而实现相对节税的纳税筹划方法。在收入相同的情况下,各项扣除额、宽免额、冲抵额等越大,计税基数就会越小,应纳税额也就越小,从而节税会越多。

⑥利用税收抵免。利用税收抵免筹划是指在合法、合理的情况下,使税收抵免额增加而节税的纳税筹划方法。税收抵免额越大,冲抵应纳税额的数额就越大,应纳税额就越小,从而节减的税额就越大。

⑦利用退税。利用退税筹划是指在合法、合理的情况下,使税务机关退还纳税人已纳税款而直接节税的纳税筹划。在已缴纳税款的情况下,退税无疑是偿还了缴纳的税款,节减了税收,所退税额越大,节减的税收就越多。

(2)纳税期递延筹划法。纳税期递延筹划是在合法、合理的情况下,使纳税人延期缴纳税收而节税的纳税筹划方法。纳税人延期缴纳本期税收并不能减少纳税人纳税的绝对总额,但相当于得到一笔无息贷款,可以增加纳税人本期的现金流量,使纳税人在本期有更多的资金扩大流动资本,用于资本投资。由于货币的时间价值,即今天多投入的资金可以产生收益,因此,可以使纳税人在将来获得更多的税后所得,相对节减税收。

企业实现递延纳税的一个重要途径是采取有利的会计处理方法,对暂时性差异进行处理。通过处理使得当期的会计所得大于应纳税所得,出现递延所得税负债,即可实现纳税期的递延,获得税收利益。延期纳税如果能够使纳税项目最多化、延长期最长化,则可以达到节税的最大化。

(3)转让定价筹划法。该方法主要是通过关联企业不符合营业常规的交易形式进行的纳税筹划。这是纳税筹划的基本方法之一,被广泛应用于国际、国内的纳税筹划实务当中。

转让定价是指在经济活动中有经济联系的企业各方为了转移收入、均摊利润或转移利润而在交换或买卖中,不是按照市场买卖规则和市场价格进行交易,而是根据他们之间的共同利益或为了最大限度地维护他们之间的收入进行的产品或非产品转让。在这种转让中,根据双方的意愿,产品的转让价格可高于或低于市场上由供求关系决定的价格,以达到少交税甚至不纳税的目的。例如,在生产企业和商业企业承担的纳税负担不一致的情况下,若商业企业承担的税负高于生产企业,则有联系的商业企业和生产企业就可以通过某种契约的形式增加生产企业利润、减少商业企业利润,使他们共同承担的税负和各自承担的税负达到最少。

关联企业之间进行转让定价的方式有很多,可以利用商品交易、原材料及零部件购销、关联企业之间相互提供劳务、无形资产价值评定困难等方式进行纳税筹划。

(4)税法漏洞筹划法。该方法是利用税法文字上的忽略或税收实务中征管方的漏洞进行筹划的方法,属于避税筹划。纳税人可以利用税法漏洞争取自己并不违法的合理权益。

漏洞主要指税法对某些内容的文字规定,因语法或字词有歧义而导致对税法理解的多样性,以及税法应该具有而实际操作时有较大部分的忽略。漏洞在一国的税法之中是必然存在的,而且零星分布在立法、执法等环节之中,这些漏洞正是纳税人增收减益,降低税负可以利用的地方。

(5)会计处理方法筹划法。该方法是利用会计处理方法的可选择性进行筹划的方法。在现实经济活动中,同一经济事项有时存在着不同的会计处理方法,而不同的会计处理方法又对企业的财务状况有着不同的影响。同时,这些不同的会计处理方法又都得到了税法的承认。所以,通过对有关会计处理方法筹划也可以达到获取税收收益的目的。

①存货计价方法的选择。存货计价的方法多种多样,如先进先出法、加权平均法、移动平均法、个别计价法、计划成本法、毛利率法或零售价法等。由于不同的存货计价方法可以通过改变销售成本而影响应税所得额,因此,从纳税筹划的角度,纳税人可以通过采用不同的计价方法对发出存货的成本进行筹划,然后根据自己的时间情况选择使本期发出存货成本最有利于纳税筹划的存货计价方法。

②固定资产折旧的纳税筹划。固定资产价值是通过折旧形式转移到成本费用之中的,折旧额的多少取决于固定资产的计价、折旧年限和折旧方法,其纳税筹划可以从上述某一方面单独展开,也可以是三个方面的综合运用。应该注意的是,纳税人推迟利润的实现获取货币的时间价值并不是固定资产纳税筹划的唯一目的。在进行纳税筹划时,还必须根据不同的企业或者企业处于不同的状态下采用不同的对策。

3.纳税筹划的步骤

企业纳税筹划的步骤,会因其筹划的参加人员及构成、事项涉及面的大小与期间长短、涉税金额的多少不同而有所差别，但基本步骤如下。

(1)收集、分析本企业的相关基本情况。在做纳税筹划前，经营者必须对本企业的经营范围、经营的产品、产品销售的分布、缴纳哪些税、什么时候缴纳等问题有一个总体的认识，以正确估计自己的筹划空间的范围，并选择相应的纳税策略。

(2)确立具体的纳税筹划目标，建立备选方案。企业经营者应根据纳税筹划的内容，具体确定纳税筹划的目标，然后在收集相关的规定后，建立多种备选方案，并应注意每一方案的合法性。

(3)择优筛选纳税筹划方案。企业经营者对每一纳税筹划方案进行利弊分析、成本效益分析、风险分析、可操作性分析，逐一排序，依次准备执行。

(4)执行所选纳税筹划方案，进行方案执行中的过程控制。因为一个纳税筹划方案至少要涉及企业的财务会计人员，办税人员和负责财务的总经理，大的策划方案可能涉及供销等更多部门、更多人员。所以，在纳税筹划方案实施前要在各部门之间做更多、更好地沟通协调工作。在纳税筹划方案的实施过程中，企业应及时监控、反馈，并解决所出现的问题，如有必要，还应根据情况的变化，适时调整方案。

(5)执行结果的分析、总结。企业应在实施过程控制的基础上，在计划结束后对筹划方案的效果进行评价，考核其经济效益与最终结果是否实现纳税筹划目标，并总结经验教训，为今后的纳税筹划提供参考依据。

第三节　企业组建过程中的纳税管理与筹划

企业在其组建阶段，在纳税筹划方面有着完全的主动性，也有着最大的纳税筹划空间。在这一阶段，企业的筹建者应该将纳税作为组建企业的一个重要因素，结合其所要涉足的经济领域、从事的经营业务等各方面，进行全面筹划。下面简要介绍企业组织形式的纳税筹划、纳税人类别的纳税筹划和企业设立区域三个方面的内容。

一、企业组织形式的纳税筹划

企业的组织形式可以按照不同的标准进行分类。

1.公司企业、合伙企业和个人独资企业的形式选择

企业按照其财产组织形式和法律责任不同，可划分为公司企业、合伙企业、个人独资企业等不同企业组织形式。三者的纳税区别在于：公司的营业利润在公司环节征企业所得税、税后利润以股息形式分给投资者，投资者又缴纳一次个人所得税，而合伙企业与个体企业的营业利润不交企业所得税，只依据所分得收益缴纳个人所得税。因此，从纳税角度来看，对于规模较大的企业应选择公司制，而对于规模不大的企业采用合伙企业或个体企业的形式比较合适。

2. 子公司和分公司的组织形式选择

对于存在分支机构的企业，其企业分支机构的内部结构形式有子公司和分公司之分。子公司独立承担纳税义务，其作为独立的法人可享受当地的税收优惠。而分公司无独立法人资格，不能享受当地的优惠政策，但分公司作为总公司的一员，有利于总公司整体的纳税筹划。在筹划中，对于初创阶段时间较长、无法盈利的企业一般应设立成分公司，这样可以利用成本扩张冲减总公司的利润，减轻税负。对于扭亏为盈迅速的企业应设立为子公司，这样可以享受税收优惠。例如税法规定，如果联营企业在当地适用的法定税率内，又享受减半或特殊优惠政策的，则其优惠的部分应视同已缴税额。

二、纳税人类别的纳税筹划

1. 增值税的纳税人身份选择

增值税是生产企业和商业企业面临的最重要的流转税之一，对该税筹划进行研究有一定的普遍意义。增值税纳税人分为一般纳税人和小规模纳税人两种。我国现行税法规定的标准是：从事货物生产或提供应税劳务的纳税人，以及以从事货物生产或提供应税劳务为主，并兼营货物批发或零售的纳税人，年应征增值税销售额（以下简称应税销售额）在 50 万元以下的。对除上述规定以外的纳税人，年应税销售额在 80 万元以下的认定为小规模纳税人。但同时又说明，如果企业年销售额未超过财政部、国家税务总局规定的小规模纳税人标准以及新开业的纳税人，但有固定的生产经营场所，能够按照会计制度规定设置账簿，根据合法、有效凭证核算，能提供准确的税务资料的，经主管税收机关批准，可以被认定为一般纳税人。小规模纳税人一经认定为一般纳税人后，不得再转为小规模纳税人。税法上的上述灵活规定，为一些纳税人灵活的选择纳税人类型提供了纳税筹划空间。对于那些既可以成为小规模纳税人，又可以成为一般纳税人的企业，在筹建之时，企业可以通过增值税率法、抵扣率法或成本利润率法事先从不同角度计算两类纳税人的税负平衡点，以合理选择纳税人身份，进行纳税筹划。当纳税人增值率小于税负平衡点的增值率、抵扣率大于平衡点的抵扣率、成本利润率小于平衡点的成本利润率时，则小规模纳税人的税负重于一般纳税人，反之，则一般纳税人的税负重于小规模纳税人。

2. 小规模纳税人与一般纳税人身份转化的方法

为了减轻税收负担，对会计核算不健全的小规模纳税企业，可以通过健全财务核算规范制度，并将成为一般纳税人所带来的好处和健全会计核算制度所增加的成本进行比较，积极办理一般纳税人的资格认定。而经营规模达不到规定标准的小规模企业则可以考虑挂靠和联合等办法来实现向一般纳税人身份的转化。

对于可抵扣金额占销售额的比重低于均衡点的一般纳税人，可以通过分立方法化整为零、降低年应税销售额，以到达小规模纳税人的标准，从而降低增值税税负。

三、企业设立区域的纳税筹划

现行企业所得税法税收优惠原则是以产业优惠为主、区域优惠为辅，兼顾社会进步。所以，从企业所得税视角看，企业设立区域的筹划空间不大，主要体现在一些税收优惠政策上。

1.企业设立区域的税收优惠政策的过渡办法

这部分包括西部大开发企业所得优惠政策的过渡办法，以及经济特区和上海浦东新设立高新术企业的过渡办法。

2.企业的注册地与经营地

企业的实际生产经营地不一定就是企业的纳税地点，想要通过企业地点的选择使企业享受减免税优惠，应注意我国企业所得税中关于纳税地点的判断。2007年颁布的《企业所得税法》规定："除税收法律、行政法规另有规定外，居民企业以企业登记注册地为纳税地点，但登记注册地在境外的，以时间管理机构所在地为纳税地点。"大型企业集团应分别以核心企业、独立经济核算的其他成员企业为纳税人，纳税人应比照上述规定，将其登记注册地设置在享受优惠的地区。

3.企业设立在国家级高新技术产业开发区的税收优惠政策

国务院批准的高新技术产业开发区内的高新技术企业，按15%的税率缴纳所得税，新办的高新技术企业自投产年度起免征所得税2年。开发区企业出口产品的产值达到当年总产值70%以上的，经税务机关核定，按10%的税率征收所得税。

4.企业设立在国家扶持贫困地区发展的税收优惠政策

国家规定的19个中西部地区以及革命老根据地、少数民族地区、边远地区以及其他地区经主管税务机关批准后，可享受税收减免的优惠政策。

5.企业地点的跨国选择

在世界范围内，有的国家和地区不征或只征极少的企业所得税，而有的国家和地区却征收高达50%的企业所得税。由于这种区域性的税收优惠，给投资者提供了更多的投资选择，因此企业在组建时必须对此进行慎重选择。

第四节 企业筹资与投资过程中的纳税管理与筹划

企业进行筹资的纳税筹划，应主要综合考虑资本结构和筹资成本等方面的因素，从筹资途径与方式方面进行筹划。

一、企业筹资的纳税筹划

企业的筹资方式有内部筹资和外部筹资两种，具体包括权益筹资、负债筹资和租赁等。

1.权益筹资的纳税筹划

权益资本来源于企业所有者对公司的投资和公司在生产经营中的自我积累。对于权益资本，企业可以长期使用、无须偿还、无须支付利息，其是企业经营的主要资本来源。在股份有限公司中，权益资金的筹资方式主要有发行普通股股票和留存收益两种。

对于筹资公司来讲,普通股股利从税后利润中支付,不像债务资金利息那样作为费用从税前支付,因而不具有抵税作用,这相对增加了税收负担。因此,一般情况下,企业以发行普通股股票的方式筹资所承担的税负要重于以债务资金筹资的税负。留存收益是企业税后利润形成的,但从纳税筹划角度看,留存收益的筹资方式存在双重缴税的问题。因为自我积累的方式将资金的占有和使用融为一体,税收难以分割或抵消,所以,企业难以对此进行纳税筹划。此外,自我积累资金的筹集过程很漫长,而且,这些资金一旦再投入经营过程之中,产生的税负要由企业自身承担。留存收益的筹资方式虽然对企业有诸多益处,但税负却是最重的。

2.负债筹资的纳税筹划

假设企业负债经营,债务利息不变,如果利润增大,则每一天利润所负担的利息就会相对减少,从而使投资者收益有更大幅度的提高。这种债务对投资者收益的影响就是财务杠杆。财务杠杆作用产生的好处包括节税和激励企业加强管理两个方面;负债筹资的纳税筹划就是充分利用财务杠杆的节税作用。我国税法规定,企业在生产、经营期间向金融机构借款发生的利息支出、金融企业的各项存款利息支出和同业拆借利息支出、企业经批准发行债券的利息支出,可据实扣除;向非金融机构借款发生的利息支出,只要不高于按照金融机构同类、同期贷款利率计算的金额,可据实扣除。上述规定赋予纳税人根据自身情况节减税收的充分权利和法律依据。

如果单纯从纳税角度分析,则企业自我积累筹集方式所承担的税收负担重于向金融机构贷款所承受的税收负担。例如,企业耗费 1 000 万元购买设备进行投资,其收益期为 10 年,每年平均盈利 200 万元,所得税适用税率为 25%。如果企业通过自身积累投资购买上述设备,则实现盈利后每年平均纳税 50 万元,10 年纳税总额 500 万元。若企业不是通过自己积累资金,而是向银行或其他金融机构贷款 1 000 万元,其利息支出为 50 万元/年,税前扣除利息费用后,企业每年盈利 150 万元,那么,这样企业每年纳税为 37.5 万元,10 年纳税总额为 375 万元,节约税收费用 125 万元。同时,企业还节省了为积累上述 1 000 万元投资所需要的时间,提前创造经济效益,加速了自身的发展。

当息税前投资利润率大于负债成本率时,债务资本在投资中所占的比例越高,对企业权益资本越有利。但企业在筹划过程中,不能单纯追求负债资本的比重,因为企业负债增加时,风险也会增加,债务成本随之上升。因此,在负债筹资的纳税筹划过程中,企业必须合理确定负债的总规模,将负债控制在一定的范围之内,以使负债融资带来的利益能够抵消由于负债融资的比重增大所带来的财务风险及融资风险成本的增加。

再如,按现行财务制度规定,企业筹资的利息支出,凡在建期间发生的,计入开办费,自企业投产经营起,在不短于 5 年的期限分期摊销,在生产经营期间发生的,计入财务费用,直接冲减当期损益。其中,与购建固定资产或无形资产有关的,在资产尚未交付使用或虽已交付使用但尚未办理竣工决算以前,计入购建资产的价值,逐期摊销,逐步冲减当期收益。因此,为了实现纳税筹划的目标,企业应尽可能加大筹资利息支出计入财务费用的份额,缩短筹建期和资产的购建期。

3. 租赁的纳税筹划

租赁分为经营租赁与融资租赁两种。一般是出租人与承租人之间通过签订契约建立合同关系,资产的所有者在契约规定的期限内,以收取一定的租金为条件将资产转让给承租人使用。租赁可以使企业的税收负担减轻,对承租人来说,租赁可以获取双重好处。一方面是承租人可以避免因长期拥有机器设备而承担的负担和风险;另一方面是可以在经营活动中,以支付租金的方式冲减企业的利润,减少税基,从而减少所得税额,并为企业今后继续从事这种无盈利的经营方式奠定基础。对出租人来说,租赁也给他带来好处:他不必为如何使用或利用这些设备及如何从事经营活动而操心,可以轻而易举地获得租金收入。

特别是当出租人和承租人同属一个大的利益集团时,租赁可以使其下属两个分主体分别成为出租人和承租人,而直接、公开地将资产和利润从一个企业转移给另一个企业。例如,同一个利益集团中企业甲出于某种税收目的,将盈利的生产项目连同设备一道以租赁方式转租给企业乙,并按照有关规定收取足够高的租金,最终使该利益集团所享受的税收待遇最为优惠、税负最低。这是较典型的租赁节税效应,这样可以使控股公司同操作分公司一样在两个或更多的独立核算企业之间做调节利润的工作,从而使集团公司的利益最大化,当然最终也就实现了股东利益的最大化。

【例 9-1】 某一集团公司有两个子公司,其中预计子公司甲在 2012 年盈利 1 000 万元,而子公司乙预计 2012 年将亏损 800 万元。集团公司经过税务筹划,作了经营性调整,将甲公司的一个有年盈利 800 万元能力的生产线(正好是一个独立的车间)出租给乙公司,并向乙公司收取 200 万元的租赁费。假设甲乙两公司的所得税税率均为 25%。请分析该集团实施此项业务的减税情况。

分析:在纳税筹划前:

$$甲公司应缴所得税为 1\ 000 \times 25\% = 250(万元)$$

乙公司亏损 800 万元,不缴所得税。

在纳税筹划后:

$$甲公司应缴所得税为(1\ 000 - 800 + 200) \times 25\% = 100(万元)$$

乙公司亏损 200 万元,不缴所得税。

结果:通过纳税筹划,该集团在这笔租赁业务上,就减轻税收负担 150 万元。

租赁产生的节税效应,并非只能在同一利益集团内部实现,即使在专门租赁公司提供租赁设备的情况下,承租方和出租方也仍可获得减轻税负的好处。对承租企业而言,应对取得设备的几种方式所要承担的税负进行比较,在考虑时间价值、比较不同获得方式下该设备所产生的现金流量净额的基础上,选择对企业最有利的方式。对出租企业而言,可以利用税种的差异来进行纳税筹划,企业需对不同方式的税收负担进行比较,选择税负较低的方式。

二、企业投资的纳税筹划

投资活动是决定企业生死存亡的大事,企业进行投资活动,必须要进行纳税筹划。投资活动的纳税筹划,主要有投资地点的纳税筹划、投资方向的纳税筹划、投资形式的纳税筹划、出资方式的筹划等几个方面。

1.投资地点的纳税筹划

投资者在选择投资地点时，除了要考虑基础设施、原材料供应、金融环境、技术和劳动力供应等常规因素外，不同地点的税制差别也应作为考虑的重点。无论是国内投资还是跨国投资，投资者均应充分利用不同地区间的税制差别或区域性税收倾斜政策，选择整体税收负担相对较低的地点进行投资，以获取最大的节税利益。从全球范围来讲，企业可以选择国际避税港、避税国进行投资。在国际上有三类避税地：①没有直接税的纯避税地，如巴哈马、开曼群岛；②普通避税港，这里对外国投资者给予特别优惠，如新加坡、牙买加；③对经营者提供某些优惠的国家和地区，如英国、加拿大。跨国公司就常在此设立公司（甚至是信箱公司），用来转移高税区的利润，进行国际避税。在一国范围内，企业可以到税率较低的地区进行注册。我国区域间税收差异较大的有经济特区、经济技术开发区、高新技术产业开发区、保税区、沿海经济开放区、“老少边穷”地区和旅游度假区，现在又有“大西部”，国内企业可以结合自身条件，利用区域优惠政策选择注册地点。

2.投资方向的纳税筹划

税收作为最重要的经济杠杆，体现着国家的经济政策和税收政策。国家在制定税收政策时，对应当支持的行业、商品类别等，常会给予比较优惠的税收政策。投资者根据国家产业政策导向和税收政策的鼓励方向，通过对投资行业、产品的选择，既可降低税负，又体现了国家产业政策的导向。

企业投资方向纳税筹划的基本思路：依据所设立企业的具体情况，结合国家对不同产业的税收倾斜政策，选择并确定要投资的产业；在某一产业内部，利用税收优惠政策，选择不同的行业、商品类别等，使企业的投资方向尽可能地避开一些税种的缴纳范围；在某些税种的缴税范围之内，选择部分税种有优惠政策的税目作为企业的投资方向，并对涉及各税种的实际税负情况进行测算，使企业的实际税负降到最低限度。

3.投资形式的纳税筹划

由于取得收益就应纳税，而多种形式的投资收益的税收负担又不一定相同，这就造成了不同投资的税后所得也会不同，因此，投资者对投资形式有必要进行纳税筹划。

按投资方式分类，投资形式可以分为直接投资和间接投资。直接投资是投资者对经营资产的投资，即通过购买经营物资、兴办企业，掌握被投资企业的实际控制权，从而获取经济利益。间接投资是指投资者对股票或债券等金融资产的投资，其关注的重点在于投资收益的大小和投资风险的高低，而被投资企业的经营管理权则不被关注。

投资者进行直接投资应考虑的税制因素比间接投资要多，因此直接投资者通常对企业所涉及的各种流转税、收益税、财产税和行为税等较为关注。间接投资一般仅涉及所收取股息或利息的所得税及因股票、债券资本收益而产生的资本利得税等。法人投资者在进行直接投资时，还面临着收购现有亏损企业或兴建新企业的选择，其中，也存在着纳税筹划问题。因为税法允许投资法人与被收购企业合并报表集中纳税，所以整体税负会有所减轻。

间接投资依据具体投资对象的不同，又可分为股票投资、债券投资及其他金融资产投资,在不同的具体投资方式下取得的投资收益的税收待遇也有所差别。例如,我国税法规定,企业分回的股息收入按有关规定进行计税,而国库券利息收入则可在计算应纳税所得时进行扣除,即股息收入必须缴纳企业所得税,而国库券利息收入则可以免税。所以投资者在进行间接投资时,除要考虑投资风险和投资收益外,还必须考虑相关的税收规定,以便全面权衡和合理决策。

4.投资方式的筹划

针对不同的投资方式,企业进行纳税筹划的角度也不同。按资产的实物形态,投资方式可分为有形资产投资、无形资产投资和货币资金投资。从被投资企业的角度考虑,选择有形资产和无形资产投资要优于货币资金投资,其原因在于:首先,以有形资产投资设备的折旧额及无形资产的摊销额可以在税前扣除,能够削减企业应税所得额;其次,以有形资产和无形资产投资必须进行资产评估,评估方法的不同可能会导致高估设备和无形资产的价值,使投资企业节省投资成本,对被投资企业而言可通过多列折旧及摊销费,缩小所得税税基,达到减轻税负的目的。但从投资企业的角度,选择有形资产和无形资产投资方式要承担更多的税收负担,投资企业应综合考虑投资双方的税收负担情况,选择适当的投资方式,从而达到最大限度减轻企业税负的目的。

第五节　企业经营过程中的纳税管理与筹划

生产经营是企业日常经济活动的主要部分,蕴藏着巨大的纳税筹划潜力。

一、收入的纳税筹划

1.销货收入确认的纳税筹划

销货收入确认的纳税筹划策略的重点在于销货时间的认定。一般而言,内销交易以"交货时"为识别标准;外销交易以"海关放行次日起十日内开立发票"为销货时间的确认标准。若企业要减少当年度收入,则可将上述的销货时点延缓至次年度,即可达到目的。企业销售货物有多种结算方式,不同的结算方式其收入的确认时间有不同的标准。税法规定,直接收款销售以收到销货款或取得索取销货款凭据,并将提货单交给买方的当天为收入确认时间;赊销和分期收款销货方式均以合同约定的收款日期为收入确认时间;而订货销售和分期预收货款销售,则待交付货物时确认收入实现。这样,通过结算方式的选择和控制收入确认的时间,企业可以合理归属所得年度,以达到减税或延缓纳税的目的。由于每种销售结算方式都有其收入确认的标准条件,而企业通过对收入确认条件的控制可以在一定程度上控制收入确认的时间。因此,在进行纳税筹划时,企业应特别注意临近年终所发生的销售业务收入确认时点的筹划。企业可推迟销售收入的确认时间,例如直接收款销货时,可通过推迟收款时间或推迟提货单的交付时间把收入确认时点延至次年,获得延迟纳税的税收利益。此外,企业还应注意在销货退回及折让时，均应取得凭证以免虚增收入，同时，在年度计算营业收入时，属预收货款的金额，均应予以减除。

2. 劳务收入确认的纳税筹划

长期合同工程收益的确认方法，有完工百分比法和完成合同法（工程完工期不满 12 个月者方可适用）两种计算方式。企业究竟采用何种方法为佳，单纯从纳税筹划的角度而言，采用完成合同法较为有利，因为完成合同法于工程全部完工年度才报缴所得税，故可获得延缓缴税之利益，而完工百分比法则无此优点。完成合同法所反映的是实际成本、费用和毛利。在物价上涨时，工程的成本及费用均会因此大幅增加，采用完工百分比法则易造成前盈后亏的现象。如果企业每年均不发生亏损时，则宜采用完成合同法，因为，该方法可享受延缓纳税及合并计算费用限额的利益。但是，若企业有于前五年盈亏互抵的条件，且开工前已有亏损，则以采用完工百分比法较有利。

3. 营业外收入的纳税筹划

营业外收入的纳税筹划应着重于企业资金的运用的问题，即设法增加免税收入及避免调整增加收入。

在增加免税收入方面，企业用剩余资金购买政府所发行的国债因为依国债条例的规定，其收入免交所得税；若购置不动产，应考虑购置土地而不购买房屋，因为财产交易所得中的土地交易的所得免税；在证券交易所得停征期间，运用资金购买股票，其交易所得也属免税。

在避免被调整增加收入方面，企业应注意税法的相关规定。例如，将公司的资金无息贷款给股东，或公司股东、董事、监察人代收公司款项，均应按一年定期存款利息计算利息收入课税。

二、成本费用支出的纳税筹划

企业对成本费用支出的纳税筹划应基于税法对成本、费用的确认和计算的不同规定，根据企业情况选择有利的方式。成本和费用的筹划主要涉及中小企业的企业所得税计算。国家税收总局专门出台了企业所得税税前扣除办法，对成本费用的扣除标准作了较详细的规定，该办法是纳税筹划的基本依据。

成本费用支出的纳税筹划空间主要有以下内容。

1. 利用税收政策

我国对企业所得税税收政策在高新技术、环保等行业有政策倾斜。但它同时强调管理，不仅包括内部管理的规范，如要求单独设账、单独核算、单独管理等，还包括对主管税收机关呈报方面的规范，即允许例外事项发生，但发生之间或之后要及时报批审核，否则不予税前扣除。

2. 选择恰当的成本的核算方法

由于企业存货的发出或领用的成本计价方法有个别计价法、先进先出法、加权平均法、移动平均法、计划成本法、毛利率法或零售价法等，因此，在确定存货计价方法上也有着一定的纳税筹划的空间。其总的筹划原则是：当物价呈上涨趋势时，宜采用能够使期末存货价值最低、当期销货成本最高的存货计价方法，这样可将净利递延到次年，从而起到延缓缴纳企业所得税的效果。后进先出法是一种极为适合的方法，但该方法在2006年出台的《企业会计准则》中已被取消。当物价呈下降趋势时，宜采用先进先出法，使期末存货最接近成本，而销货成本则较高，同样，企业可以将净利递延到次年，以达到减缓企业所得税缴纳的目的。但需注意的是，无论采取哪一种方法计算存货价值，在下一纳税年度开始前，企业都须将变动的决定报主管税收机关批准。

3.固定资产折旧费用的纳税筹划

目前，我国对固定资产折旧的年限有以下规定：对房屋建筑物折旧的最低年限为20年；火车、轮船、机器、机械和其他生产设备为10年；电子设备和火车、轮船以外的运输工具以及与生产经营有关的器具、工具、家具等为5年。固定资产折旧的计算只能采取直线折旧法，但对某些政策倾斜和确实使用年限较短的固定资产，企业可向当地主管税收机关提出申请，经审核同意后可缩短折旧年限或采取加速折旧法。根据上述规定，企业在进行会计处理时可采取直线折旧法，而在申报企业所得税时可申请加速折旧，其折旧差额直接调减应纳税所得额，这样，在保持会计利润水平的情况下，可以降低企业应纳税所得额。需注意的是，加速折旧的申请提出的具体时期应发生在企业享受完新办企业免征企业所得税优惠政策后的时期内。在加速折旧开始的年份少纳税，企业把较多的税收递延到以后的年份缴纳，这相当于从政府处取得无息贷款。但是，在累进税率状况下，加速折旧的节税效果要受到多方面因素的制约，企业需要根据不同的具体情况、税率累进的急剧程度，以及银行利率大小等进一步作具体的测算与分析。

4.固定资产修理费用或改良支出的纳税筹划

固定资产修理费用和改良支出的区别在于：①若支出费用达到固定资产原值到20%以上，或者修理发生后使有关资产的经济使用寿命延长2年以上，或者使固定资产改变用途，则固定资产修理支出可在发生当期直接扣除。②而固定资产的改良支出，如果有关固定资产尚未提足折旧的，则可增加固定资产的价值；如果有关固定资产已提足折旧的，则可作为递延费用在不短于5年的期间内平均摊销。可见，有关此部分支出费用最少也可按固定资产最低折旧年限计提折旧，或者可以以5年为折旧期作费用摊销，或者可一次性扣除。所以，有关的固定资产原值和其修理支出或改良支出，企业可以作一番剥离或重新评估。

5.资产评估增值的纳税筹划

固定资产评估增值以后，企业可以增加折旧的提取额、减少当期利润，以相应减灸应缴纳的所得税。若企业亏损，因当年亏损可以用以后5年的税前利润弥补，则会对以后年度的所得税产生更大的影响。例如，某房产评估后增值20%，以20年提取折旧，年折旧率5%；则每年增加的房产税收入占房产原值的比例为20%×(1－30%)×1.2%＝0.168%，每年减少的所得税收入占房产原值的比例为20%×5%×25%＝0.25%，即该房产所有者每年增加的税收收入为房产原值的0.168%，每年减少的税收收入为房产原值的0.25%，而且增值越大，减少的税收收入就越多。此外，机器设备的评估增值则只有抵税，而无税收增加的效应。

6.坏账损失处理办法的纳税筹划

在实际工作中，坏账损失的会计处理，可能存在不同的政策选择，且不同的政策选择一般又会导致不同的纳税后果。因此,正确选择坏账损失的处理方法,也是节税的一种可选途径。

该笔业务,采用备抵法提取坏账准备,可使企业无偿使用国家税款1980元3年。

7.技术开发费的纳税筹划

我国税法规定,企业研究开发新产品、新技术、新工艺发生的研究开发费用,未形成无形资产计入损益的,在按照规定据实扣除的基础上,按照研究开发费用的50%加计扣除,形成无形资产的,按照无形资产的成本的150%摊销。

例如,某企业上年度发生技术开发费120万元,本年度管理费用——技术开发费账户实际列支开发费为160万元,本年度会计利润总额为800万元。本年度实际列支的开发费比上年度实际发生额增长已超过10%;在计算所得税时,企业除了可以据实扣除管理费用中列支的160万元技术开发费外,还可再加扣80万元(160×50%)的应纳税所得额。经过纳税调整后,会计利润保持了800万元水平,但计税利润已下降为720万元,企业所得税自然也相应地下降。

8.捐赠支出的纳税筹划

企业通过国家机关和国务院主管纳税机关认定的公益性社会团体用于救助灾害、救济贫困、扶助残疾人等困难的社会群体和个人的活动,或用于教育、科学、文化、体育事业、环境保护、社会公共设施建设等公益事业的捐赠支出,可以在年度利润总额的12%内准予扣除,但是,纳税人直接向受赠人的捐赠不能扣除。由税法规定可知,同样是捐赠,企业如果通过有关法规规定的机构进行捐赠,可以享受不同的税收优惠政策,而如果采用直接捐赠的办法,则不能享受应得的优惠政策,因此,企业可以通过选择不同的捐赠方式和捐赠对象,改变企业应纳税额的多少,以达到企业价值最大化的目标。

例如,A公司2012年实现利润总额1 000万元,无其他纳税调整事项。假设企业所得税税率25%。为提高企业知名度,公司决定向社会捐赠150万元。方案一:企业通过国家机关向遭受自然灾害地区捐赠150万元;应纳税所得额=1 000+(150-120)=1 030万元,应纳所得税=1 030×25%=257.5万元。方案二:企业直接向当地贫困山区捐赠150万元;应纳税所得额=1 000+150=1 150万元,应纳所得税=1 150×25%=287.5万元。通过比较,方案二可节税30万元。

9.广告和业务宣传费的纳税筹划

企业所得税税前扣除办法规定,企业广告和业务宣传费支出以销售收入的15%为限,超过部分允许向以后年度无限期结转,而粮食类白酒企业广告费支出不允许在税前扣除。此条规定出台的目的是根据收入费用配比原则,认为巨额广告费支出事实上是企业无形资产形成的过程,是不能一次性在税前扣除的。这其实是一条很严格的规定,尤其是限制了一些对广告依赖性很大的企业,如医药、化妆品、家电等行业的企业。虽然,就此规定可作的纳税筹划似乎空间不大,但是企业可以从此规定出台目的这个角度出发,利用一些已有的优惠政策,在企业品牌和产品宣传上另做文章。例如,高新技术企业在引进技术、引进人才方面可以通过对学校提供赞助来提升自己在院校的声望。因为,企业作为社会力量资助非关联的科研机构和高等学校研究开发新产品、新技术、新工艺所发生的研究开发经费，经主管税收机关审核和确定其资助支出的可全额在当年应纳税所得额中扣除。就高新技术企业而言，这样做不仅让研究人员更好地了解自己，而且可获得新技术的优先受让权。此外在提升知名度方面，企业采取上面已作分析的捐赠行为也是不错的选择。

10. 管理或技术服务费用计提的纳税筹划

对于事业机构和垄断行业机构下属的集体或股份制性质的企业，由于其收入来源稳定，成本和费用又能得到有效控制，因此其税前利润通常十分可观。就其税后利润的分配而言，因为主管部门在股本中占较大比例，所以实现利润中用于企业自身发展的部分并不太多。基于主管部门非企业所得税课征对象的事实，如果可以将下属企业的税后利润分配提前到税前环节提取，则可以节约一笔支出，但按照企业所得税税前扣除办法规定，关联企业之间支付的管理费用不得税前扣除。如果该类企业参照独立企业之间业务往来的形式进行支付，即签订服务协议并在服务费用上加收一定利润率，则应该可以被税收机关接受。

例如A企业实现利润总额50万元，预计所得税支出为16.5万元，净利为33.5万元，其中，分配给主管部门20万元，企业留利13.5万元。如果企业将上缴管理费20万元于税前实现，按照10%的利润率需支付22万元给主管部门；那么，此时主管单位须缴纳营业税为22×5%＝1.1万元，A企业须缴纳企业所得税为(50－22)×25%＝7万元，集团整体纳税8.1万元，比之前减少8.4万元。

11. 低值易耗品摊销的纳税筹划

我国税法对包装物等低值易耗品的摊销未有明确的规定，按照企业所得税税前扣除办法的精神，税法未规定的以《会计法》中的规定为准。《会计法》中对低值易耗品的摊销允许有分次法、五五分成法、一次摊销法、净值法等。平均费用分摊法被认为能最大限度抵消利润、减少纳税的最佳选择，而使长期经营内各期利润最大限度得到平均，而短期内纳税最少的选择无疑是一次摊销法。企业可以根据自己的经营目标和期限选择不同的低值易耗品摊销办法。

12. 贷款利息的纳税筹划

我国税法规定，纳税人在生产经营期间向金融机构借款的利息支出，允许按照实际发生数额扣除；向非金融机构的借款利息支出，就不高于向同类同期金融机构借款计算的利息数额以内的部分，准予扣除；企业向关联方借款利息支出的税前政府在法律上一般也会规定允许扣除的范围和比例。事实上，某些企业常会发生向本集团下属的财务公司大笔借款的情况，如果预计数额会超出相关法规所规定的扣除比例时，企业应最好是或者增资扩容或者从非关联方处获得所需款，以避免不必要的损失。

13. 财产损失的纳税筹划

财产损失是企业经营中常见的现象。由于符合规定的财产损失可以在税前扣除，因此，这也是企业减轻纳税负担的重要方面。我国税法允许企业在税前扣除的财产具体包括：自然灾害或责任事故造成的存货、厂房、设备等资产的毁损；清查盘存时发现的资产盘亏、短缺、毁损；存货的残损、霉变、损失；现金或物资的被盗损失；符合条件的坏账损失；其他损失等。

需要注意的是，企业报损的申请日期一般不得超过年终后45日，经批准后最迟也不得超过年终后3个月，具体须提交的资料和手续企业可提前向主管税收机关咨询。

第六节 企业分配与清算过程中的纳税管理与筹划

一、利润分配的纳税筹划

1. 亏损弥补的纳税筹划

用税前利润弥补以前年度亏损，可以减轻企业当年的税负。其主要方法有：①兼并账面上有亏损的企业，将盈补亏，可以达到免缴企业所得税的目的；②利用税法允许的资产计价和摊销方法的选择权，以及费用列支范围和标准的选择权，多列税前扣除项目和扣除金额，在用税前利润弥补亏损的五年期限到期前，继续造成企业亏损，从而延长税前利润补亏这一优惠政策的期限。

2. 向股东分配利润的纳税筹划

目前，投资人从被投资企业获得的收益主要有股息性所得和资本所得。根据我国现行的企业所得税相关法规的规定，企业股权投资取得的股息与资本利得的税收待遇不同。股息性所得是投资方从被投资单位获得的税后利润，属于已缴过企业所得税的税后所得，原则上应避免重复缴税。资本利得是投资企业处理股权的收益，即企业收回、转让或清算处置股权投资所获得的收入减除股权投资成本后的余额，收益全额需并入企业的应纳税所得额，并依法缴纳企业所得税。

如果股息性所得和资本利得在税收待遇上存在差异，纳税人也可以充分利用政策差异进行纳税筹划。被投资企业保留利润不分配，企业欲进行股权转让时，应在转让之前必须将未分配利润进行分配。这样做，对于投资方，既可以达到不需补税或递延纳税的目的，又可以有效避免股息性所得转化为资本利得，从而消除重复纳税。对于被投资方，由于不分配利润不但可以减少现金流出，而且这部分资金无须支付利息，等于增加了一笔无息贷款，因而可以获得资金的时间价值。

二、企业清算的纳税筹划

企业清算是指企业由于经济或契约等原因不能或不再继续运营时，按照国家有关法律法规以及企业具有法律效力的章程协议等，依照法定的程序，对企业的资产、债权、债务等进行清理与结算，并对企业剩余财产进行分配，解除企业法人资格等一系列行为。随着我国经济体制改革的不断深化，以及经济全球化进程的加快和市场竞争的日趋激烈，企业新设、解散或破产将逐渐增多，企业清算逐渐成为一种正常的社会经济现象。

1.调整企业清算日期

企业清算所得是指纳税人清算时的全部资产或者财产扣除清算费用、损失、负债、企业未分配利润、公益金和公积金的余额，超过实缴资本的部分。我国的税法规定，企业清算年度，应划分为两个纳税年度：从1月1日到清算开始日为一个生产经营纳税年度；从清算开始日到清算结束日的清算期间为另一个纳税年度。企业的清算日期不同，对两个纳税年度应税所得的影响不同。企业可以通过改变清算日期，减少清算期间的应纳税所得额，实现纳税筹划的目的，具体途径是延长清算日期以扩大费用、增加成本、抵减利润。例如，A公司预计在2012年解散，预计当年1～7月盈利100万元，清算费用160万元，清算所得90万元。有在8月份与9月份开始清算两套方案可供选择。试计算分析两套不同方案在税收上的差异。

在8月份开始清算：则清算开始日为8月1日。其1～7月应纳所得税25(100×25%)万元；清算所得为－70(90－160)万元，不纳税。合计纳税25万元。

在9月份开始清算：则清算开始日为9月1日。1～8月亏损60(100－160)万元，不纳企业所得税；清算所得在抵减经营亏损60万元后，为30(90－60)万元，应纳税额7.5(30×25%)万元。

两方案相比较，以9月份为清算日期的方案，降低税收负担17.5万元。

2.重新设立新的企业继续享受有关优惠政策

目前，我国有许多企业所得定期减免优惠政策，针对这种定期减免税优惠，可以通过适时进行企业清算，重新设立新的企业进行纳税筹划。例如，对利用“三废”等废弃物为主要原料进行生产的企业，当其享受5年减征或免征所得税期满后，可适时安排该企业解散，通过清算结束企业的原有业务，及另行注册一个新的企业继续享受税收优惠政策。由于企业的机器设备与员工，甚至厂房都可通过清算转让给即将设立的新企业，故原企业所有者的持续经营不会受到影响。运用这一方法进行纳税筹划时，企业应特别关注国家的反避税措施。

参考文献

[1]荆新，王化成.财务管理学[M]。北京：中国人民大学出版社，2009.

[2]于兆河.财务管理学[M].长春：吉林大学出版社，2009.

[3]汤谷良，王化成.企业财务管理学[M].北京：经济科学出版社，2000.

[4]王化成.国际财务管理[M].北京：中国审计出版社，1998.

[5]爱斯华斯·达摩德伦.公司财务理论与实务[M].北京：中国人民大学出版社，2002.

[6]张显国.财务管理[M].北京：机械工业出版社，2006.

[7]张立达.财务管理学[M].上海：立信会计出版社，2007.

[8]财政部注册会计师考试委员会办公室.财务成本管理[M].北京：经济科学出版社，2010.

[9]隋静.财务管理学[M].北京：北方交通大学出版社，2009.

[10]贾国军.财务管理学[M].北京：经济管理出版社，2006.

[11]钟新桥，刘荣英，杨洛新.现代企业财务管理[M].武汉：武汉理工大学出版社，2006.

[12]魏明良.财务管理[M].北京：经济管理出版社，2006.

[13]严成根.财务管理教程[M].北京：清华大学出版社，2006.

[14]詹姆斯·C·范霍恩.刘志远译.财务管理与政策[M].大连：东北财经大学出版社，2000.

[15]陆正飞.财务管理[M].大连：东北财经大学出版社，2001.

[16]余绪缨.管理会计学[M].北京：中国人民大学出版社，1999.

[17]徐光华，等.现代企业财务管理[M].北京：清华大学出版社，2006.

[18]王庆成，郭复初.财务管理学[M].北京：高等教育出版社，2004.

[19]安保荣.财务管理教程[M].上海：立信会计出舨社，2004.